富过三代

华人家族企业传承研究

郑宏泰 高皓 著

清华大学出版社
北京

内 容 简 介

孟子说:"君子创业垂统,可为继也。"从古至今,无论帝王将相,还是寻常百姓,都有打拼事业、传承子孙的努力和思考。然而,"富不过三代"则是绝大多数家庭企业艰难跋涉的真实写照。本书精心挑选了9个极具代表性且传承数代的华人家庭企业案例:利丰集团冯氏家族、镛记酒家甘氏家族、美心集团伍氏家族、新鸿基地产郭氏家族、环球航运包氏家族、东方海外董氏家族、东亚银行李氏家族、鹰君地产罗氏家族、维他奶集团罗氏家族,深入分析华人家族企业传承发展的特质和内涵,重点探讨如何在东西方文化的碰撞中吸收融合、取长补短,揭示他们如何因应社会历史变革和自身家族发展,进行家族治理、家族传承和事业创新,进而实现传承发展、富过三代。

版权所有,侵权必究。举报:010-62782989,beiqinquan@tup.tsinghua.edu.cn。

图书在版编目(CIP)数据

富过三代:华人家族企业传承研究/郑宏泰,高皓著. —北京:清华大学出版社,2019 (2023.11重印)

ISBN 978-7-302-51723-8

Ⅰ. ①富… Ⅱ. ①郑… ②高… Ⅲ. ①家庭企业—研究—中国 Ⅳ. ①F279.245

中国版本图书馆 CIP 数据核字(2018)第 266973 号

责任编辑: 王巧珍
封面设计: 傅瑞学
责任校对: 王荣静
责任印制: 沈 露

出版发行:清华大学出版社
    网 址:http://www.tup.com.cn,http://www.wqbook.com
    地 址:北京清华大学学研大厦A座 邮 编:100084
    社 总 机:010-83470000 邮 购:010-62786544
    投稿与读者服务:010-62776969,c-service@tup.tsinghua.edu.cn
    质量反馈:010-62772015,zhiliang@tup.tsinghua.edu.cn
印 装 者:三河市东方印刷有限公司
经 销:全国新华书店
开 本:170mm×240mm 印 张:18 字 数:268千字
版 次:2019年1月第1版   印 次:2023年11月第8次印刷
定 价:68.00元

产品编号:071442-03

序

自改革开放以来,中国香港和内地推动融合、交往与合作的呼声日隆。为了响应这一呼声,学术界推行了不少共同研究,彼此合作,取长补短,发挥更大的协同效应。本书两位作者在进入新世纪以来接触日多,更因研究志趣相投而不断提升合作层面,最后有了合著此书的共同目标。我们努力的方向,是探究家族企业如何在经济发展中发挥中流砥柱的作用。

一直吸引我们研究兴趣的,是家族企业(内地一般称为民营企业,本书一律称为家族企业)到底发挥了什么作用,其发展特质与出路到底有何与众不同之处。其中的关键,是家族企业近年成为一门显学,引起各界人士的高度关注。导致这一现象的原因之一,是欧美经济长期疲不能兴,而家族企业则是经济发展中一个不容低估的动力来源;原因之二,是中国内地的家族企业经过30多年的发展,已经进入传承发展及转型升级的新阶段。

尽管在探讨家族企业的发展问题时,不少人会"向西望",认为西方的经验最值得借鉴。但我们则认为属于中国特别行政区的香港,其家族企业的发展经验,更具参考价值。香港自1841年开埠后,社会和政治相对稳定(只有1941年12月24日至1945年8月15日的3年8个月短暂日军占领时期,出现巨大波动),稳定的外部环境为家族企业的持续发展,提供了良好条件。不少家族已在香港扎根数代,企业亦已经历百年,所以有了数代的传承经验和教训。而香港既是华人社会中最西化的地方,同时又保留了中国传统文化。香港拥有的西化养份可以为我所用,又继承了中华传统文化的特质。所以,本书聚焦于香港华人家族企业,并对此进行重点分析。

进一步说,虽然对华人家族企业的研究切入点各有不同,但从什么角度思考,仍十分关键。深入的案例分析有助于对不同因素的互动进行透彻理解,所以我们遴选了多个具代表性的家族企业——有上市公司,也有非上市公司;有单一业务的专业化公司,也有综合业务的多元化公司;有本土化公司,也有国际化公司……从不同角度作多面向的剖析、考察和检视。我们相信,虽然这样的研究方法,从某些层面上看有其不足之处,但其特有的优点,也是十分明显和宝贵的,能够弥补当前学术界在这个研究领域的不足。

虽然我们定下了清晰的研究目标,亦有充分的研究经验和研究网络,但是要结合中国香港、内地,以至国际政商格局波澜壮阔的历史背景,再结合家族企业与近代中国历史的曲折多变,准确无误、不偏不倚地将其勾勒出来,绝对不是一件易事。面对这项挑战,我们实在碰到了不少令人沮丧的困难和障碍。幸好,在各界友好人士及机构的鼎力协助下,这项艰巨的任务才得以完成,我们在此谨向各位致以最衷心的感谢。

首先要感谢香港中文大学副校长张妙清教授和清华大学五道口金融学院常务副院长廖理教授、副院长周皓教授的大力支持,让我们能够全心投入本项研究之中。

感谢知名华商领袖、金光集团董事长黄志源博士。黄博士不但作为第二代家族领袖带领金光集团"做大、做强、做富、做久",成为广受赞誉的世界级企业,而且常年资助我们不断开拓家族企业领域学术研究的新疆界,每次脑力激荡的探讨交流也总让我们有新的研究灵感。如果没有黄博士的远见卓识和慷慨捐赠,我们难以完成本书这样高质量的原创性研究。

序

感谢碧桂园集团主席杨国强先生、联席主席杨惠妍女士、董事陈翀先生。碧桂园不但跻身世界500强,成为中国民营企业的标杆,而且不断开拓新的产业方向,在教育、农业、机器人等新兴领域实现转型升级。如果没有国强公益基金会对教育事业及科学研究的大力资助,我们很难对华人民营家族企业进行深入的开创性研究。

我们要向《家族企业》杂志社社长李佩玉老师、总编辑金碚老师、出品人王立鹏先生、副主编杨品文女士等表示谢忱,我们得到真诚邀请,自《家族企业》杂志创刊即发表专栏文章,定期发表的压力刺激了我们笔耕不断、坚持研究。本书大部分文章曾在该杂志上首次发表,部分内容日后更在国际学术会议上发表,所以必须在此真诚鸣谢。

我们还要向研究助理张咏思女士、张晶女士及梁凯淇女士表示感谢。为了搜集有关的资料,她们不断地在各地图书馆、档案馆或政府有关部门间来回奔走、上下求索,经常对着那些老旧的报纸或微缩片,逐点逐滴地筛选有用的数据。正因她们的耐心工作和不断努力,本书的内容才能如此充实,情节才能如此完整。

当然,我们更要感谢李洁萍女士、庄玉惜女士及陆观豪先生等在不同时期阅读书稿,给予不少宝贵意见,减少了错漏,令本书内容更为丰富、详实。至于黄绍伦教授、孙文彬博士、官文娜博士、周文港博士和梁佳俊博士等,他们在不同层面的支持和协助,令我们很感动,所以必须致以衷心谢忱。

另外,我们要向香港中文大学图书馆、香港大学图书馆、香港特别数据藏馆、香港历史档案馆、公司注册处及香港高等法院遗产承办处等机构表示感谢——如果没有它们提供的各种宝贵数据,这项研究的成果实在不可能如此丰富充实。当然,我们还要向一些不愿透露姓名但又曾经直接或间接施以援手的人士致以真诚的谢意,感谢他们的耐心分享、真诚合作和无私奉献。

虽然得到各方友好和机构的大力帮助,我们仍因没法完全掌握历史的曲折漫长、企业的兴衰传承和人生的顺逆起落,可能会出现一些糠秕错漏。对于某些疑而未决、模糊不清的地方,我们虽然多方努力求证,但仍然没法做到完美无瑕,这是我们不想看见却很难避免的,希望读者有以教我,指正批评,让我们日后的研究可以更为扎实和丰富。如对本书有任何意见,请直接与我们联系:郑宏泰(vzheng@cuhk.edu.hk),高皓(gaoh@pbcsf.tsinghua.edu.cn)。

郑宏泰　高　皓
2019 年 1 月

目录

第一章 / 导论：华人家族企业的发展特质与前进历程 / 001

第二章 / 家族企业的延续之道：利丰集团的百年发展 / 007

第三章 / 家族企业的"分"与"争"：饮食巨擘镛记的争产官司 / 031

第四章 / 创业和守业的动力：伍舜德家族与美心集团 / 053

第五章 / 家族企业的成长与蜕变：香港地产龙头新鸿基地产 / 081

第六章 / 冲破传统的发展与传承：航运地产并举的

包玉刚家族 / 119

第七章 / 婚姻联盟与家业繁衍：董建华的航运世家 / 147

第八章 / 社会资本的制高点：东亚银行的控股权争夺战 / 181

第九章 / 榕树式家族企业：掌控10家上市公司的

罗鹰石家族 / 211

第十章 / 榕树式家族企业：香港餐饮大王罗进兴家族 / 247

第一章

导论：
华人家族企业的发展特质与前进历程

在世界各国，家族企业对经济发展、就业的贡献居功至伟。然而，在华人社会，尽管身处"以家为本"的核心价值观之中，家族企业却常被贴上负面标签。在中国社会科学院私营企业研究中心的一项调研中，当民营企业家被问到"您最愿意把您的企业称为何种类别的企业"时，在1 010位受访的企业经营者中，29.9%表示希望称为"私营企业"，26.7%表示希望称为"民营企业"，15.6%表示希望称为"股份制企业"，只有2.1%表示希望称为"家族企业"，25.2%则回答说"无所谓"，其他0.5%则回答其他答案。由此可见，只有少数民营企业家愿意自称为家族企业，可见企业家对"家族企业"这个称谓存在着较为普遍的抗拒，明显底气不足。

在中国传统社会，以家族姓氏命名的企业却司空见惯，如李众胜堂、余仁生堂，或是王老吉凉茶、马百良药业等。但是，进入现代社会后，这种命名特色却越来越少，早年带有家族色彩的名称，近年也出现了改头换面的情况。其中最常被提及的，则是"廖创兴银行"改名为"创兴银行"，删掉"廖"姓一事。其背后原因，显然是家族成员觉得，富有家族色彩的名称不利于发展，所以想方设法"去家族化"，切除企业和家族之间的关系，改变企业形象。他们认为，这样做应该有助于提升企业竞争力。

然而，如果我们放眼欧美，富有家族色彩的企业数不胜数，例如，福特（Ford）、摩根士丹利（Morgan Stanley）、美林（Merrill Lynch）、罗斯柴尔德（Rothschild）、爱马仕（Hermes）和马莎（Mark & Spencer）等。这些企业很少认为家族色彩不利于企业的形象、经营与发展而想到要"去家族化"，更改家族冠在企业上的名称。

中国作为世界历史悠久的文明古国，拥有数千年的独特传统与文化，家族更成为社会结构和社会生活的核心单位。但进入现代以来，中国人反而不太能接受"家族企业"这个名称，认为含有迂腐、落后、保守等色彩，认为家族企业是落后的代名词，视之为企业走向现代化的窒碍，所以要千方百计地"去家族化"，由此带来的问题，值得深思细味。

第一章
导论：华人家族企业的发展特质与前进历程

为什么中国人对家族企业会有如此负面的看法呢？这样的认知到底反映了怎样的历史与社会进程？中国的家族企业到底有何独特的发展轨迹与规律？割裂中国家族自身的历史、文化和社会背景进行西化，是传承和发展的可行出路吗？

"谦虚使人进步，骄傲使人落后。"虽然30多年来中国经济取得了世界瞩目的成就，但不应因此滋生骄纵自满的傲慢意识，也不应衍生出敌对西方的思维，而应该继续保持开放、包容、虚心学习、摸索前进的积极态度，努力不懈地寻找最适合自身国情的发展道路。在对本身文化怀有充分自信、看到自身不足的同时，也应该认识到欧美的实践并非完美，应全面认识到各种工具和方法的局限性，坚持走适合自己的道路，反躬自问、不断检讨，去芜存菁、择善选优，努力打拼、积极创新。

回到家族企业发展历程的问题上，虽然我们的财富观念与西方（甚至一海之隔的日本）不同，但在经历无数苦难之后，却又能凭借以家为本、重视血脉的文化，使家族企业发挥出巨大的力量，与西方"救赎至上"的企业家精神及日本"家业至上"的企业家精神分庭抗礼。中华民族这种与众不同的企业家精神，近年引起了国际社会的高度重视。具体来说，中国家族企业由于受到"血脉至上"文化的主导，采取了"诸子均分"制度，一方面，呈现出团结与分裂并存交织的局面；另一方面却又产生了兄弟姐妹间竞争激烈、充满动力的现象，令人难以理解，充满矛盾与变量。

对于华人家族企业的发展特质与前进轨迹，多是泛泛而谈、人云亦云，鲜有科学的研究分析，更缺乏从中国历史、文化、地理及社会变迁等多个角度进行深入思考。本书挑选了9家非常具有代表性的华人家族企业案例，抽丝剥茧，梳理兴衰起落和喜乐辛酸，进而透视家族企业的发展特质和家族成员的多重互动。

在本书接下来的篇章中，我们首先会以冯国经家族掌控的利丰集团为案例，讲述传承三代的华人百年家族企业的发展之道。虽然利丰集团[①]本来是两大家族

[①] 从企业名字 Li& Fung 上可看出，该企业是由李氏（Li）与冯氏（Fung）两大家族共同创办的。

的合伙企业，但最后却落入冯氏家族手中，而冯国经父亲一房又在20世纪90年代独占鳌头，主导了企业的发展。这家已经走过了一个多世纪的企业，究竟如何保持家族对企业的强力控制，顺利完成世代之间的领导权交替呢？经过深入的案例考察，我们找到了利丰集团的发展延续之道：①不断修剪家族树，以集中治理权；②运用上市或私有化的机制，重新分配股权。利丰的延续发展之道，可为其他华人家族企业提供重要的参考和选择。

在第三章中，我们将以香港饮食巨擘镛记的争产官司为案例，提出近年华人家族企业常常爆发的兄弟反目、争夺家产、对簿公堂等问题，然后深入分析华人家族为何总是难以摆脱内部分裂的宿命，进而剖析家族文化与企业形态反映的商业和经济发展力量。我们的重要论点是，受到中国文化影响的家族，存在着如太极阴阳般的两股"分"与"合"的力量，互相制衡，互相依存。当"合"的力量大于"分"的力量时，便会激发出巨大的前进动力，团结一致、光宗耀祖；当"分"的力量大于"合"的力量时，则会产生或明或暗的彼此较劲，分家析产、各起炉灶，促进各方各展所长。无论是"分"与"合"的哪股力量主导，华人家族企业都具有不断发展的强大动力。

论企业的规模与实力，由伍舜德家族掌控的美心集团，当然很难和新鸿基地产集团相提并论，但是前者却展示出创业或守业的不同模式。美心集团虽同属兄弟共同创业的案例，却与利丰集团由第三代两兄弟共同主导的局面颇有差别。值得注意的是，美心集团一方面引入了怡和洋行这样的战略股东，但伍氏家族却能始终保持控制权，主导企业发展；另一方面则在传承时突破了传统框架，采取了较为罕见的"隔代继承"方法。这两方面反映出华人家族与欧美家族深入合作的包容性，又显示出传承制度并非一成不变，而是具备相当的弹性。

作为香港地产龙头的新鸿基地产集团，过去一直被视为家族企业发展的楷模——世代传承畅顺，兄弟同心协力，企业不断壮大，家族内部鲜有传出矛盾。新鸿基地产的案例，不但凸显了企业奠基人郭得胜创业精神旺盛的一面，也体现了强调做人做事敦厚老实、讲究人情味等儒家思想，备受称颂。可惜21世纪初却爆出兄弟不和，甚至因为争夺家产而对簿公堂的事情。激发家族矛盾的根源，

第一章
导论：华人家族企业的发展特质与前进历程

据说是郭得胜生前在家族信托中定下了"新地股份不能分拆"的硬性规定。"永不分家"的初衷可谓立意至善，防止分家削弱家族力量，但将一众儿孙强行捆绑在一起，欲分无从，却人算不如天算地触发了不可破解的家族争斗。华人家族在借鉴西方制度时，如果低估了中西迥异的某些文化风险，则必然会带来灾难性后果，付出不容低估的沉重代价。

包玉刚与董浩云这两大"世界船王"，展示了两种截然不同的发展际遇和应对机制。包玉刚具备超卓的企业家精神，拥有高度灵活的经营手腕，在创业营运上可谓独领风骚，政局变幻也无损其创基立业，书写传奇。包氏的独特之处，在于传承的特殊安排。由于包玉刚没有儿子，只育有4名女儿，这种传承局面对于重男轻女的中国文化而言，实属挑战，容易引发矛盾，而包玉刚却能想出超越传统的方法，借外孙改姓"包"的安排，转外孙为内孙，化解"无后"问题。同时，包玉刚把家产分给4名女儿及女婿，指定他们专注于不同的事业，一方面实现了企业的多元化，降低了风险；另一方面也化解了不同家族分支之间的矛盾，展示了另一条颇为值得参考的家族传承路径。

与包玉刚不同，董浩云的航运企业则展示了另一种营运模式与传承模式。婚姻联盟，是董氏家族不断壮大的最大特色。古今中外，利用婚盟壮大家族力量，互补政治、经济和人力资本的长短，颇为普遍。董浩云家族凭借婚姻联盟而崛起，充分运用以扩张、整固家族企业。各种各样看不见、摸不到的政商关系及社会网络，在强化实力、分散风险之余，也维持了家族的社会地位历久不坠、不断壮大，其所能发挥的作用不容低估。

社会网络中所蕴含的巨大力量，中外社会虽然一致肯定，却很难进行实证数据分析。我们通过深入的案例分析，详细展示了各种复杂关系的互动，休戚与共，福祸同享。东亚银行创办近百年以来，股权争夺过程中社会资本所发挥的力量，为我们的深入研究提供了一个极佳的案例。我们将研究焦点集中于此，进行全方位的检视，从而揭示为何李氏家族可以长期"以小控大"，利用手上掌握的较少股权控制庞大的金融机构。其核心原因所在，正是因为李氏家族掌控了社会资本这个制高点。

罗鹰石家族和罗进兴家族，则是极具中国文化特色的"榕树式家族企业"的代表案例——这两个家族都是子孙众多、家大业大,而子孙们在经营家族的"主干企业"(即家族最核心的企业)之外,又会选择自立门户,另起炉灶,发展各自的"分支企业",从而呈现出同一家族拥有众多企业,子孙后代各领风骚、万马奔腾的局面。罗鹰石家族在香港拥有10家上市公司,罗进兴家族拥有4家上市公司。这两个家族的案例充分说明,华人家族的家大业大、枝叶繁茂所言非虚,这种家族发展模式与榕树的生长形态并无二致。

进一步来看,罗鹰石家族和罗进兴家族的案例,反映出中国文化的独特性质——"血脉至上"和"诸子均分"。一方面,正因为"血脉至上",家族成员在维护自身及家族的利益时,往往会由于同属一个命运共同体而努力打拼,激发出巨大的力量。另一方面,由于强调"诸子均分",家族内部因此会出现各种或明或暗的竞争和较劲,也必然会出现家族分裂、各立门户。尽管如此,家族成员各自创立的企业之间,往往是既存在千丝万缕的联系,同时又会互相竞争——这种纠缠复杂的关系,正是"榕树式家族企业"的重要特质。

从以上各有特色的家族企业案例中,我们能够十分清晰地看到,中国文化深深地烙印在个人、家族和社会的不同层面上,深刻地影响了家族的行为、观念及关系,左右着家族企业的运作与发展轨迹。虽然传统文化中残存着某些迂腐陋习,不利于中国家族企业的现代化发展,但某些华人文化特质,有助于家族企业提升独特的竞争力。正因如此,在探讨华人家族企业的发展时,我们应从全方位、多面向的角度进行思考,做到知己知彼。一方面,中国家族要明白本身的强弱优劣,不应骄傲自满,也不应妄自菲薄;另一方面,不应照搬照抄西方制度,而要结合中国实情和每个家族的自身特点进行量身设计。

家族是社会最基本的单位,家族企业是由家族创办及掌控,在世界各国经济发展中发挥着支柱性作用。家族在社会、经济及商业等领域,无孔不入,地位重要。家族既受到文化及社会核心价值的制约,也是延续文化、孕育社会核心价值的重要媒介。要让家族企业在推动社会与经济发展方面发挥更大力量,我们就更应该全面、深刻地理解家族的基因、特质与内涵,从而探索出一条切合自身发展的道路。而这正是本书将要深入探讨的话题。

第二章

家族企业的延续之道：利丰集团的百年发展

传承是家族企业最脆弱的时刻。传承会彻底改变家族和企业中的利益和权力格局，领导权转移的过程会激起家族成员或合伙人的矛盾，如果处理不当，更可能导致家族企业的分崩离析。

华人家族企业由"离心力"及"向心力"两股力量共同驱动，同步运行，相互依赖。本章试图通过对利丰四代领导权转移的案例分析，探究家族所有权和经营权的复杂演变；进而分析促进企业持续发展的两大机制——"修建家族树"和"收购控股权"，解构家族如何应对"离心力"及"向心力"的挑战。

作为全球供应链管理领域的领导者，利丰集团的定位为"最纯粹意义上的网络协调员"。经历大部分历史悠久的家族企业必会经历的发展轨迹：从保持家族对企业的强力控制，再到领导权的世代更替。在企业管理中，每当谈到家族管理及控制，以往的研究往往集中于占主导地位的家族管理会否削弱其整体实力。例如，忽略中小股东利益、公司治理欠透明，以及非家族职业经理人难以进入决策层等，而较少着眼于合伙人或家族成员对经营权的争夺问题。

事实上，我们常会看到上一代控制着亟待更新的家族企业，而子女则试图从上一代手中夺取经营权的案例。在香港，涉有家族争夺家产或企业控制权的诉讼日见频仍（如新鸿基郭氏家族、霍英东家族，以及南丰集团陈廷骅家族）。在不少第一代创业家心目中，公司高管职位的变更似乎轻而易举，只要发出一个通告就能水到渠成地完成领导权交接，但事实显然并非如此。

作为利丰集团第三代领导人的冯国经说："香港很多家族企业是'二战'后创立的，它们都到了创业一代已届交棒或必须交棒让下一代接任的关键时期。"（Fung, 1997：224）冯国经对领导权继承时机的判断颇具洞察力——很多由家族控制的香港跨国企业，事实上已走到了交接换班的关键时刻。

一、华人家族企业：团结还是分离

多数人对华人家族企业并不看好，有人甚至认为，当领导权发生变动时，家族企业便会瓦解。导致企业瓦解的原因，基本上可归因于家族内部矛盾、家族利益优先、继承制度不足等。如果我们从整合的角度来观察，华人家族企业是由三个互相关联的部分组成，即华人文化（Chineseculture）、家族（family）与企业（business）。沿着这一脉络思考，我们便能了解到华人家族企业的先天弱点。华人文化是指儒家思想主导的道德规范；家族表示家族主导或控制，以家族利益为主要考虑；而企业则表明基于经济及商业原则进行运作。虽然每个系统均根据各自的规则运作，但它们也有互动的一面。互动过程中会产生反馈，每个系统的正面反馈均有助于家族企业的增长和发展。相反，负面的反馈会导致低效率，产生矛盾，甚至令其走上衰亡之路。

根据传统观点，华人家族企业的先天弱点可概括为以下几点：

（1）在文化系统方面，"诸子均分"的安排会导致家族企业的资本无法积累，甚至会产生越分越少的紧缩倾向，削弱企业的比较优势；因继承问题而产生的负面形象，会窒碍继承者接掌家族企业的努力。多位学者指出，忽略建立传承规划，未能全面作出接班安排，是华人家族企业难以顺利接班的主要原因。

（2）在家族系统方面，因继承而产生的内部矛盾，往往会加剧家族成员的冲突，削弱家族成员之间的信任，最终更会窒碍企业发展。家长作风和裙带关系则意味着非家族职业经理人，难以进入企业管理的核心决策层，企业倾向于任人唯亲，结果自然会削弱组织的竞争力，弱化业绩表现。

（3）在企业系统方面，新一代领导人往往急于证明自己，选择在错误的时机大肆扩张，或者未经深思熟虑便仓促进行重大改革。如果恰逢经济周期的反转，就会对管理不善的家族企业带来更为沉重的打击。不少学者指出，高度集中于家族的管理权力，家族成员之间的矛盾冲突，加上低度的授权和信任会窒碍高管及员工的投入，使传承过程变得格外复杂。

传统观点认为，华人家族企业充满纷争、难以传承，但为何中国港台以及海外华人社会中，家族企业不但大放光彩，而且不少均能历久不衰呢？在台湾，"老五大家族"如林甲寅家族（1820年代）、辜显荣家族（1880年代）、林平侯家族（1840年代）、颜斗猛家族（1800年代）及陈福谦家族（1860年代），均繁荣超过300年，至今仍在台湾深具影响力。而在香港，同样存在多个影响深远且长盛不衰的家族，富过数代，繁盛至今，例如，李石朋家族、何东家族、周少岐家族及利希慎家族，等等。这引发了我们的研究兴趣：为何某些华人家族企业"富不过三代"，而另一些家族能够长盛不衰呢？

第一代创始人去世后，企业及家族均会发生巨变。每个子女在家产上享有不容剥夺且基本均等的继承权，某些家族成员希望维持甚至加强他们对家族企业的控制权，但另外一些家族成员则倾向于出售股权或者分红变现。这种"离心力"如果无法得到有效抑制，就可能使得家族矛盾不断滋生。换句话说，尽管第二代时分裂的力量可能会出现，但由于第二代仍是亲兄弟姐妹，关系密切，感情深厚，矛盾有时会被遮盖。因此，家族企业仍能相对松散地在同一家族的旗帜下得以维系，不至于立即分崩离析。

当第三代家族成员进入管理层后，不同家族分支之间的矛盾可能会进一步升温，而第三代家族成员是堂兄弟姐妹、姑表亲，关系往往不如上一代亲密。因此，当矛盾出现时，很难达成妥协，至此，家族企业将濒临瓦解。黄绍伦教授指出："华人家族企业明显无法长久经营，就如俗语'富不过三代'所指，它们甚少能存活超过三个世代。"虽然黄绍伦认为华人家族企业理论上能通过再次集权的方式维持企业的活力和持续性，避免走入四分五裂的局面，但他并没有提出具体做法及运作机制。

对于实力雄厚的大型家族企业而言，虽然家族财产在每一代的传承时会按子孙数目分派下去，但由于基数很大，并不一定会导致企业瓦解或财富消散。

以往关于家族企业传承的研究，较少深入地分析家族成员之间错综复杂的矛盾，更少研究解决家族内部矛盾的实际机制。因此，我们将在本章中进行深入分析，并以一个具有百年历史、富过四代的香港跨国家族企业——利丰集团进行案例解剖，寻找企业的延续之道。

在分析利丰案例之前，我们首先要回答这样一个问题：华人家族企业的组织结构到底如何？我们知道，家庭是组成社会的基本单元，而在中国文化中，这个基本单元是以"同心圆"（concentric circle）方式构成的，这意味着每一个家庭都以其自身作为其"宇宙"的中心。当圆圈向外延伸，血脉和信任都会随之衰减（费孝通，1986）。如果我们将这种圆圈的形式跟中国哲学的"阴"和"阳"结合，我们就能得到一个新的概念：每个个体或家庭（甚至宇宙）均被两股互相联结及互相依赖的力量左右，而"阴"和"阳"的概念，则可分别被视作"离心力（centrifugal）"及"向心力（centripetal）"的体现。前者来自"诸子均分"的继承制度，而后者则与家族血脉和认祖归宗有关（Zheng，2009）。

华人家族企业的组织结构大概可以分为两部分：圆形的家族控制（即同心圆概念）及三角形的管理结构（因企业管理是金字塔式的）。后者会随时间改变，但家族的控制则大多不变。事实上，华人家族企业较少采用所有权与控制权"两权分离"的做法（即圆形和三角形并无重叠）。当白手兴家的创业家创立企业时，他和家族成员通常同时是企业的掌舵人，即所有权与控制权均由家族掌握，圆形（家族）和三角形（管理）的重叠之处甚多。这些显著的重叠部分，代表控制权的高度集中（见图2-1）。当企业逐渐发展后，控制权会被下一代家族成员分散掌控，而企业持续的扩张则会将更多家族成员吸纳进管理层。

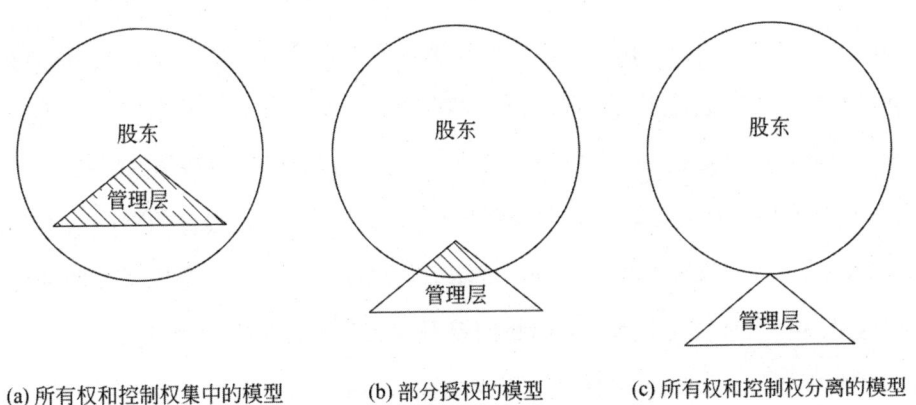

图2-1 所有权和控制权的三个模型

资料来源：Zheng and Ho，2012：417。

当更多第二代和第三代家族成员晋身为公司高管，以及转移领导权的时机到来时，均可能引发激烈的内部冲突。如果没有适当的矛盾协调机制，家族的内部矛盾终将导致家族企业进入黄绍伦所言的"瓦解"阶段。

在利丰案例中，我们发现有两个机制发挥了矛盾化解功能，帮助这个全球贸易巨擘繁荣超过一个世纪。第一个机制是"修剪家族树"，而第二个机制则是通过私人协议进行"管理层收购"集中股权。两个机制事实上是相关的。在下文中,我们将首先介绍利丰如何创立、发展及重组,之后将详细指出以上两个机制如何维系企业,而创始合伙人和单一家族内不同成员的内在矛盾,则用以说明这两个机制如何实际运作。

二、利丰简史:内与外的竞争

与很多跨国公司发展的轨迹一样,驰名世界的利丰集团,起源是一家小型出口贸易商行①。1906年,李道明和冯柏燎在广州联合创办了利丰②,当时主要做陶瓷出口,目标市场是美国。冯柏燎在公司中的地位日益重要,烟花、爆竹、翡翠、玉石和其他中国工艺品均是美国采购者看重的商品。

由于两名合伙人的努力经营,利丰的生意日益兴隆。进入20世纪10年代,利丰已取得以下成果:①在广州沙面修建了5层高的总部大厦;②在自置物业内设立了工厂,直接制造工艺产品,从而赚取更高利润;③在沙面租用了一个大型仓库,以存放出口货物;④在香港开设了贸易分行,以应付贸易额的增长。

20世纪20年代后期,利丰的经营日趋蓬勃,受过良好教育的冯氏家族第二代(如冯慕英、冯汉柱和冯丽华等)成年后均加入公司。虽然李氏家族的部分第二代成员亦在当时加入了利丰,但我们没有找到相关证据。20世纪二三十年代,中国社会剧变时(如省港大罢工及军阀割据),利丰仍能保持蓬勃发展态势,20世纪30年代初便跻身中国主要的出口商行。

1937年7月,抗日战争爆发。由于担心战事会造成人、财、物的大量损失,李氏和冯氏两大家族共同作出重大决定:①在香港成立"利丰(1937)有限公

---

① 这种出口贸易商行当时泛称 "洋行",但利丰既非由洋人组成,亦没吸纳洋人资本,单由于经营成绩斐然,赢得了 "小怡和" 的美名。

② 为表明企业为合资经营,他们用了两人的姓氏 Li 和 Fung 作为公司的名字,中文名字则采用了相同读音,但使用含义更丰富的 "利" 和 "丰"。"利" 指利润、胜利或锋利;"丰" 则指丰裕、丰收和丰盛。在当时,使用吉利的公司名字是一种十分普遍的情况。

第二章
家族企业的延续之道：利丰集团的百年发展

司"（为简化讨论，避免混淆，下文一律只称为利丰，特别注明者除外），并将其他业务整合其中，凸显香港作为公司发展的主要地位，并将广州大部分业务转移到香港；②两个家族的男女老幼成员，陆续从广州移居香港。因此，1937—1941年间，虽然大陆饱受战事摧残，但利丰的香港业务仍能持续发展。

虽然冯柏燎和李道明高瞻远瞩，已将生意和家人转移到香港，但战火最终还是蔓延到香港。日军在1941—1945年期间占领香港时，无数平民生灵涂炭，香港的商业也随之瘫痪，而利丰也无可避免地蒙受巨大损失。1943年，冯柏燎前往家乡探亲，了解当地家族物业有否遭到破坏——据说他因为目睹战事给家族带来巨大破坏而身患中风，抢救不及而逝世，享年63岁。

跟大多家族企业在日本投降后的重建过程相似，利丰迅速恢复了商业活动。然而，李氏和冯氏两家之间的矛盾开始浮现，前者指责后者管理不善、作风霸道。1946年（即利丰创立40周年之时），李道明决定出售所持有的全部股份，从而使得冯氏家族成为利丰的唯一经营者。

虽然冯、李两家的分裂并不愉快，但冯氏家族仍然决定沿用"利丰"这个名字，不作更改。由于冯氏家族成为利丰的唯一股东，第二代家族成员便顺理成章地投入不同层面的管理工作上，兄弟姐妹或子侄间的合作也更加顺畅了。家族成员的群策群力，使得利丰在战后迅速重整旗鼓。

1950年，美国控制下的联合国对新中国实施贸易禁运，这使得香港过去一直高度依赖的转口贸易戛然而止。受到这个事件的影响，香港经济迅速衰退，而禁运对于身为贸易公司的利丰可以说是致命打击。

虽然当时大多数投资者对香港经济感到悲观，但冯氏第二代仍然积极应对。面对贸易订单的锐减，冯氏第二代决定自己建立生产线，以制造出口货品。抗战时期冯氏已在广州累积了管理工厂的经验，所以从转口贸易到制造业的转型可谓十分成功：5年内，利丰在香港、澳门和台湾都建立了生产基地，成为推动香港工业化的一股重要动力。

伴随香港20世纪50年代的经济发展，利丰进入新一轮高速发展阶段。1973年，冯氏第二代决定将利丰上市，而当时香港的股票市场非常兴旺。上市一方面可以吸纳公众资本助力利丰进一步发展；另一方面，家族也希望借此建立更透明的公司治理、公平的股权转让制度、开放的企业文化，以吸引更多有能力的非家族职业经理人加入公司。

上市后，利丰首先将业务扩展至玩具及零售层面，随之则是船务、保险和物业投资。上市后的10年间，利丰已发展成为一家多元化投资、全球化运营的大型跨国企业。1974年，利丰年营业额为8 370万港元，1980年跃升至2.8亿港元，1987年提高到14.5亿港元；税后利润则从1974年的180万港元增至1980年的1 150万港元，1987年更提高到4 500万港元（见图2-2）。

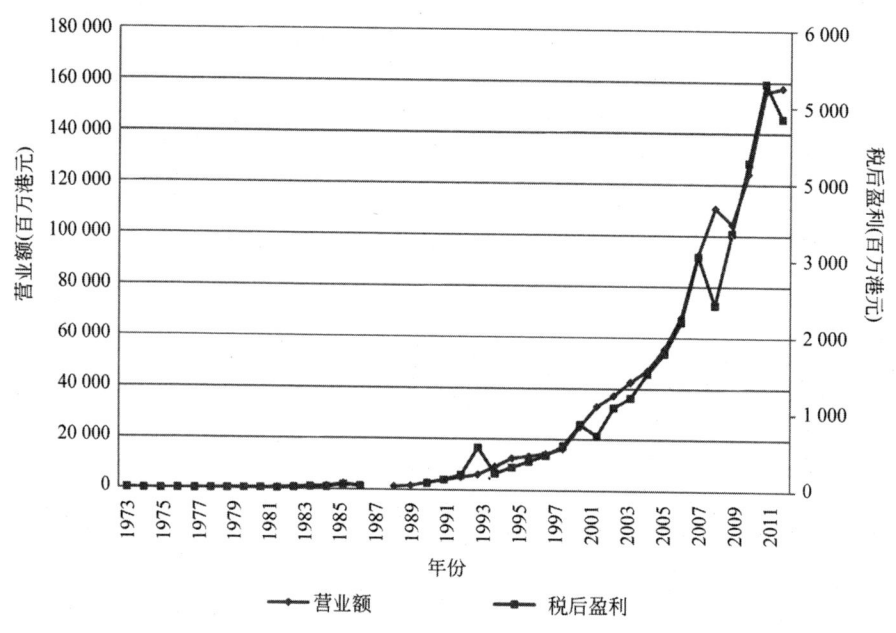

图 2-2 利丰的营业额与盈利（1973—2011）

数据来源：Li & Fung Limited, various years。

1989年，香港恒生指数暴跌，利丰股票价格亦经历了持续下跌。据报道，冯氏第三代家族成员之间当时爆发出不少矛盾。为了避免矛盾激化导致利丰衰落，冯汉柱一房的冯国经和冯国纶提出以"管理层收购"的方式私有化，将利丰退市，最终获得其他家族成员和股东的同意。换言之，第一次分家的40年之后，利丰出现了第二次分家的局面，而这次则使冯汉柱一房子女成为利丰的唯一股东。

第二章
家族企业的延续之道：利丰集团的百年发展

1992年，香港经济开始复苏，股票市场逐渐从谷底回复，家族第三代冯国经和冯国纶将利丰进行重组，之后再次上市。由于改善了内部管理，利丰再次获得快速增长，年营业额从1991年的28.55亿港元增加至2000年的249.93亿港元，到2010年更增加至1 241.15亿港元；税后盈利亦从1991年的8 690万港元增加至2000年的8.6亿港元，到2010年更增加至42.8亿港元（见图2-2）。在约20年间，利丰年营业额增加了42倍，税后盈利则增加了48倍。

除了依赖管理优化带来的稳定增长外，兼并收购也成为利丰大幅扩张的动力之一。利丰在这个时期的并购获得了国际关注，如1995年收购英之杰公司、1999年收购太古贸易和金佰利公司、2000年收购Colby集团，以及2002年收购Janco Overseas等，均成为全球传媒的财经头条。

自2000年始，冯氏家族第四代——冯咏仪、冯裕钧、冯裕津及冯裕铭等（冯国经及冯国纶的子女）加入了集团的管理层，掌管着利丰的不同业务。随着冯国经和冯国纶步入60岁的人生阶段，他们开始制定传承规划，以确保家族企业能顺利传承到下一代。

2001年，集团将零售业务分拆为利亚零售有限公司，并在香港创业板上市（2011年转主板上市）。同期，利丰亦将其批发业务分拆成利和经销集团有限公司（IDS），2004年在香港交易所上市。5年后，利丰将高档男士服饰零售企业——利邦控股有限公司上市（见图2-3）。很明显，利丰（1937）有限公司仍积极扩张，动作频频。

再次上市后的20年的发展过程中，利丰成为一家控制数十家子公司和4家上市公司的跨国企业[①]。相比较而言，利丰1992年在8个国家雇用800名员工，2000年员工人数增至4 668名，而2012年更增至28 198名。同一时期，集团的办公室数量在2000年增至64个（位于37个国家），而2012年增至300个（位于40个国家）（见图2-4）。这些令人注目的数字，可作为解释冯氏兄弟得以跻身

---

① 2010年，IDS宣布进行私有化，利丰集团旗下的上市公司数目缩减至3家。在2012年，于1937年成立的利丰有限公司，改名为冯氏控股（1937）有限公司。

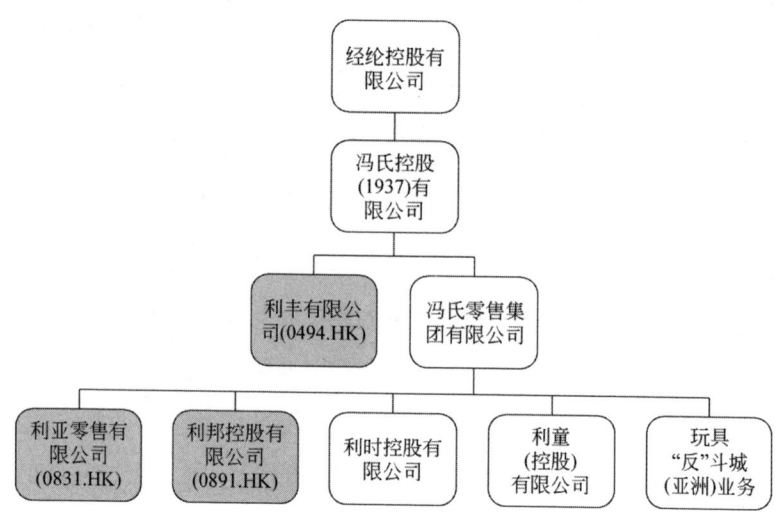

图 2-3 利丰的组织架构

注：灰色标示的公司于香港联交所上市。

资料来源：Fung Group, 2013；Li & Fung Limited, various years。

"香港富豪排行榜"第九位的一个有力注脚。

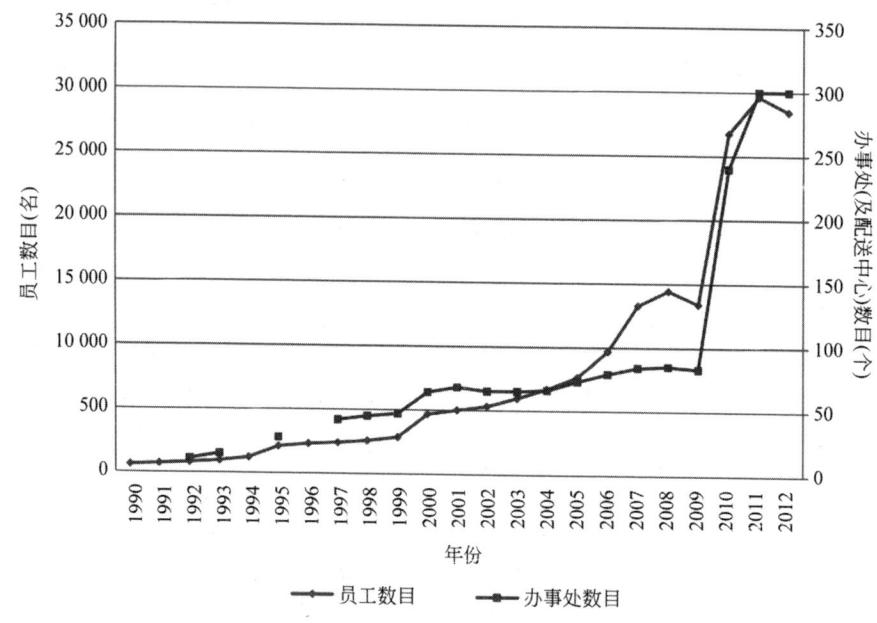

图 2-4 利丰的员工和办事处数量（1990—2012）

数据来源：Li & Fung Limited, various years。

三、第一代联合创始人之间的竞争：李氏家族与冯氏家族

与大多数以合伙方式而非独资方式起家的企业相仿，利丰最初的股份比例为两位合伙人各占50%。这种股权结构的前提是，两名合伙人之间有较强的友谊和信任，但这种股权比例随着时间的推移会渐生问题和挑战。如果两位合伙人的关系在经营后期恶化，往往会导致企业的分裂。分裂后，由于从两人合股变成一人独资，通常会弃用原来的企业名称，而冯氏家族则决定仍沿用原来的名字。然而，以往关于导致李、冯两家分裂的真正原因，以及李氏家族退场机制的研究仍然非常有限。

根据一些未经证实的报告，在共同创办利丰之前，李道明和冯柏燎同为宝兴行（一家位于广州的瓷器出口商）的员工。换言之，他们的关系应为旧同事，而非传统中国社会中十分亲密的亲属或结拜兄弟等关系。李道明较冯柏燎年长（在旧社会这意味着长幼有序），同时在出口瓷器方面有丰富的经验。

深入的档案研究显示，李道明来自一个富有的家族，曾接受过良好教育。1915年出版的《香港中华商业交通人名指南录》中有关于李道明的记录，显示他曾在香港中环独自经营一家名为"义栈"的瓷器出口公司，李道明委任刘孔堂为会计师，处理账目和管理公司的日常运作。公司位于昭隆街10号，即今天万邦行和皇后戏院的所在地。这些数据于1915年刊出，我们有理由相信在该年之前，李道明已在香港经营生意。从公司所处的地段推断，李道明的生意规模应该不小。1922年出版的另一份工商目录中，"义栈"仍然在昭隆街10号，继续经营其陶瓷器出口业务。这份档案确认了李道明在香港的业务具有相当的规模。

其他证据显示，李道明家族的地位并不比冯柏燎家族低，从利丰公司的名字以"利"（李）先于"丰"（冯）可见一斑。再者，李道明在利丰的职位为董事局主席，比担任总经理的冯柏燎要高。从利丰公司的会议记录[①]中我们发现，李道

---

① 利丰位于西区吉席街1号（1 Catchick Street, Western District），而两名合伙人李道明和冯柏燎的注册地址则分别为新界粉岭安乐和九龙花园道213号。两人均称自己为商人。

明担任的职位（主席和执行董事）较冯柏燎高（总经理和执行董事）。虽然李、冯两家的第二代成员的股东数目有所不同（有 7 名来自冯氏家族，5 名来自李氏家族，而嫁入李家的冯丽华可被视作属于两个家族），但是根据公司在 1937 年 12 月 24 日成立的文件，两个家族所持有的股份数量均等。

换言之，直至 1940 年中期，李道明家族对利丰的控制不会比冯柏燎家族低。而由于所有李、冯两家的第二代成员均注册为利丰的股东，两个家族似乎对维持权力平衡方面有所警觉，从另一方面亦反映出两个家族的关系复杂而微妙，存在一定的紧张情况。

在档案数量上，冯柏燎家族的记录明显比李道明家族多。然而，前者的来源单一，大多来自冯氏家族，并一再被转述引用。就家庭背景而言，冯柏燎似乎也是来自富有家庭，我们可从其教育背景中得以推断——在香港接受教育似乎是他一生中最为关键的决定。

冯柏燎 1880 年出生于广东鹤山，青年时即到香港接受教育，19 世纪 90 年代后期入读被视为香港精英摇篮的皇仁书院。正因这种西化教育背景，冯柏燎不仅学习了现代知识和流利英语，也建立了极具价值的同学关系网络。1900 年毕业时获得 Junior Morrison 奖学金前往美国深造一年，其后又在皇仁书院担任教学助理一年。之后，他在广州宝兴行找到工作，两年后与李道明共同成立了利丰，两人从此建立了长久的合作关系。

由于两位创始人的努力经营，利丰的生意日益兴隆，而两者的个人财富也随之增加。两个家族的第二代成员均在 20 世纪 20 年代加入了利丰。多位家族成员的参与使矛盾与角力增加，因而弱化了两个家族的合作和互信。日本侵占香港期间，利丰虽然遭受了严重损失，但是导致李、冯两家矛盾激增、最终分裂的事件则是冯柏燎的意外身亡。

利丰因抗日战争而将总部由广州迁往香港，使得冯氏在香港的网络变得更为重要。虽然两个家族仍各占一半股权，但冯氏的管理权开始加大，主导性也开始增强，改变了两个家族的权力平衡。李道明似乎为他的子女无法跟冯柏燎的子女竞争而感到不满。冯柏燎意外逝世后，这种失衡变得更为严峻——因为过去冯柏燎一直担任两个家族矛盾的协调人。

香港重建过程中，利丰的发展使得两个家族的矛盾再次升级。1946年，李道明作出了一个惊人之举：他决定终结与冯氏家族40年的合作关系，将所有股权出售给冯柏燎的子女，并指出新的领导层无法有效地经营利丰。这进一步证实了冯氏已在利丰取得了领导地位。

李道明为何离开是一个不解之谜。由于李道明担任利丰集团主席和董事总经理，又比冯氏家族第二代成员年长一辈，外界通常会认为，冯氏家族成员才是应该离开利丰的人[①]。然而，不论分裂的原因为何，"修剪家族树"的机制有效地发挥了精简结构的功能，使利丰可以重拾绩效，强化竞争力。管理权集中于冯氏家族手中后，决策流程大大加快，为利丰后来的快速增长奠定了基础。

四、第二代成员间的竞争：冯氏家族

1946年，李氏家族和冯氏家族的分裂，意味着利丰进入到一个新的发展阶段。由于利丰已成为冯氏家族独自控制的企业，家族成员的积极性更为高涨，带领利丰克服各种困难，争取更好的业绩。虽然20世纪40年代后期至20世纪60年代初期的外部经营环境不佳，但冯氏家族第二代仍团结一致，使得利丰突飞猛进，成为香港贸易行业的龙头企业。

香港华人家族企业的所有权与经营权的分配方式大致如下：大多数家族成员持有家族企业的股份，男性家族成员的股份比例大多相当，而某些家族也会分配一定股权给女性家族成员；分派兄弟姐妹到不同部门，长辈通常分得较高的职位，而另一些家族成员则可能对企业管理缺乏兴趣，转而成为专业人士、学者或官员。利丰的所有权与经营权也参照了以上模式。

在第二代家族成员中，大哥冯慕英担任主席，冯汉柱担任董事总经理，冯丽

---

① 根据遗产承办法院（Probate Court）的一份遗嘱，李道明于1951年11月在香港逝世，享年75岁（他出生于1876年，比冯柏燎早4年）。他将其物业留给家人，包括一妻、一妾、一子和四女。

华担任行政经理,而冯汉兴则为部门经理。其他家族成员选择成为专业人士,没有加入家族企业。第二代家族成员在如何管理企业上常有分歧,但是当面对企业危机时,他们似乎总能放下分歧、融洽合作。由第二代家族成员经营的利丰,在1950—1970年这20年间,每年均有双位数的高速增长。

利丰集团扩张的同时,更多受过良好教育的第三代家族成员开始加入家族企业——这使得管理结构进一步膨胀,引发了更多的分歧。为了更有效地解决家族内部矛盾,冯氏家族成员在20世纪70年代早期作出了一个重大决定:趁香港股票市场火热之际将利丰上市。

上市后,利丰获得了更多资金用以扩张业务,也吸纳了一些高学历的非家族职业经理人加入。此举一如预期为利丰带来了协同效应,获得了更强大的增长动力。利丰核心业务(如制造及出口)的优势得以提升,也为多元化战略(如便利店和玩具业务)提供了强大的支持。

1975年,利丰主席冯慕英去世,管理层改组,人事变动频仍。第二代家族领导人的去世加剧了家族成员之间的内部竞争,这一"离心力"最终导致了利丰的再一次分拆。利丰的新董事局[1]和管理团队引入了新的经营理念和管理方法,企业获得更强的发展动力,从而快速增长。1973—1988年期间,"利丰的营业额,由原先的8 400万港元,增长至15亿港元"。

然而,利丰骄人的业绩增长并没有减少家族的内部矛盾,反而是日渐恶化。当第三代家族成员开始互不相让,分裂就无可避免地发生了。与第一代合伙人间的分裂类似,这次分裂的根源也是下一代(子女)争夺企业控制权问题。为自己子女争夺控制权,成为第二代家族成员之间关系紧张的根本原因。当继承时机迫近时,第

---

[1] 1973—1975年,董事局的成员为冯慕英(主席)、冯汉柱(董事总经理)、冯丽华、罗理基(香港首席内科医生之一,曾任行政局首席议员及香港大学副校监)、张奥伟(皇家御用大律师,曾任立法局及行政局议员)。1975—1980年,董事局的成员为冯汉柱(主席及董事总经理)、冯丽华、冯汉兴、罗理基、张奥伟。1981—1988年,董事局的成员为冯汉柱(主席)、冯丽华、冯汉兴、冯国经(董事总经理)、罗理基、张奥伟,以及Kerry Johnston 和 Anthony Haywood,后两者依次为经营油船设备的 Wilrig A. S. 主席及跨国金融巨擘 Private Investment Asia Co. 总裁。冯国经在1986年加入董事会。

二代为子女争夺控制权的渴求便显得更加迫切。随着时间的流逝，一些第二代家族成员已经开始构想：如何才能令其子女获得最大的利益，尽量减少己方的损失。

五、第三代成员间的竞争：冯氏家族

第三代家族成员如冯国康、冯国础和李永康（冯丽华之子）在20世纪60年代后期加入了利丰，但他们只被分配到集团旗下的部门接受培训，以了解企业的日常运作，后来才擢升至部门经理，甚少有第三代家族成员能加入利丰董事会。事实上，大多数家族成员选择跟家族企业保持距离，以"不活跃股东"的身份参与家族企业。换言之，虽然第一代冯柏燎共有11个子女，而第三代的家族成员总共有37名，但只有少数家族成员投身于企业的管理，其他大多数的家族成员并不活跃，不参与企业的经营管理，只是收取分红而已（见图2-5）。

关于家族企业，冯汉柱（第二代）这样说道：

> 所谓树大有枯枝，没有的太特殊了。为何大家都是同一个父亲的儿子，却有人的意见要强些？这很难处理。如利丰这样，家族留下来负责管理的已很少，只剩下几人。我有些侄儿宁愿选择别的专业，有做大状（律师）的，有在美国做教授的，他们都怕麻烦，不愿意插手家庭生意。（《资本杂志》，1992：71）

冯汉柱长子冯国经（第三代）在另一个场合指出：

> 家族成员掌管公司的主要职位，而公司的股东，则是创办人的下一代——8位在世成员的子女……但是及至第三代，单作股东你的获益不大，必须全身投入这项事业之中。一些表兄弟姊妹也曾经加入利丰，但不感兴趣。（Hutcheon, 1992：53）

虽然父亲跟儿子的看法有一定分歧，但他们却颇为一致地指出，最大贡献的家族成员，无法获得最大部分的企业利润，因为利润要跟那些没有作出贡献的家族成员分享。为了"以强硬手段解决这个困境"，1973年冯氏家族决定将利丰上市。冯国经指出，上市的好处包括：

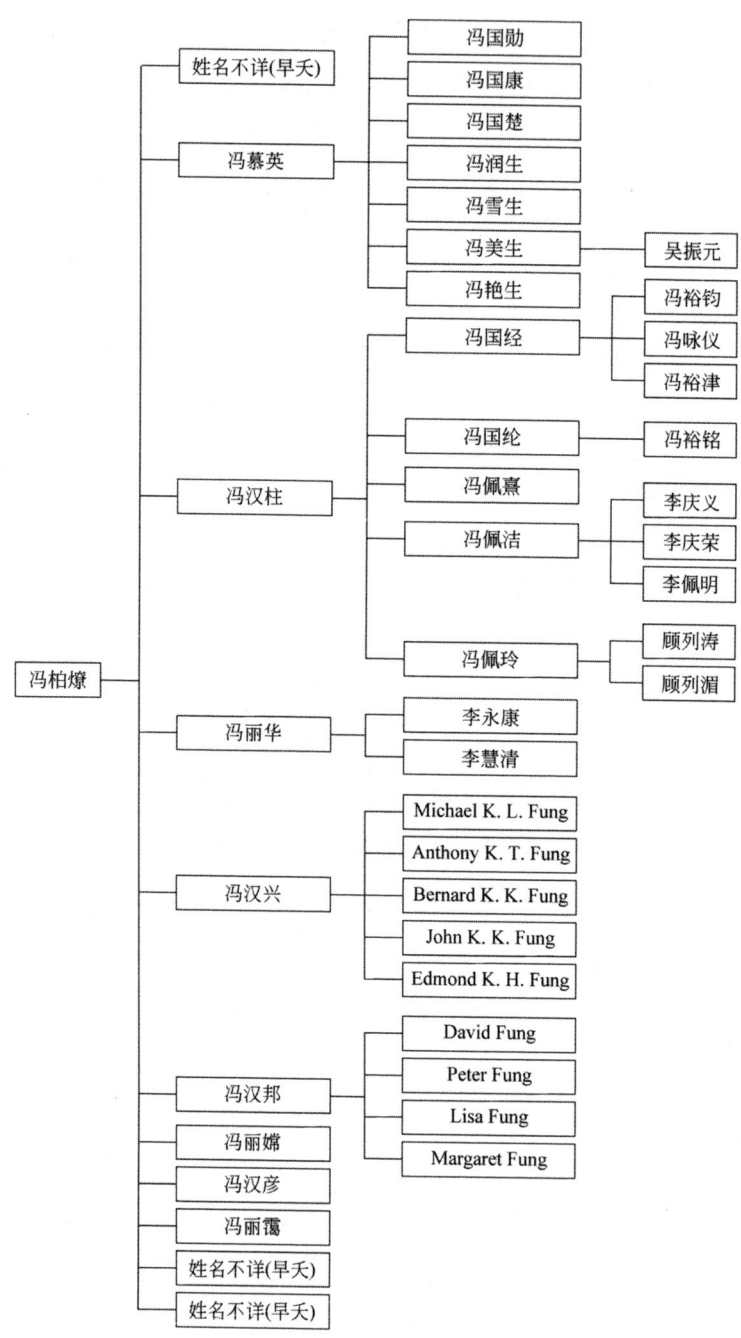

图 2-5 冯柏燎家族的家谱

注：只包括可识别的家族成员。
资料来源：冯邦彦，2006；Li & Fung Limited, various years。

第二章
家族企业的延续之道：利丰集团的百年发展

得到公众监察，使股东得益；制定长远战略，为股东创造价值；使股东的资产具有流动性。我们并不着重从股市中获利，因为当时我们拥有雄厚的资金。（Hutcheon，1992：53）

上市给家族企业带来新的气象。事实上，上市后的利丰进行了一系列改革，精简企业架构，提升效率。因此，正如前述，利丰在1973—1988年间经历了业绩的大幅增长。而当被问到上市后利丰在哪些领域取得成功时，冯汉柱说："我们的耕耘需要一段长时间才能达到成功，还要不断巩固和打稳根基。如果管理层能拥有公司控制权的话，一切都会好办得多。"（Hutcheon，1992：69）冯汉柱话中带出的信息是，如果管理层有控制权，企业发展将更有突破。那么，利丰管理层是否欠缺对企业的控制权呢？

从董事局组成来看，1975年后，3名第二代家族成员担任董事局成员（冯汉柱、冯丽华和冯汉兴）。冯汉柱兼任董事局主席和董事总经理直至1981年，之后冯经国加入董事局，担任董事总经理。5年后，冯国纶加入董事局，担任董事总经理。除这两人外，没有其他第三代家族成员加入董事局。从父亲担任主席及两名儿子担任董事总经理来看，这种管理层欠缺对企业控制的说法并不成立。

在评估利丰上市后的表现时，Hutcheon（1992：69）无意地透露了一个惊人的数字："冯氏家族依然拥有70%～75%的股权"，而这似乎正是导致后来私有化的最主要原因。这一控股权数字亦间接呼应了冯国经前文所说的"单作股东你的获益不大"，并反映了大多数家族成员将自己视为不活跃股东，将利丰的股权视为长远投资。

利丰的股价在1989年处于低迷状态。那时冯汉柱已年届80岁，健康不佳，冯国经和冯国纶已经开始筹划将利丰私有化。这一行动反映了家族成员之间的矛盾，亦引来了诸多家族成员的异议和反对，以下是较多被引述的版本：

在经济动荡的背景下，1988年初，冯氏家族全体成员在美国波士顿召开了内部会议，就利丰未来的发展，特别是股权问题进行讨论。据了解，在家族会议上，曾发生尖锐的分歧，冯丽华就回忆说："会议上有不同意见。"据说，作为利丰董事局成员之一的冯汉兴先生，就曾在会议上激烈反对利丰私有化①。不过，经过充分讨论，大部分家族成员仍然表示同意出售手中所持股权给作为公司管理层的冯国经、冯国纶兄弟，使利丰私有化。（冯邦彦，2006：148）

此次家族会议结束约20年后的某一天，当香港记者访问冯慕英两名女儿时（她们当时已如普通香港市民般过着平凡的生活），她们有以下反应：

> 我们同冯国经一家已没有关系了，总之老死亦不相往来，行街见到面都当见不到。他们读哈佛的要够狠，当年他们吞占利丰，是处心积虑的……当时我对利丰一无所知，我阿叔卖股，就卖了。（梁淑文、李禾德，2003：47-48）

很明显，利丰私有化的过程并非如想象中简单、直接、没有争议。回头看，从利丰上市后发展甚丰的事实可见，其股价或业绩表现的短暂受挫，不应视为管理不善，因这可能是当时的外部冲击所致。同样地，私有化的计划明显与冯氏家族15年前决定将公司上市时所坚持的理由背道而驰。简而言之，利丰在1989年进行私有化的决定，一如1946年李道明突然宣布全身而退的举止一样，成为另一难以解开的谜团。

不论真正原因为何，通过私有化，利丰的股权结构（或经营权）得以修枝剪叶，变得如冯国经和冯国纶祖父时期（约90年前）一般。冯国经和冯国纶通过经纶有限公司成为利丰的控股者与经营者②，且两兄弟的股权均等。如半个世纪前的分家一般，这次分家提升了利丰的动力，加快了决策过程。在私有化不足两年后，冯国经和冯国纶作出一个令人惊讶的决定：把利丰有限公司重新上市，并于1992年7月1日上市成功。这个决定直接否定了利丰进行私有化的原因。

利丰再次上市后的表现十分突出，上市3年后，利丰公布收购一家经营了

---

① 由于冯柏燎排行第四的儿子冯汉兴较排行第三的儿子冯汉柱年轻5岁，因此可以预计，如果维持利丰的上市地位，当其兄长过世时，他应顺理成章地成为集团主席。到时候，管理队伍或将再次经历如在家族中排行第二的冯慕英过世时的动荡。事实上，5年后，冯汉柱于1994年9月9日逝世。然而，当时利丰已是由冯国经和冯国纶全权控制，并已重新上市两年了。

② 跟他们的祖父做法一样，公司为合资经营，且以"经纶"命名，分别取自冯国经和冯国纶的中文名字。

200年的国际知名贸易集团——英之杰公司，令市场侧目。1999年，利丰收购了太古贸易和金巴莉公司，2000年收购Colby集团，2002年收购Janco Overseas（一家专门生产广播设备的本地公司）。通过一连串"蛇吞象"的收购行动，冯国经和冯国纶两兄弟的财富急升，利丰在零售市场的占有率亦大幅飙升。再次上市的10年间，利丰的影响力亦扩大至国际市场。

冯国经和冯国纶重掌利丰大权后合作无间，因为具备了更高的工作动力、更快的决策过程和更佳的效率，利丰得以高速增长。利丰未来的挑战是，根据家族前几代的经验，随着冯国经和冯国纶的子女加入管理层，如何应对第四代家族成员之间可能发生的矛盾冲突，就变成了家族企业发展的重要挑战。

六、第四代成员之间的竞争：冯氏家族

与上几代人数众多不同，冯国经和冯国纶的子女较少（冯国经有两子一女，冯国纶则只有一子）。因此，导致家族分裂的"离心力"似乎比前几代弱得多。一个合理的追问是：家族第四代是会让利丰进入一个新的发展阶段，还是会在继承的最后阶段发生类似前几代的分裂？虽然现在作出结论为时尚早，但观察到的现象将有助于我们进行分析。

教育是家族投资人力资本的关键，一方面，维持家族的经济和社会地位；另一方面，推动家族企业的发展。冯国经和冯国纶将年轻的子女送到美国接受更好的教育。除了增加子女们的人力资本，冯国经和冯国纶更充分了解人脉关系和社会资本的重要性。

子女回到香港后，冯国经和冯国纶就开始为继承作准备，建立子女的社会地位和人脉网络。首先，他们将子女送到国际知名企业工作，汲取经验。1~2年后，子女被召回香港，加入家族控制的子公司（或有时是控股公司）工作。起初，子女须由较低的职级开始（即所谓的"由下而上培训"），然后逐步升迁至管理层（如子公司负责人）。只有当子女在接受过全面训练并通过各种测试后，才能获得更大的授权。

第四代家族成员在接受更多的教育培训及实战历练后，就开始在家族企业和公共事务上担当更大的角色，并累积更多人力资本和网络资本，建立领导地位。从冯氏家族以往世代的经验来看，可以推断的是，当继承的时机越近，争夺控制权而起的家族内部矛盾亦将会激化。当然，冯国经和冯国纶第三代家族成员的数目，明显较第四代多。因此，利丰第四代家族成员之间的内部矛盾，应不会比第三代严重。不过，对于经营权和管理权的争夺，仍不能轻易排除。

如果最终冯国经和冯国纶的子女为争夺控制权而彼此敌对，此时利丰作为一家大型上市公司，是会采取如20世纪90年代初期般的"管理层收购"以"修剪家族树"，还是会选择20世纪40年代中期的内部协议以解决矛盾呢？到底是哪一方选择出售控股权然后离开利丰，而哪一方偏好收购控股权并留守利丰，这将在日后引起公众注目，而"最后谁能取得控制权"这个悬而未决的问题，一定会引起不少人的好奇。从前几代人的经验来看，当企业到达继承的关键时刻，具备更丰厚人力资本和社会资本的一方，总能在判别"谁分得到、谁分得多"这个关键问题上取得更大的优势。

七、结　语

从利丰蓬勃发展超过百年的经验可见，利丰采取了两个机制来处理家族内部矛盾，以避免企业因争夺领导权和经营权而瓦解。第一个机制是"修剪家族树"，以重掌对企业的所有权和控制权；第二个机制则是通过出售控股权（如公司非上市则通过内部协议，如公司上市则通过管理层收购）以强化管理权，提升企业的发展动力。

现在，让我们回到本章最初提到的关键论点，即华人家族企业的运作由"离心力"及"向心力"两股力量共同驱动，同步运行、相互依赖。从利丰案例可见，管理人员相对少时，"向心力"较强；管理人员人数增加时，明显出现了人多口杂、"离心力"趋强的情况。如果我们进一步将两股力量跟黄绍伦提及的华人家族企业发展模式作对照，则可以发现在建立和集中阶段，"向心力"占主导；

第二章
家族企业的延续之道：利丰集团的百年发展

而当企业进入分割和瓦解阶段，"离心力"占主导。

因此，当管理队伍开始膨胀时，缩减管理队伍规模是削弱"离心力"的一个方法，使企业维持效率与活力。而就利丰在不同时期（分别为20世纪40年代中期、20世纪70年代初期、20世纪80年代后期和20世纪90年代初期）所采取的策略来看，"修剪家族树"明显有助于家族企业避免分裂和瓦解，重拾发展动力。

如果企业没有上市，通过内部协议重新确立家族的主要股东，即可缩减管理队伍。然而，如果企业已上市，要重新确立家族的主要股东则须通过私有化。由于上市公司的股票可以自由买卖，交易较为客观和透明，股票价格也更易被双方接受。如果企业没有上市，则交易相对欠缺客观性和透明度，也没有相对客观的价格形成机制，具有破坏性的矛盾亦从而滋生。不过，不论交易的过程如何，通过"修剪家族树"确立家族企业新的控制权，并不是"无痛疗程"。一般而言，这种行为将无可避免地破坏家族成员之间的关系。

如果我们暂且放下"修剪家族树"对家族成员长远关系的负面影响，仅集中讨论这个机制对家族企业避免瓦解的正面影响——我们可以发现一条使得华人家族企业持续发展的路径。具体而言，当企业处于建立和集中阶段时，由于"向心力"推动的合伙人或兄弟姐妹能够倾力合作，因而企业得以向前发展。然而，当管理队伍膨胀进入分裂和瓦解的阶段时，"离心力"诱发的内部矛盾和敌对，会妨碍家族成员之间的合作，企业的决策、效率及业绩等均会下滑。如果没有适当的机制让家族重掌权力、提高效率和工作动力，企业的发展将一落千丈。

因此，如果"修剪家族树"的机制能正确地执行，企业将重新回到建立和集中阶段，家族企业可以重拾发展动力。过了一段时间，当继承的时机临近，下一代的家族成员就领导权开始竞争时，"离心力"将再次占据主导。同样地，如果"修剪家族树"能及时、有效地执行，新的管理层将得到更大的权力，将企业带到一个新的发展阶段（见图2-6）。

从这个角度来看，只要家族能在传承过程中通过"修剪家族树"克服内部的"离心力"，企业就能重整旗鼓，再度扩张。换言之，"修剪家族树"可以帮助家族企业长久发展，基业长青。

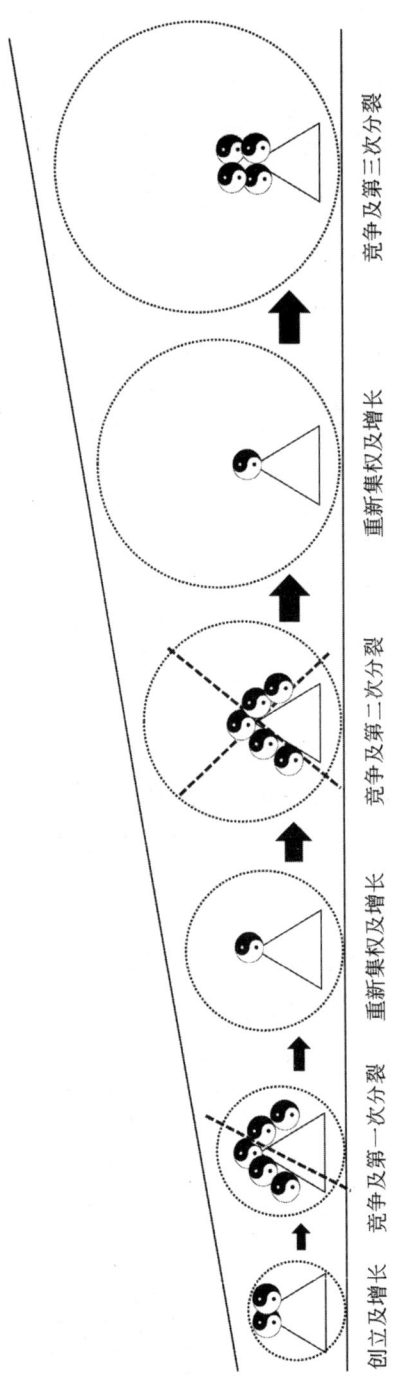

图 2-6 "修剪家族树"以获得控制权:利丰的发展轨迹

参考文献

Fung Group. 2013. Who we are. http://www.funggroup.com/eng/about/. Accessed July 24, 2013.

Fung, V. 1997. Evolution in the management of family enterprises in Asia, in Wang, G. W. and S. L. Wong (eds.) *Dynamic Hong Kong: Business and Culture*, pp. 216—229, Hong Kong: The University of Hong Kong Press.

Hutcheon, R. 1992. *A Burst of Crackers: The Li & Fung Story*. Hong Kong: Li & Fung Limited.

Li & Fung Limited. Various years. *Annual Report* (including *Interim Report*). Hong Kong: Li & Fung Limited.

Zheng, V. and T. M. Ho. 2012. Contrasting the evolution of corporate governance models: A study of banking in Hong Kong, *Asia Pacific Business Review*, 18 (3), 407—424.

Zheng, V. 2009. *Chinese Family Business and the Equal Inheritance System: Unravelling the Myth*. London, New York: Routledge.

《冯汉柱为下一代绸缪》，载《资本杂志》，1992年，2月刊，70～73页。

费孝通：《乡土中国》，香港，三联书店（香港）有限公司，1986。

冯邦彦：《百年利丰：由家族企业到跨国集团》，香港，三联书店（香港）有限公司，2006。

梁淑文、李禾德：《百亿富豪十年铺路：冯国经志在特首》，载《壹周刊》，2003年9月18日，第706期，42～50页。

郑紫灿：《香港中华商业交通人名指南录》，香港，个人刊印，1915。

第三章

家族企业的"分"与"争"：
饮食巨擘镛记的争产官司

白手兴家、经历人生甜酸苦辣的镛记创始人甘穗辉，对家族和企业的兴衰规律十分了解，因而甘家在他的有生之年，上下一团和气，融合相处。不曾想，在他去世不久，同一房的亲兄弟竟然为争夺镛记的控股权而对簿公堂，悲剧收场。

　　中国文化强调"诸子均分"，兄弟之间自然会产生直接或间接的竞争。这种竞争不只局限于分家之时，而是当家族中出现两名儿子之后便随即出现。华人家族企业的发展，总是无法摆脱重视亲人血脉并弥漫斗争分裂的窠臼。争执的结果总是让人感慨，华人家族企业不是任人唯亲、寿命短促、难以壮大，便是内部充满矛盾和纷争。

　　中国人说"民以食为天"，作为"美食天堂"的香港，餐厅菜馆林林总总、多如牛毛，其中最负盛名的，莫过于位于香港核心地段的镛记酒家。镛记不但时刻吸引本地食家的光临，外地游客慕名而来者也络绎不绝。

　　事物的发展总是难以摆脱自然规律，就像人生中必然会经历生老病死的生命周期。家族和企业的发展，同样服膺于起落兴替的自然规律。白手兴家且经历风浪起落与甜酸苦辣的镛记创始人甘穗辉，显然对此十分了解，因而在世之时便提前作出各种安排，防患于未然，让甘家在他的有生之年，上下一团和气，和睦共处。

　　然而，甘穗辉去世不久，家族随即爆出兄弟争夺企业控股权，对簿公堂一事。社会高度关注、议论纷纷，除了担心镛记能否维持菜色品质，以及金字招牌是否会拱手让人，还有令人惋惜的兄弟阋墙、骨肉相残。还有评论指出，华人家族企业总是难以走出父辈去世、子女争产的困窘。

　　官司诉讼期间，兄长突然因病去世，弟弟"赢了官司、输了亲情"，而对簿公堂的内容更揭示，原本最令人担心的是家族三妻四妾、子孙众多的问题，可让人大跌眼镜的是，最终卷入官司的却是同一房（同一母亲所生）的手足兄弟，而其他异母各房兄弟，事实上并没有涉事其中——这让人更加费解。另一个值得玩味的情况是，败诉兄长的两名儿子，在官司结束后立即另起炉灶，开办新的餐厅，并以镛记菜式为招牌吸引食客，大有卷土重来之势。

第三章
家族企业的"分"与"争"：饮食巨擘镛记的争产官司

华人家族企业的发展为何总是难以摆脱内部分裂的结局？血浓于水的手足兄弟为何最终会反目成仇，甚至不惜撕破脸皮，告上法庭？这种家族文化与企业形态反映了何种商业的发展力量？本章将以镛记酒家这个蜚声香港饮食界的案例，重点探究家族企业"分"与"争"这两股力量之间的相互作用。

一、镛记创始人甘穗辉的传奇人生

说起镛记的发展历程，要从奠基人甘穗辉的人生故事开始。甘穗辉 1912 年生于香港，祖籍广东新会白石。由于自幼家贫，他 16 岁前就已踏足社会，靠出卖劳力养家糊口。甘穗辉曾从事卖菜及报馆执字粒等工作，后来因在酒楼打工可以包食包住而转投餐饮，从此改变了一生命运，闯出人生一片新的天地，书写了香港饮食界的传奇。

决心转投饮食业的甘穗辉，曾在中环丽山酒家工作，成为烧腊学徒。在那个害怕"带会徒弟、饿死师傅"的年代，身为学徒的甘穗辉每天以打杂度日，鲜有机会得到大厨的指点。为此，他只好偷师学艺，白天仔细观察师傅如何炮制烧味，晚上趁师傅下班，将所有调味料逐一称量，将用剩的调味料重新称量一次，从而推算腌制烧腊的分量。甘穗辉终于在重复偷师及不断练习的过程中，创出独门烧腊秘方。

20 世纪 30 年代初，甘穗辉自信已学得烧腊技术，由丽山酒家转到公团饭店，工资和职级均得到大幅提升，而他做得一手好菜的名声亦逐渐传扬。甘穗辉晚年时回忆说："有朋友与我商量合作开大排档，我经过考虑，认为'工字不出头'，便决定去做。"20 世纪 30 年代中期他便踏上了自立门户的创业之路，而那家大排档，则位于中环的广源西街。（朱文俊、黄晓文、黄丽萍，2002：1）

由于定价公道，烹调出众，大排档名声日隆，但甘穗辉与合伙人之间的分歧越来越大，结局则是分道扬镳。与此同时，甘穗辉注意到大排档隔邻一个名叫"镛记"的茶档，其老板麦镛打算退休。甘穗辉向对方探问顶让，最终以 400 元成功顶下排档，然后将原本售卖茶水的档位，改装成炮制小菜烧腊的大排档，沿用"镛记"名字经营。由于扩展后的镛记既卖烧味，又售粥面饭，售价又切合当时的生活水平，所以大受欢迎，而烧鹅则成为甘穗辉打响名声的招牌菜。

1941年12月，日军入侵香港，从此进入3年8个月的黑暗岁月。在日军高压统治下，社会混乱、人口锐减、粮食供应不足，出现了前所未见的饥荒。面对这样严峻的营商环境，甘穗辉并没随大流结束生意、离港返乡，而是兵行险招，在兵荒马乱的1942年，拿出仅有的4 000元积蓄，顶下位于永乐街32号的华南冰室，更名"镛记饭店"。

在取得日本军占据者发出的营业执照后，甘穗辉脱离那种带有朝行晚拆（即早上架起，晚上拆下）临时性质的大排档经营方式，正式展开个人的餐饮生意。虽然那时社会人心虚浮、物价屡涨，但镛记饭店的生意相当不错，原因之一则是价廉物美，取价公道。当然，在日治时期，由于战火频仍，镛记饭店亦曾波及，逼使甘穗辉一度将镛记饭店临时转往湾仔经营。

1945年8月15日，日军投降，香港重见光明。战时外逃居民开始回流，重夺管治权的英国政府也推动经济重建，香港经济逐步走向复苏。甘穗辉不甘后人，在石板街重张旗鼓，并将"镛记饭店"易名"镛记酒家"，扩张经营规模，大展拳脚。由于和平不久的中国内地爆发内战，香港成为避难所，大量难民涌入，镛记的生意亦在人口不断增加与经济持续发展的带动下节节高升。甘穗辉察觉到生意越做越旺，1953年承租了与镛记毗邻的铺位，增加了店铺面积，同时增加菜色，吸引食客光顾，而招牌菜"镛记烧鹅"更因门前人流如鲫，变得街知巷闻，吸引无数中外食客慕名而来。

到了1964年，港英当局决定重建石板街一带，镛记饭店自然受到影响，必须清拆。经过近20年快速发展，甘穗辉已积蓄丰厚的财富，在筹划搬迁饭店之时，决定投入巨资，购入位于中环黄金地段的威灵顿街32号地皮连物业，作为镛记的永久扎根之地。此举不但标志着镛记跨进了另一台阶，亦奠定了甘穗辉在香港饮食界的重要地位。更为难得的是，既为大厨又属老板的甘穗辉，不只是将目光局限于厨房及账簿之上，而是能够时刻保持开拓创新。他开创了中式饭盒，进一步提升了烧鹅和菜色的水平，在20世纪六七十年代赢得了更多财富和名声。

第三章
家族企业的"分"与"争":饮食巨擘镛记的争产官司

1968年,镛记酒家被美国《财富》杂志评选为世界十五大餐厅之一,就是最好的证明。

随着城市化与工业化的发展,作为香港经济核心的中环日益白领云集。解决一日三餐成为大小餐厅争相竞夺的市场。由于中环地区寸土尺金,在狭小店铺内扩大生意的一个办法便是外卖。但当时的外卖生意却牵涉派送上门及取回餐具等问题,既增加了工资成本,又带来不便。为此,甘穗辉想出了改良日本便当的方式,推出了以纸盒盛载食物的中式饭盒,以优惠价格吸引白领订购,引领风气之先,使得镛记作为"白领饭堂"的美誉不胫而走。

镛记为何能在战后不断取得突破性发展?甘穗辉如下的一段回忆给出了答案:

> 我由学徒到自己做师傅,可以说并无一套固定办法,觉得哪一套好便会采用。以前我听人说广州有酒家做烧味出名,我就算不收工钱,都会去那处打工,将别人好的经验学回来,所以我的烧鹅技术可以说是集各家所长。至于开始卖中式饭盒也是一样,有这样方便的办法,没有理由不用。一个人千万不要自满——不学习新事物,成功便十分有限。(朱文俊、黄晓文、黄丽萍,2002:7)

同样值得注意的是,在经营上不断取得突破的甘穗辉,于20世纪60年代末物业市场仍未复苏之时,再次筹集资金,购入毗邻威灵顿街34号、36号、38号及40号的地皮连物业,与本身的32号地皮连成一体,分阶段筹建日后屹立于威灵顿街角的镛记大厦工程,为进一步扩张创造了充分的条件。

其实,战后不久的甘穗辉并非只是一心经营餐馆生意,而是以大股东的身份联合朋友,于1947年在皇后大道中(万宜里对面),与威灵顿街镛记只有一步之遥的地方另起炉灶,创办了一家日后同样享誉香港的酒楼名牌——钻石酒家,与镛记在并行竞争中同步前进。

这家钻石酒家,论地理位置、店面规模及发展势头等,比镛记有过之而无不及。就位置而言,钻石酒家靠近皇后大道中的大街,比镛记地段更好。另外,到了20世纪60年代,即镛记由石板街搬迁至威灵顿街之时,钻石酒家亦进行扩展业务，分别于铜锣湾波斯富街及旺角西洋菜街开设分店，发展势头超过镛记。甘穗辉有意因应香港城市化，将生意焦点投放到中环以外，有报道称钻石酒家全盛时期在香港开设多达5家分店。

到了1974年（即威灵顿街镛记大厦的工程分阶段进行之时），甘穗辉斥巨资与友人购入上环德辅道中的地皮，并兴建一座高达20多层的龙记大厦，并将地面7层作为钻石酒家的场地，再将皇后大道中的原钻石酒家，搬到龙记大厦新址，扩大经营。由于是自己的物业，龙记大厦在建筑设计上特别作出配合，在大厦内加设了方便烹制甘穗辉独创正宗明炉烧味的炉灶和烟囱，与威灵顿街的镛记大厦设计异曲同工。

"一条锁匙不会响，两条锁匙当当响"，妻妾子女成群的甘穗辉家族更是如此。甘穗辉深知人多口杂，在经营镛记的同时，另树一帜经营钻石酒家。这个举动明显带有刻意为各房子女安排不同平台的意味，而不是将他们集中在同一企业之内，以免各房子女因为"朝见口、晚见面"而滋生矛盾，影响亲情。

进入20世纪70年代，年过半百的甘穗辉，一方面将精力集中于兴建镛记大厦的工程上；另一方面开始安排儿子接班。1978年镛记大厦落成，甘穗辉宣布收刀，不再亲自切鹅斩肉、烧饭做菜，而将精力集中于企业管理。他将大多数日常事务交给3位儿子甘健成（原名甘琨胜）、甘琨礼和甘琨歧。甘穗辉这段时间虽然仍经常坐镇镛记，但已明显没有昔日对镛记大小事务一手抓的光景了。

在甘家第二代的领导下，镛记仍然保持着不错的发展势头。20世纪80年代至1997年回归之前，香港的政治、经济及社会出现巨大变化，但镛记仍能乘风破浪、不断前进。作为镛记重要基业的威灵顿街34号至40号地皮和物业，更随着香港房地产市场的上扬而水涨船高，甘氏家族财富持续飙升。

香港回归后，亚洲金融风暴、禽流感、SARS——这三大挑战都给镛记带来不少冲击。那时已届耄耋之年的甘穗辉，虽然表现得颇为忧心，但毕竟已经有心无力。而甘健成等带领镛记上下的沉着应战，最终让酒家克服了一个又一个巨大挑战，书写了香江饮食界的传奇。

2004年12月，甘穗辉去世，享年92岁。3年后的2007年12月，儿子甘琨歧亦因病去世。再过3年后的2010年3月，法庭突然传出消息，甘健成与甘琨礼两兄弟因为争夺镛记控股权而对簿公堂，轰动社会。更引人注目的则是甘健成在官司诉讼尚未完结的2012年10月5日突然去世，令不少人更加议论纷纷，而甘健成一方最终败诉后，他的两名儿子甘崇轩及甘崇辕（第三代）随即另起炉灶，于2014年7月分别在距离中环不远的北角和湾仔创立两家分别名叫"甘菜馆"和"甘牌烧鹅"的粤菜馆，以镛记菜式为招牌，让人若隐若现地察觉到家族成员之间的竞争仍未画上句号。

二、家族与企业的同步发展

镛记的创业发展始于甘穗辉的自立门户，而甘氏家族的成长则以他成家立室为起点。甘穗辉自16岁起投身社会、充当学徒，学满师成后在酒家工作，有了固定收入后，自然有了娶妻生子的打算。

甘穗辉于20世纪30年代中期（即开始创业之后）与一位姓麦的女子（名字不详）订婚，之后不久即成家立室。很不幸，那位麦姓女子在未正式嫁入甘家之前，却突然因病去世。对于这一人生的不幸，甘穗辉显然十分难过，并仍给予这位未过门的妻子以名分，称为"大房"，反映了他长情重义的一面。

伤痛渐愈之后，正值青壮之年的甘穗辉自然再次想到成家立室，1938年决定续弦，迎娶一位同样姓麦的女子作为继室，那位女子便是被称为"二房"的麦玉珍，而麦玉珍过门后为甘穗辉生了包括长子甘琨华（1939年生）在内的五子两女，可谓儿女满堂。

虽然创业之初的大排档只是蝇头小利，但毕竟比打工只得微薄收入强多了，随着生意日旺、积蓄渐厚，甘穗辉一如不少传统华人家族一样另纳妾侍。1945年左右，财富渐丰的甘穗辉获得"二房"的同意，纳了一妾，而这位妾侍也姓麦，她的名字叫麦少珍，称为"三房"。麦少珍过门后又为甘穗辉诞下了甘健成（1946年生）、甘琨礼及甘琨歧等三子两女。随着生意的不断发展，甘氏不但家族成员越来越多，家族结构亦变得越来越复杂。

进入20世纪50年代，经济条件与社会地位不断高升的甘穗辉，对身边的两位女人不满足，在二房同意下又纳了一妾，那位女子便是被称为"四房"的何雪莹，而何雪莹为甘穗辉生了包括甘琨廉在内的三子三女。

被誉为"烧鹅大王"的甘穗辉，总共娶了一妻三妾（其中一位有名无实），育有18名子女。一手建立起来的庞大家族，不但反映出"开枝散叶"的一面，同时又让人感受到"独木成林"的另一面。

一众子女长大成人之后，甘穗辉的不少举动确实让人看到他有心分开各房子女，让他们打理不同生意，发展不同事业，以减少家族内部矛盾。例如，长子甘琨华在皇仁书院预科毕业后，据说在香港电台工作3年之后，才被父亲召回帮忙，主要是协助打理钻石酒家。二房的其他子女，大多属于专业人士，各有事业，没有沾手饮食业，如甘琨华的三弟甘琨伟为律师、四弟甘琨得取得博士学位后在科威特当研究员，而五弟甘琨泰则从事信息科技工作。

相对于二房，三房子女对饮食生意兴趣浓厚，而且大多染指其中。例如，三房长子甘健成1964年中学毕业之后，虽然年仅17岁，却立即加入镛记，在店铺中帮手，落手落脚、由低做起。他的两位胞弟甘琨礼和甘琨歧，亦在完成学业后先后加入镛记，大有兄弟勠力、共同将镛记打造成著名品牌之意，但他们却没沾手钻石酒家的生意。

以甘琨廉为代表的四房，坊间资料较少，他们对于饮食业的投入程度，似乎与甘琨华没有太大差别，同房的其他兄弟姐妹，似乎也没有直接参与其中。据甘琨华说，甘琨廉大约在龙记大厦落成后（即20世纪70年代中）加入钻石酒家，与甘琨华共同打理钻石酒家。到了20世纪90年代，甘琨华担心香港前途而移居加拿大，甘琨廉则独挑大梁，统管整个钻石酒家集团的生意。只是钻石酒家自那时起的发展，远没有镛记出色。

到了2002年，一众股东因觉得生意难做，但物业则已价值不菲，在取得两房家族成员及其他股东的同意后，选择结束钻石酒家的生意，改为将物业出租，收取稳定收入。当甘琨廉被记者问到结束酒楼生意的原因时，他的回复竟然是："这么大一间酒楼，我不想一个人做。"（梁佩均，2012：60）可见，四房对于打理酒楼生意并不热衷。

三、"家大必分"的具体安排

综合不同档案资料印证,无论是镛记或钻石酒家的生意不断扩展之时,还是甘穗辉仍身壮力健,子女尚未独当一面、成家立室之时,他看来与很多传统大家长一样,仍紧紧握家族领导权与企业控股权,还没想到要如何具体分家析产。但甘穗辉已明显注意到,在家大业大、妻妾子女众多的情况下,难免出现矛盾和摩擦,因而他在管理家族时采取了"分而治之"的方法。举例来说,他安排二房住在兴汉道 7 号,三房住在礼顿道 13 号,四房住在太古城,以减少"朝见口、晚见面"的争拗与嫉妒。

另外,甘穗辉十分注意各房之间的平衡,他的一视同仁反映在日常生活上,让女儿甘秀玲觉得"爸爸非常懂做人"。举例加以说明:"阿爸买一只戒指,会人人有份(即 3 位太太均有份)。我们下午饮茶,三房就上午饮。"(梁佩均,2012:59)可见,在处理亲人关系和家族内部事务上,甘穗辉既采取了"分而治之"的方法,减少摩擦,又十分注重对待妻妾、子女的公平性,以免各房之间因为分配不均,滋生矛盾。

然而,当甘穗辉已经步入暮年之后,意识到各房子女各有家室后颇有矛盾,如何在他本人仍然头脑清醒时进行分家,做好各种安排,以免各房子女在他去世后因为争产闹上法庭,同时又不会影响家族企业(尤其是像镛记及钻石酒家这两个金字招牌)的持续发展,显然成为甘穗辉那时极为重要的考虑。

无论是从甘穗辉个人成长的生命周期来看,还是从企业及家族发展的生命周期来看,20 世纪 90 年代都是个重要的阶段。论年龄,那时的甘穗辉已经年过八十,进入耄耋之年,时间上不能再拖了;论家族,不少子女亦已经进入暮年,有些更是子女成群,甚至儿孙满堂了;论企业,不但生意持续扩张,早年投下巨资购入地皮、自行兴建的楼宇,也因香港地产的不断升值而价值不菲,家族也已经富甲一方了。在那个时刻,企业规模庞大、身家极为丰厚,但人生已快到尽头的甘穗辉，明显意识到已经到了不能回避的时刻，必须慎重思考和落实分家析产了。同时，20世纪90年代的香港已经进入回归倒计时，政商及社会环境发生了急剧变化，也促使甘穗辉必须做好各项准备。

正如前述，二房及四房主持打理钻石酒家，三房则一直掌管镛记。当甘穗辉意识到必须在分家析产这个重大问题上作出最终决定时，他主要的分配标准和思考逻辑，明显以早年指派各房子女打理不同生意的安排为基准。他将钻石酒家分配给二房及四房各子女，镛记股份则全部分配给三房各子女。这样安排的主观意愿是，他一方面希望各房子女各有自己事业的一片天，不用全部集中在一起，以减少各房子女之间的矛盾冲突；另一方面，希望维持两个饮食品牌，能够代代相传发展下去。

香港公司注册处登记数据显示，在20世纪90年代前，无论是钻石酒家或是镛记，一直由甘穗辉本人持有控股股权，各房子女则同时拥有这两家公司一定比例的股份。例如，在1974年钻石酒家增加股份的分配登记中，除了非家族股东，甘琨华、甘琨胜（即甘健成）、甘琨礼、甘琨廉4人分配同样的股权（各150股），甘穗辉则获再配80股，也就是说他本人仍是钻石酒家的大股东。同样在1974年，镛记亦进行了股份重整。当时公司合共发行300股，甘穗辉本人持有210股，其他3名儿子甘琨华、甘琨胜、甘琨礼则平均分配，每人各占30股。很明显，甘穗辉本人同样是镛记的大股东。

20世纪90年代之后，甘穗辉对两家公司的股份安排，先后进行了重大变更——镛记股份全部转给了三房的甘健成、甘琨礼和甘琨歧等子女，而钻石酒家股份则分别转给了二房和四房的甘琨华和甘琨廉等子女。大原则是，让关系融洽的二房和四房合在一起，而将三房分开，各有发展。

在1994年呈交港英当局的公司注册文件中，甘穗辉成立了镛记酒家集团有限公司，董事只有甘穗辉、甘健成、甘琨礼和甘琨歧，甘琨华已不在股东之列，而公司所发出的100股股份，则分配给3家均在英属处女岛（简称：BVI）注册的公司，以及甘健成和甘琨礼两人。那3家公司的名称和分配情况如下：Long Yau Limited 持有 78 股、Capital Adex Limited 持有 10 股，以及 Holly Join

第三章
家族企业的"分"与"争"：饮食巨擘镛记的争产官司

Limited持有10股，而甘健成和甘琨礼则各持有1股。

2002年，钻石酒家有限公司的注册文件显示，在公司的1 000股A股及1 000股B股中，700股A股由一家名叫Jan Ying Inc.的BVI注册公司持有，余下300股A股则平分给甘琨华和甘琨廉；至于冯学洪、颜同珍、沈友卿和颜尊辉则持有B股，持股量依次为500股、240股、180股和80股，甘健成和甘琨礼则已不在股东之列了。到了2003年（即甘穗辉去世前一年），钻石酒家有限公司的A股分配依旧，但B股则有重大变动，非甘家股东手上的股份，全部转给Jan Ying Inc.及一家名叫Reachwell Limited的BVI公司，股份分布情况则为前者占999股，后者只占1股。

读者或许会好奇，在分家的过程中，各房之间对分家的标准及比例是否有不同意见，甚至有不满情绪呢？法庭及公司注册处的数据显示，1973年，当甘穗辉计划将镛记集团化时，原本打算将股份平分为5份，每份占股两成，而获分的5人分别为甘穗辉、甘健成、甘琨礼、甘琨歧及甘琨华——这表明初期的分家安排，仍秉承各房子女互相支持的理念。但这样的构思，据说在甘健成的"提醒"下作出调整，所以甘琨华的名字自20世纪90年代起便不再出现在镛记的股东名单上。也就是说，在那次分家中，各房之间隐约流露出一些矛盾，但最终在甘穗辉的家长权威下顺利解决、和气收场。

进一步说，如果只是看看20世纪90年代至甘穗辉去世前的股权转移和安排，我们会有摸不着头脑的感觉。但是，如果结合甘健成与甘琨礼在法庭上所披露的文件资料，就可以发现，20世纪90年代的分家安排，明显是深思细虑的结果，并作出了连串的重大安排，目的则是希望各房子女日后各自拥有一片天。在减少家族内部矛盾的同时，保留镛记与钻石酒家的品牌，从而确保家族企业的长远发展。

从法庭文件来看，镛记的股权结构颇为复杂。整个集团的最高控股公司为镛记控股有限公司。这家公司以20美元的名义资本在BVI成立，以每股1美元的方式发行20股，具体分配为：甘健成及甘琨礼各占7股（即35%）、麦少珍、甘琨歧及甘美玲各占2股（10%），并由这家公司全资持有Long Yau Limited。而Long Yau Limited又分别持有：八成Surewin Inc.股份、八成镛记酒家有限公司股份、五成甘穗辉投资有限公司（Kam Shui Fai Investment Co. Ltd.）股份、五成半 Victorywise Inc. 股份、八成镛记酒家集团有限公司股份，以及八成镛记物业有限公司股份，再由这些附属公司分别持有不同资产。例如，由 Surewin Inc. 持有五成 Life is not Limited，并由后者经营 Kee Club；由 Victorywise Inc. 全资持有 Long Yau Properties，并由后者持有镛记大厦与和安里（Woo On Lane）物业；镛记物业有限公司则持有明报工业大厦的货仓。对于以上的"三层控股架构"的设计，甘健成将之比喻为一个人的大脑、身躯和脚，可见当年的分家及股权设计，让甘穗辉花了不少心思。

镛记控股有限公司的组织和控股情况见图3-1。

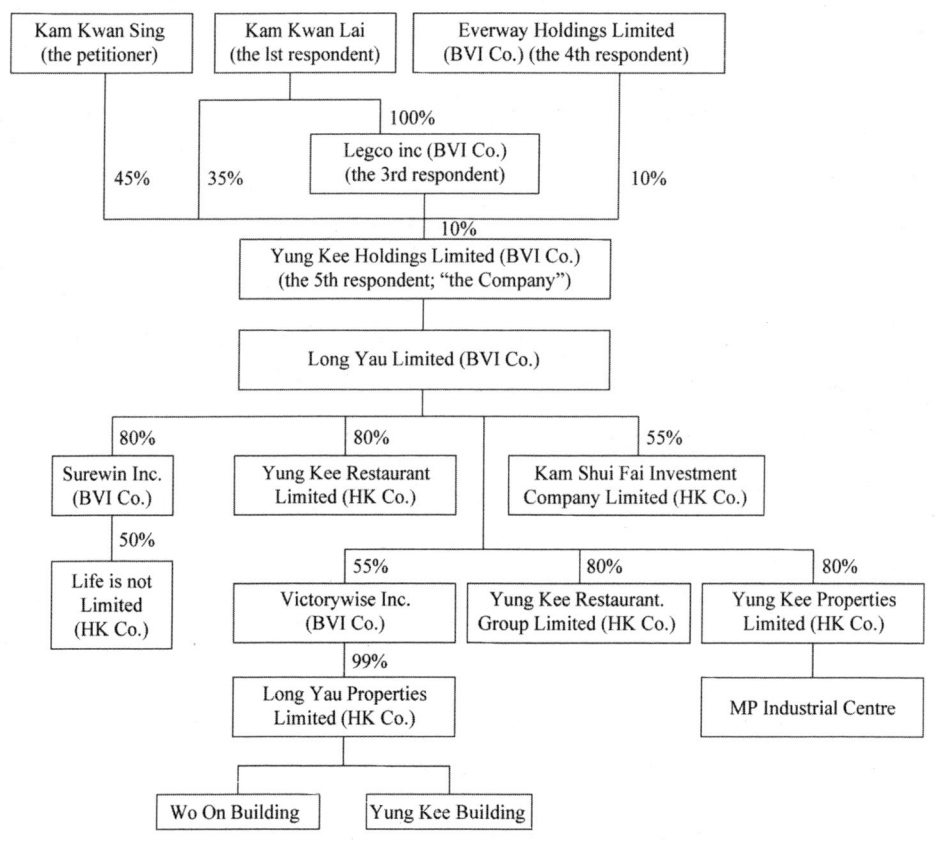

图 3-1 镛记控股有限公司的组织和控股情况

资料来源：Yung Kee Holdings Limited；Civil Appeal No. 266 of 2012：366.

第三章
家族企业的"分"与"争":饮食巨擘镛记的争产官司

从股份分配情况来看,"诸子均分"制度已开始发生显著调整,母亲及女儿开始占有一定股份,其中一名儿子(甘琨歧)所得的股份,没有两位兄长多,只与母亲及胞姊一样,背后原因可能是他较晚才加入镛记,而其他两位兄长则很早就已加入,为公司的发展立下汗马功劳。换言之,除了均分原则,大家长也会充分考虑到其他因素,显示出"诸子均分"的继承制度并非铁板一块,同时也表明具体安排已在香港社会出现不少变化。

最终破坏家族平衡的最后一根稻草是,兄妹三人之间未经充分沟通的股权变化。甘琨歧于 2007 年去世后,其股份(由 Legco Inc. 持有)转给了甘琨礼,使他的持股量上升至 45%;同时,麦少珍的股份于 2009 年转让给甘健成,使他的持股量亦上升至 45%;这样的股权变动,本来仍没改变两兄弟之间的均势,但由于甘美玲所持 10% 股份(以 Everway Holdings Limited 持有)后来亦转交甘琨礼,最终让两兄弟的控制权失去平衡。甘琨礼拥有 55% 的股权,从而获得了主导公司的控制权;而身为兄长的甘健成只拥有 45% 的股权,自感处处深受压制。两兄弟的摩擦日多,最终闹上了法庭,出现了甘健成状告甘琨礼的情况。

镛记家谱见图 3-2。

虽然我们很难窥探钻石酒家的实际组织和控股情况,但从以上镛记的组织和控股情况推断,相信应该大同小异,亦应如镛记控股有限公司般,由二房和四房掌控。

也就是说,当甘穗辉在世时,他身怀大家长的权威,能够压制家族内部的分裂力量,将两个品牌分给三房及二房、四房各自打理,改变了 20 世纪 90 年代之前将每个品牌的股份分配给各房,借此将他们全部"捆绑"在一起的做法。甘穗辉利用各家公司持有不同资产,又在 BVI 这个离岸金融中心注册,遥控香港的生意,既有因应香港政治环境暗流涌动的因素,也有借着各种安排化解各房矛盾和冲突的因素,希望消弭各房之间的矛盾。

然而,所谓"人算不如天算",甘穗辉的分家安排虽然在表面上化解了困扰不少家族的各房争夺家产问题,但掩盖的问题最终还是爆发了。最让人大跌眼镜的是,争夺的主角并不是各房之间的兄弟姐妹,而是同一房的亲兄弟姐妹,这样

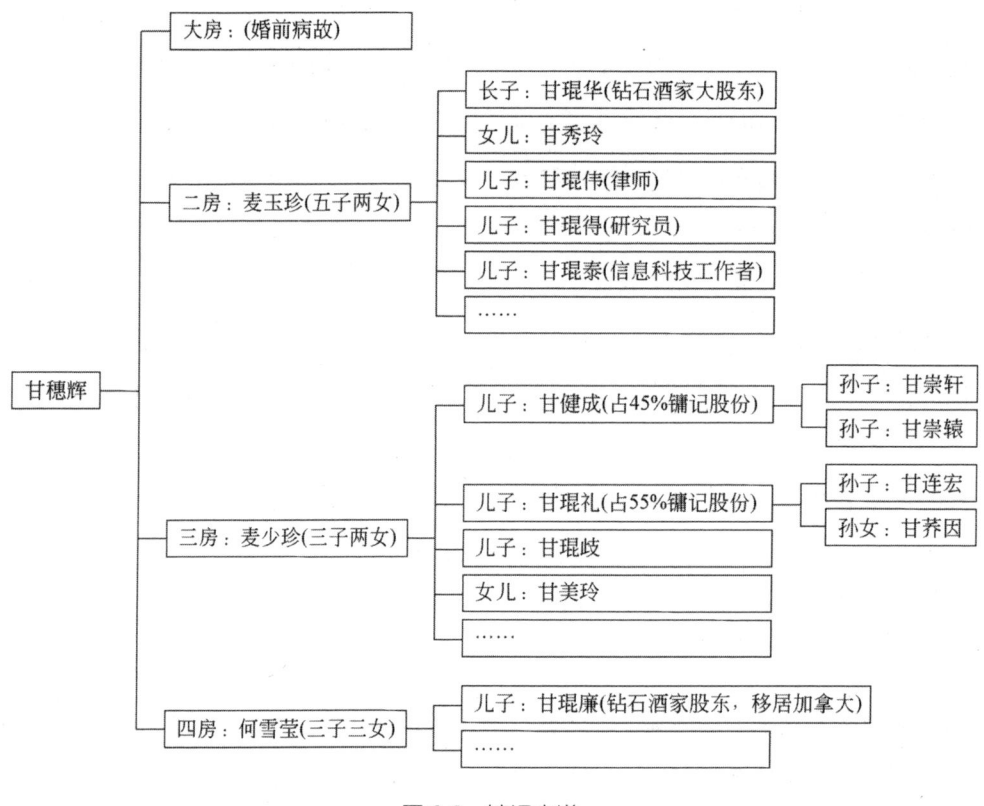

图 3-2 镛记家谱

的局面无疑让人感到意外。

在甘穗辉家族案例中,我们对各房子女明争暗斗导致企业的分裂,可能会唏嘘不已,惊觉手足兄弟竟然可以如此反目成仇;但同时那股因为分裂所产生的竞争力,促使他们自立门户,在不同领域中积极打拼,而不是在分家之后沦为破落户。奉"诸子均分"为圭臬的华人文化,不利于资本的长期累积和企业的代代相传;但反过来看,却有利于家族成员的各展所长、竞争发展,从而推动经济的不断增长。

四、"诸子均分"制度下的特色家族传承

中国社会有句老话:"鸟大离巢,家大必分。"将家族的变化与鸟禽成长的自然规律相类比,无非是说明,分家其实是很自然的事。年长一代在年轻一代成家

立室时，总是祝愿早生贵子，繁衍后代。在以家为本的中国文化里，"分"和"散"其实是"合"与"聚"的一体两面，既互为表里，繁衍相生，亦属十分自然之事。

(一)"分"与"散"的文化基因

中国家族具有"分"与"散"的文化基因，以家族为本的家族企业必然会受到这种基因的制约。在进入某些重要发展阶段时，难以逃脱"分"与"散"的结局。但如果我们深入来看则不难发现，华人家族企业虽难以摆脱"分"的困窘，但又会同时产生"争"的动力，推动企业前进。换言之，在研究华人家族企业发展时，我们虽然常会发现内部矛盾或冲突，甚至出现分家析产、分道扬镳，但同时又能感受到家族企业的生机无限、动力充沛。

华人家族企业的发展为何会出现这种看似相互矛盾的情况呢？在谈论华人家族企业的发展特色时，我们经常会提到，家族企业寿命较为短促、家族内部充满矛盾纷争，甚至企业总是难以壮大——华人社会一贯采取的"诸子均分"继承制度，被认为是导致以上问题的根本原因。日本采取的"单子继承"制度孕育出不少百年老店，企业内部甚少闹出争产争权。华人家族企业的发展轨迹有其倾向分裂的一面，但我们同时必须指出，这样的与众不同之处，也意味着其具有独特的优势——创业意识更为强烈，经济发展充满活力。

由于华人社会采用"诸子均分"的继承制度，在分家析产时注重诸子之间的平等原则，父亲一代的家产，传给子孙一代时，自然会分散开来。子孙越多，每一位后代所分得的比例越小。所以有学者指出，这样的继承制度，会令父辈辛苦积存的财富被摊薄，不利于资本的积累与壮大。从维持财富在跨代传承过程中仍可集中、不因分家而流失的角度来看，"诸子均分"的继承制度相对于"单子继承"的继承制度，的确有不利于资本积累的先天特性。

(二)"诸子分产"的好处

但如果换个角度来看，强调诸子地位平等、分享同样权利的"诸子均分"继承制度，更容易孕育自立门户、自我创业的斗志，也有助于激发兄弟之间的竞争，从而具备了内置的创造财富机制，有助于提升商业活力，促进经济发展。

由于中国文化强调"诸子均分",兄弟之间自然会产生直接或间接的竞争,而这种竞争其实不只局限于分家之时,严格而言,当家族中出现两名儿子后就开始出现。费孝通(1998:106)以中国农村当有母亲生下另一名儿子时,村民总会对着母亲的第一个儿子笑说:"你母亲将会给你带来一个弟弟,分你的一份财产了。"我们会发现,在华人家庭里,兄弟之间从小便会为了争取玩具或父母的关爱而争吵打架,再大一点可能会因为争夺教育机会而暗中较劲,最后更会为家族领导地位和财产而互相争夺。

更加重要的是,到了分家之后,如果有子孙成绩越来越好,他们便会被称赞勤奋能干。相反,如果有子孙成绩越来越差,不肖之名便会不胫而走,所谓"分家三年显高低"便是这个道理。换言之,"诸子均分"的原则和制度,让兄弟之间有了一个可在相同起点的比较基准,彼此间的相互比较会产生一种心理压力,进而驱使诸子各自努力、各出奇谋、各显神通,争取最好的成绩,赢取个人财富、成就、声望和地位。

另外,我们又不难察觉到,从小的竞争性环境也埋下了子孙对家族的离心力。在均分制原则驱使下,当某些子孙觉得其自主性受到限制、才干不能发挥时,便会萌生自立门户、另辟蹊径的念头,最终将脱离家族企业。所谓"一山不容二虎",这种心态体现在商业上,便会形成一种自我创业的心态。由于分家之时能够获得一些财富,那些有意创业的子弟便将其作为启动资本,所分家产将成为对创业最实质的支持。

从更为完整的视角来看,由于华人社会高举"诸子均分"的旗帜,家族内确实存在一股分裂的力量。如果处理不好,必然会令家族四分五裂。这种分裂力量达到高峰时,往往是家族生命周期进入成熟阶段之后——大家长(父母)已经年老力衰,一众儿女(兄弟姐妹)则已成家立室,需要寻求独立自主空间。

与此同时,这股分裂力量的酝酿和发展,必然会产生竞争的动力。至于竞争的层面,则不只有自我创业或是继承家业这两种路径,也包括在不同层面上的各展所长——如成为专业人士(例如,医生、教授等)或进入仕途等。最强的动力来自,证明自己的才能并不比其他兄弟差,不致沦为亲朋眼中的不肖子孙。

总而言之,"诸子均分"的继承制度虽然不利于资本的积累与扩大,但是能刺激家族成员的竞争,竞相创造财富、打拼事业。由于每个家族同时受到既"分"又"争"这两种力量的相互影响,我们便会发现一种矛盾纠缠的图景:一方面,华人家族常会发生兄弟争产争权,企业分裂;另一方面,也会在家族成员之间出现激烈的竞争。镛记案例让我们充分看到了家族发展过程中"分"与"争"两股力量的转化与互动。

五、家族斗争分裂的一体两面

作为人类社会源远流长且最基本组成单位的家庭,在不同历史、文化和地理环境所发展出来的制度与价值观念,同中有异、各有特质。甘穗辉妻妾子女成群,他在晚年作出的分家安排,虽然化解了各房之间的争夺,但同一房内的争夺却又最终爆发。兄弟争产官司所揭示的,可说是"分"与"争"两股力量的相互刺激和转化,其中的现代化(或称西化)过程与中国传统文化的碰撞,似乎成为冲击原来控股权分配均衡的因素,破坏了兄弟之间的信任、感情和关系,使双方最终走上了对簿公堂之路。

甘穗辉在安排子女接班的同时,刻意将他们分配到不同的生意或事业之上,以减少兄弟姐妹之间的矛盾与摩擦。正因他能早作妥当安排,虽然妻妾子女众多,但终其一生并未爆发争产,可见他分而治之(包括分开居住与分家)的方法奏效。当然他本人具有大家长权威,子女愿意心悦诚服地接受分家安排,也是不容低估的因素。

另外,我们从分家与安排接班的过程中粗略察觉到,二房、四房子女对接掌家族生意表现得没有三房子女那般进取投入。例如,当记者与二房甘琨华和甘秀玲谈及,由二房、四房管理的钻石酒家为何名气一直不及镛记时,甘秀玲抢答:"妈妈教我们做人要知足。"甘琨华望着妹妹,又大笑起来:"是呀,知足常乐!"(梁佩均,2012:59)也就是说,他们似乎表现出没有太强烈的意欲,要与其他家人一较长短,所以甘之如饴,并不计较。

相对而言，三房的甘健成中学毕业后即加入镛记，从底层做起，一心希望投身饮食业、继承父亲衣钵；甘琨礼和甘琨歧虽然完成大专学业后才加入镛记，但明显对接手家族生意表现得非常投入，尤其在拓展业务及产品创新等方面，显示出较为强烈的意欲，要将镛记发扬光大。

1973年，甘穗辉原本计划将股份均分给四子（甘琨华、甘健成、甘琨礼和甘琨歧）及他本人，但甘健成却"提醒"父亲要保住公司的控制权。三房不愿见到身为二房长兄的甘琨华，在父亲不再是当家人后，成为制约他们的新当家人，影响镛记的控股权安排。正如福建人常说的"爱拼才会赢"，三房进取打拼的举动，最终使他们成功独得了镛记的控股权，二房、四房反而只分得与人合股的钻石酒家。以上看似毫无异议的分家安排，却在事实上反映出三房主动出击、进取好争的一面。

由此得出的一个大体推断是，由于二房、四房并没有强烈的争逐意欲，所以经营钻石酒家便没有三房经营镛记般进取。钻石酒家因为生意一落千丈而决定关门时，他们也似乎并不在意。反观三房，虽然表现出好争爱拼的斗志，甚至带有证明给别人看的色彩（三房比二房、四房有本事），但这种斗志又转化为强大的发展动力，推动镛记不断向前发展。以上这种特殊情况，恰好说明家族内部"分"与"争"两股力量的一体两面和互相转化，显示出爱拼好争的行为，虽然会产生内部分裂，但同时又会激发竞争力，促进企业发展。

换个角度说，虽然二房、四房人数较多，但由于他们知足常乐、不太计较，所以分裂的力量并不太大，在处理某些家族或企业的重要事务时，较易作出妥协忍让，有时只要几个邮件问一下大家意见，便可达成共识。而三房人数虽然较少，尤其在三弟甘琨歧去世而妹妹甘美玲又已移居美国后，只有甘健成和甘琨礼兄弟两人。但他们内心各有盘算，为了争逐控股权而触发矛盾，产生难以遏止的分裂力量，最终告上法庭，亲情不再。其结果是前者在企业经营上缺乏活力，后者则能不断发展。

让我们好奇的是，亲如骨肉的同房兄弟，才刚获得父亲的首肯，成功排除了二房、四房兄弟的染指，让其可以独得镛记，但为何父亲去世不久后，却又爆发

第三章
家族企业的"分"与"争":饮食巨擘镛记的争产官司

了兄弟反目的问题呢?看来计划下一梯队接班乃是问题所在,推行企业变革以提升公司治理,似乎又成为触发矛盾的导火线。家族内部"分"与"争"两股力量的相互牵引与刺激,同样不容忽略。

数据显示,甘健成和甘琨礼的子女,自进入 21 世纪起便加入镛记实习,参与日常运作与管理,这与第二代已经将近花甲之年,必须及早安排第三代接班有关。家族希望吐故纳新,注入新思维和新活力,也是其中的重要考虑。从那本纪念镛记创立 60 周年的文集中可以看出,在进入 21 世纪以前,三房兄弟之间仍然感情深厚、关系紧密。例如,在谈到安排第三梯队接班时,便表现出一贯的主动进取态度;在谈及应如何强化镛记未来的发展时,更指出了融合传统文化与现代化管理的重要性,期望创造更美好未来。

但是,2004 年及 2007 年甘穗辉和甘琨歧的先后去世,一方面,使家族失去了遏止内部分裂的重要力量;另一方面,触发了兄弟之间获取镛记控股权的争夺战。2007 年以前,甘健成与甘琨礼的股份均等,两兄弟在公司内的地位不相上下,所以能够达到平衡。但是 2007 年甘琨歧去世后,股份转给了甘琨礼,他的持股量便明显较甘健成高。甘健成在 2009 年争取到了母亲麦少珍名下的一成股权,使其持股量再次与甘琨礼相同。问题的关键在于,甘琨礼之后又取得了妹妹甘美玲的一成股权,再次让两兄弟的持股量出现了失衡。

据《明报》2012 年的报道,在甘健成看来,取得大股东地位后的甘琨礼,在公司管理上一改过去兄弟不分上下的传统,除了委任他的儿子甘连宏进入董事局,安排女儿甘荞因担任会计、负责审计,还在公司重大决定时,没有事先咨询大哥意见,单方面作出决定——这被认为是牺牲兄长利益,只让自家人(甘琨礼)获利。

甘琨礼一方的反击则指出,自甘穗辉去世后,甘健成在公司员工面前,刻意建立自己才是镛记继承人的形象,并指出过去那套由低做起的方法不合时代发展步伐,必须注入现代管理基因。委任自己的儿女出任要职,只是基于他们的学历与才干,是为了配合集团发展而已,并无不妥。兄弟相争的最终结果,以兄长在法庭未作出裁决前因病去世,弟弟获胜而收场。之后,甘健成遗孀对判决不服提出上诉,但并没扭转败局、推翻判决。为此,甘健成遗孀仍锲而不舍地决定上诉到终审法院，并在最后阶段戏剧性地扭转败局，取得胜利。

家家有本难念的经。兄弟内讧、对簿公堂，必然是各说各话，强调己方有理，诉说对方不是。我们讨论的焦点并非着眼于家事，而是借此案例，指出华人家族内部的分裂力量是十分巨大的，不容小觑。如果不小心处理驾驭，很容易给家族带来巨大冲击。但是，我们同时发现，这股巨大的分裂力量背后，存在另一股同样巨大的发展力量。

甘健成与甘琨礼两兄弟因为控股权而反目成仇，虽然以悲剧收场，给家族带来难以弥补的伤害，但同时，分裂所产生的竞争又让企业充满活力。一个特殊的现象是，甘健成去世后，他的两名儿子决定自立门户，以祖父的烹调秘技为号召，创立带有镛记色彩的餐厅菜馆，并公开表示，希望由小做大，恢复祖及父昔日的光辉，言下之意是希望日后与镛记一争长短。

甘琨礼在接受《晴报》记者采访时，对于甘崇轩和甘崇辕两兄弟另起炉灶，是这样回应的："只要不与镛记的商标有冲突，就是良性竞争。"更加值得注意的是，甘琨礼的一对子女甘连宏和甘荞因，计划在湾仔开设新粤菜馆，推出新派粤菜，增加新鲜感。目标客户以年轻人为主，定期推出时令食品，每周均有新菜式，希望吸引新一代重新追求粤菜品味，开创新市场，此举证明赢得官司一方，同样不敢怠慢，而是采取更为积极的方法，争取表现。

大约4个月后，另起炉灶的甘崇轩和甘崇辕两兄弟，在经营上取得了突出成绩。甘牌烧鹅获得了国际饮食权威米其林一星的称誉，而甘饭馆则被列入米其林指南的重点推荐。

因分家而产生的巨大竞争力，那股不愿给人看低的张力，以及不甘心居于人后的心态，促使家族成员积极打拼，这成为家族企业不断发展的动力源泉。正因如此，家族分裂之后，不但镛记没有倒闭，而且多家高举不同旗帜，由其后人创立的菜馆投入了积极的竞争。这背后所反映的现象，正是本章开篇提及的华人家族内部"分"与"争"两股力量一体两面的牵扯和互动。

无论是官司中胜的一方或是败的一方，大家都承担着巨大的压力，促使他们施展浑身解数，努力工作，证明给对方、别人或社会看——他们并非懒散无能，或是只靠家产祖业的不肖儿,而是有实力、有才干、肯拼搏的年轻人,可以将家业发扬光大,另起炉灶后可以闯出另一片天。正是这样的意识和心态,使得华人家族企业的发展过程既呈现出分裂的一面,又呈现了充满活力的一面。

六、结　　语

家族企业的组织和发展,与家族的组织和发展紧密相连、休戚与共,同时受到其所处的社会、历史和文化制约。在中华文化土壤里孕育出来的家族,无法摆脱以家为本、重视血脉的价值观,跨代传承时沿用的"诸子均分"制度,更被认为是天经地义——可见华人家族企业的发展,无法摆脱重视亲人血脉并弥漫斗争分裂的窠臼。结果似乎总让人觉得,华人家族企业不是任人唯亲、寿命短促、规模难以壮大,便是充满内部矛盾和纷争。

从甘穗辉家族案例中,我们虽然不难看到各房子女明争暗斗的一面,甚至可能感到唏嘘,惊觉手足兄弟竟然能够反目成仇;但同时又会让人察觉到,那股因为分裂所产生的竞争力,促使他们自立门户,在不同领域中积极打拼,证明自己有本事,不会成为不肖儿,在分家之后沦为破落户。奉"诸子均分"为圭臬的华人文化,尽管不利于资本的长期积累和企业的代代相传,但反过来看,则会助长家族成员各展所长、创造财富、博取表现,从而推动经济的不断发展。

参考文献

Yung Kee Holdings Limited: Civil Appeal No. 266 of 2012. Hong Kong: Court of Appeal.

朱文俊、黄晓文、黄丽萍:《走过六十年:镛记》,香港,同文会,2002。

梁佩均:《镛记正牌大少教路:知足常乐》,载《壹周刊》,2012年11月8日,58～60页。

费孝通:《乡土中国、生育制度》(第一版),北京,北京大学出版社,1998。

第四章

伍舜德、伍沾德家族与美心集团

美心集团过去60年来在香港饮食业内雄踞一方,与大家乐、大快活形成三足鼎立之势,第一代创业家伍舜德、伍沾德兄弟当年决定走上创业之路,据说是由于遭人白眼所致。从伍氏家族创立美心集团饮食王国的过程中我们可以看到,第一代创办企业的锲而不舍、全情投入、积极开拓及不断创新。

一、受歧视而创业,面对危机应变

香港的成功故事,既有一定的必然性,也有很大的偶然性。传奇的故事是无数个人及家族以汗水灌溉而成。那些赤手空拳打下江山,在艰苦环境中自强求存,最终缔造企业王国的人物,我们通常称之为"创业家"或"企业家"。研究香港美心集团的创立、崛起、壮大、调整和传承,既能体悟创业过程中时刻求变及推陈出新的企业家精神,又能领略"二战"后香港经济及社会的急速发展与时代变迁。本章中我们将详述这家每天服务60万人次的饮食集团,并讨论家族企业的发展策略与传承安排。

"二战"后的香港满目疮痍、百废待兴。面对前景不明朗的政治局势,大部分市民只能在极为匮乏的环境下战战兢兢、克勤克俭地生活。和不少普罗市民一样,出身于美国归侨家族,少年曾求学广东岭南大学的伍舜德(1912—2003)及伍沾德(1922—)两兄弟,在香港重光后选择留港发展,从而展开了与香港共同成长的传奇故事。

伍氏兄弟祖籍广东台山县四九镇,据说其祖父1875年漂洋美国。祖父凭借自身努力,把儿子伍学业(伍氏兄弟的父亲)带到美国生活,据说已是"不懂中文的美籍华人"了。可惜的是,伍学业正值壮年之时不幸早逝,遗下孤儿寡母。兄弟二人在母亲的安排下,先后以旅美侨生身份就读于岭南大学。

伍学业总共育有三子,长子伍舜德20世纪30年代初进入岭南大学商学院,求学期间曾获物理及会计等学业奖,又屡次当选广东省代表,在全国运动会及远东运动会角逐争标,1935年毕业获得学士学位。次子伍显德早年夭折。三子伍沾德先读岭南小学及中学,入读大学时适值八年抗战,随校避难搬迁,先后在澳

第四章
伍舜德、伍沾德家族与美心集团

门及曲江县停留,后因战乱一度停学,抗战胜利后才再续学业,1947年大学毕业后来到香港。

伍氏兄弟来自旅美华侨家庭,拥有大学学历,头脑灵活机敏。他们移居香港后加入一家名叫"陆海通"的企业①,负责旗下皇后戏院的电影放送生意。和很多生意人一样,伍氏兄弟除了全神贯注地发展业务,还要接待来自不同国家的客人——尤其是影片供货商及电影明星等。请客吃饭是当时的一项重要工作。

在中国文化里,请客吃饭不但要挑最好的饭馆,还要选最好的酒菜。在那个经济低迷、资源匮乏的年代,著名餐厅不多,伍氏兄弟经常光顾在港岛享有盛名的法菜餐厅"新巴黎"。可是,这家著名餐厅却使伍氏兄弟受辱。尽管兄弟已提早"订台"(预约留座),但餐厅老板却屡次将他们安排到靠近洗手间的最差位置。当伍氏兄弟与之理论时,老板则以"中国人不爱喝酒而外国人爱喝酒"为由,拒绝更改这种带有歧视色彩的安排。

深受屈辱的伍氏兄弟萌生了"自立门户、取而代之"的念头。事实上,精明干练、稳打稳扎的伍氏兄弟早已从"新巴黎"的座无虚席中,洞悉到香港经济的急速复苏及餐饮业的方兴未艾,因此联合几位岭南校友及好友,投向饮食业。尽管如此,兄弟二人并非只凭匹夫之勇,而是经过深入研究和反复推敲后,才决定付诸行动。1956年,两兄弟在中环连卡佛大厦地库(位于现置地广场与东亚银行中间)创立一家名为美心餐厅(Maxim's Restaurant)的高级西餐厅,开启了与香港餐饮业的不解情缘。

为了打响头炮,伍氏兄弟在筹备餐厅时花了很大心思。一方面,在设计装修上下功夫,在餐厅内开辟舞池,请乐队现场演奏;另一方面,在食物及服务质量上下功夫,聘请富有经验的法国西厨,尤其重视食材的新鲜。殷勤有礼、热情待客的餐厅服务员,更是曾经受辱的伍氏兄弟最为重视的一环。

由于伍氏兄弟的经营模式别开生面,加上食物及服务有口皆碑,餐厅很快打

---

① 陆海通是香港一家老牌家族集团,由陈任国、陈符祥家族创办,伍舜德和伍沾德的祖父据说亦有参股其中。1924年开业,主力经营地产、戏院、饮食、宾馆等,名下产业包括陆海通旅馆、弥敦酒店、六国饭店、皇后戏院、皇都戏院、容龙别墅等,作风稳健。

出名堂，成为港岛上人气旺盛的西式夜总会餐厅，吸引了四方八面的食客。据说，当外国游客（尤其是英、美海军）到港时，餐厅就会被挤得水泄不通。平时，小康之家也会扶老携幼前往用膳。餐厅也常有生日会、庆祝会或茶会等，气氛非常热闹。

著名学者熊彼特认为，企业家不但要具有"创立自己王国的梦想"，还要具备"不断征服及战斗的本能"。对于正值青壮之年的伍氏兄弟而言，西式餐厅的成功只是事业的开端，他们并没有因此而骄矜自满。相反，他们仍能保持积极进取，分别在 1957 年及 1958 年开办了马会餐馆（Royal Hong Kong Jockey Club Catering）及美国领事馆餐厅（American Consul Canteen）两家规模较小但却极重品质的餐厅，逐步赢得口碑，拓展市场空间。

人生的路途总有风浪，如何锻炼筋骨、砥砺斗志，从而克服困难、转危为机，正是判别一个人能否成功的重要因素。打响头炮后的伍氏兄弟，很快便因市场的急剧转变而陷入困局。1956 年之前，由于高品质的西餐厅不多，市场竞争压力也较小。但是，自 1962 年起，希尔顿及文华等五星级酒店先后开业，旗下高级西餐厅也变成了城中热点，而伍氏兄弟经营的餐厅则相形见绌。

看到餐厅的生意一落千丈，伍氏兄弟并无一般人的怨天尤人。经过理性思考和分析后，兄弟二人毅然决定"避重就轻、转移阵地"。所谓"避重就轻"，就是不与文华及希尔顿等实力雄厚的高级西餐厅交锋；而所谓"转移阵地"，则是洒脱地结束经营西餐厅，转攻西式咖啡店。

兄弟二人凭着过人的市场洞悉力，注意到市民的饮食习惯随着经济的迅速发展开始转变。受到工业化、城市化及西方文化的冲击，市民外出用餐的比例与日俱增，而注重价格、讲求方便及追逐西方潮流的风气也渐见普遍。针对这种深层次的转变，伍氏兄弟在 20 世纪 60 年代引入平民化的西式咖啡店概念，使年轻一族趋之若鹜。

伍氏兄弟还注意到市民大众对西式糕饼及面包情有独钟，率先在尖沙咀开办西式饼店，自制西饼、果挞及蛋糕等。由于西饼的款式变化较多，加上配搭灵活、丰俭由人，很多家庭、学校、公司或机构举行茶会、派对或宴会时，均会前往订购,生意愈做愈旺。西饼生意出乎意料地受欢迎,饼店越开越多,成为集团一项重点业务。

事实上,创办咖啡店、快餐店及西饼店的投资没有高级餐厅那么大,加上经营策略较为灵活,资源调配较有弹性,伍氏兄弟更能针对细分市场作出机动安排,满足不同阶层消费者的要求。根据这个大原则,伍氏兄弟在1962年开办了恒生银行大厦餐厅;1966年在尖沙咀开办了美心面包店(Maxim's Bakery);1966年更是在海运大厦开设了别具一格的美心餐厅(Maxim's Boulevard)。之后还开办了美心吧(Maxim's Bar)、美心咖啡店(Maxim's Coffee Corner)及美心美食(Maxim's Delicatessen)等。据说,"快餐(fast food)"一词,便是伍氏兄弟在20世纪70年代初率先采用的新名词,日后成为家喻户晓的潮流用语。

穷则变,变则通,伍氏兄弟能够在困境中认清问题的症结所在,扬长避短,迅速变阵。一方面,顺利化解了企业发展的危机;另一方面,则开拓了另一个更具潜力的市场,使企业实力进一步壮大。伍舜德及伍沾德这种沉着应变的危机处理和开拓精神,值得我们深入研究。

二、世博会上大显身手

1966—1967年,香港曾经出现大规模的社会动乱,经济一度疲不能兴,美心旗下的快餐及西饼生意也受到一定冲击。动乱平复后,香港经济重拾升轨,美心业务也再度急速增长。1970年3月15日,日本大阪举办世界博览会,香港代表队在港督戴麟趾(D. C. C. Trench)的带领下,进驻博览会的香港馆,向世界人民展示香港经济的实力。

博览会开始之前,日本筹备委员会曾经接触伍氏兄弟,希望美心集团可以作为香港馆的饮食供应商,提供中式美食。伍氏兄弟认为博览会是个一展身手的好机会,因而答应了大会的邀请。一如熊彼特所指,成功的企业家除了要有不怕困难的雄心,更会把握每个可以发挥潜能的机会,接受各种挑战。更为重要的是,在机会和挑战面前,成功的企业家不是光喊口号,而是踏踏实实、稳扎稳打地做好各项准备，包括市场调查、产品测试及竞争状况分析等，从而在挑战中积极发挥本身的优势和特长。

对于"远征"日本这项前所未有的挑战，伍氏兄弟不敢掉以轻心，特别委派伍沾德长女伍淑清（刚从美国加州岩士唐大学获得工商管理学位）作为先锋。他们事前多次飞往大阪实地考察，深入研究日本人的饮食习惯，搜集管理庞大人潮的大量数据，确保整个流程（采购、烹调、顾客购买、领取食物、进食、碗筷收拾等）尽在掌握之中。

为了提升食物品质，伍氏兄弟还从饮食巨擘镛记酒家重金聘请经验丰富的中餐大厨，亲赴日本主持整个烹调过程。服务员经精挑细选，并配合展览活动进行专门培训。来自世界各地的参观者，主要目标在于考察各展馆的工业产品，对食物要求偏向简便。伍氏兄弟想出以点心作主打的策略，提供中国南方特色的精致美食，例如，烧卖、虾饺、春卷及芋角等。伍氏兄弟为了疏导人潮，开创性地要求顾客先"买票"，再自行到柜台取食——今天则成为众多快餐店广为采用的方法。

对于国际参观者而言，他们大多从未接触过中国美食。精心炮制的美心点心，令参观者印象深刻，回味无穷。当香港馆内众多展位人流如鲫时，美心食堂总是熙来攘往、人山人海。晚上参观者散去时，美心又变成了展位工作人员的聚集地，一边享受美心厨师特别炮制的小菜，一边讨论日间发生的大小问题。伍氏兄弟"远征"日本的行动，取得了极为辉煌的成绩。

1970年9月13日，为期半年的大阪世界博览会完满结束。香港馆总共录得高达1千9百30万人次的参观人数，打破港府过往大型展览活动的最高纪录。美心集团取得的成绩是，既赚取了巨大利润、赢得了国际口碑，也让主办单位赞不绝口。作为领军人的伍氏兄弟和初试啼声的伍淑清，自然也是喜出望外，集团上下振奋异常。

大阪世界博览会的突出表现，令美心集团蜚声国际，也使伍氏兄弟注意到中式美食的发展空间。伍舜德及伍沾德两兄弟分析香港的饮食文化和消费市场后，再次提出前所未有的构思，计划进军中餐市场。香港市民对西式美食有一定兴

第四章
伍舜德、伍沾德家族与美心集团

趣，但口味始终还是十分中国化，随着生活水平逐步提升，市民对高档中式菜肴的需求也与日俱增。基于这种独特观察和市场分析，伍氏兄弟开办中式菜馆的信心也更为强烈。

经过一段时间的筹备，1971年，美心集团在九龙尖沙咀的星光行4楼开办了首家中菜饭馆——翠园。翠园主厨具有多年烹饪经验，用料上乘，服务周到，顾客赞不绝口。针对传统中菜作风保守的习惯，伍氏兄弟曾经推出多项变革：①取消传统中式酒楼的"搭台"（与其他客人共享一桌），改以"轮筹"（取号）维持客人等位时的秩序；②客人上坐后奉上香茶及小食，其中尤以鲜制蜜汁叉烧最为著名；③特别增设中式下午茶，引入鸡肫、烧鹅、濑粉、鱼蛋面等平民化食品；④饭后加入甜品如果盘、糖水及糕饼等，丰富膳食内涵。这些不起眼的改变在今天看起来是理所当然，但在当年则是独树一帜的新尝试，令很多顾客感到新鲜。

翠园还针对中式厨房管理上存在的问题，进行了大刀阔斧的改革。例如，由于厨房工作有一定专业性，厨师及"伙计"（原指厨房内的不同岗位的工作人员）等往往会走在一起，形成一种组织，行内俗称"老玩"。当有老板想开餐厅时，有关厨房的大小事宜往往会交由一位有网络、有经验的厨师负责，此人一般称作"车头"（意即带领整个厨房）。"车头"会透过"老玩"的网络，自己筹组班子，开拓业务。

传统上，"车头"不但安排厨房内的工作，连工资也要由他派发，老板反而不能直接管理厨房"伙计"。这样一来，"车头"有时便会拥兵自重，影响公司的管理、团结和合作。例如，老板想按市场情况调整策略时，"车头"可能会因个人利益，不与公司配合，阻碍正常发展。为了革除这种陋习，伍氏兄弟在筹组翠园之前先使总厨获得高于市场标准的薪金待遇，而厨房"伙计"则改为公司统一管理，这样使翠园的厨房管理纳入正轨。

厨房工作的一个特色是，忙时天昏地暗，闲时闷得发慌。正因如此，厨房"伙计"往往会在闲时赌博。可是，赌博可能会衍生欠债与纠纷等负面问题，破坏组织、营运和形象。针对这个陋习，伍氏兄弟订立新规，不准员工聚赌，一旦发现，实时辞退。为防止"伙计"工作时抽烟，翠园也订立规则，不容许在厨房中抽烟。这些新规则实施初期，部分员工有些不习惯，也有部分违规员工被辞退。但是，全新的工作习惯逐渐建立起来，形成一种截然不同的企业文化。

20世纪70年代以前，餐厅一般只开在一层，鲜有开在一楼以上的楼层。1971年，星光行业主置地公司给予伍氏兄弟优厚的租赁条款，希望借助美心集团的号召力，将顾客带往一层以上的楼层，增加商场人流，提升物业价值。伍氏兄弟不负众望，翠园开张不久，即成为尖沙咀的龙头食府，不但上班一族常常光顾，其他地区的食客也慕名而来，使得星光行车水马龙、门庭若市。

三、怡和洋行入股，提倡"三益原则"

伍氏兄弟积极进取、灵活通达、管理有方，美心业务蒸蒸日上，吸引了投资者的青睐。开办翠园之前，伍氏兄弟与置地公司股东——怡和洋行大班[1]有过接触，但交情不深。翠园成功带动星光行的庞大人流，使得"香港地主"怡和洋行重新思考旗下餐饮业务的布局。

饮食业的管理看似简单，实则大有文章，前文提到的"老玩"行规就是一例，外行人掌握不易。怡和洋行旗下酒楼餐馆众多，但是业绩乏善可陈，问题多多，难以提升商场人流。洋行管理层认识到本身的不足，想出"草船借箭"的方法，希望邀请伍氏兄弟合作，借美心的经验经营旗下的餐饮生意。怡和洋行提出的条件是，在怡和位于中环、金钟、湾仔、铜锣湾及尖沙咀等核心地段的大量高档物业中，可将餐厅铺位优先租给美心，但伍氏兄弟则要转让五成美心公司股权给怡和。

对于怡和洋行提出的合作计划，心思缜密的伍氏兄弟原则上表示同意，但在最终管理权的安排上却有所保留。从股权上看，双方各占五成的安排虽然体现了

---

[1] 怡和洋行又称为渣甸洋行，与太古洋行、和记洋行和会德丰洋行合称英资"四大行"，属于香港龙头企业。20世纪80年代以前垄断了香港多个重要产业，置地公司是怡和洋行掌控下的附属公司。

第四章
伍舜德、伍沾德家族与美心集团

"平等互惠"的原则，但管理中难免出现不同意见或争执。因此，伍氏兄弟提出了一个重要的建议——既然新公司仍由美心的原管理层领导，董事局主席一职也只能由伍氏兄弟委派代表出任，主席更应赋予决定性一票，在重大事件上拥有最终决策权。

在那个殖民地年代，以怡和洋行的超然背景和地位，不要说尚且拥有五成股权，就算是低于五成，怡和洋行一般也会争取控制权。伍氏兄弟能够使怡和洋行接受他们的条件，一方面是怡和洋行知道自己在饮食业上的认识不多；另一方面，也反映了怡和洋行对伍氏兄弟的才干和品格极有信心。当然，我们必须承认怡和的格局与胸怀，能够接纳全面交出管理权的建议，使这个香港饮食业内史无前例的"华洋合作"水到渠成。

怡和洋行的入股，大大提升了美心的市场占有率，使美心餐厅开遍香港重要商业区，也使企业的结构、组织、文化和策略出现了重大变化。美心集团虽然没有上市，但经营、运作和管理则与上市公司无异。理由很简单，虽然怡和洋行在管理上从不过问，但在管理制度及账目审核上，则须向怡和系其他上市公司（牛奶公司、置地公司或城市酒店等）看齐，一点也不能马虎，这无疑大大提升了美心的公司治理水平。

一向公私分明的伍氏兄弟深知"人情还人情、账目要分明"的道理。举例来说，伍氏兄弟虽然身为企业领导，但他们在集团任何一家餐馆吃饭，均会以身作则，付现埋单，不像其他老板那样要挂单记账、折扣优惠、浑水摸鱼、公私不分。正因伍氏兄弟在公司治理、业务拓展及资源调度等各层面以身作则，加上管理条理分明，美心集团的生意蒸蒸日上，怡和洋行对伍氏兄弟的信赖和支持也与日俱增。

另一点值得指出的是，美心集团长期提倡和坚持的"三益公司"经营哲学。20 世纪 70 年代初，由于股票市场异常活跃，市民的消费力很高，饮食业显得格外兴旺。可是，好景不长，世界石油危机爆发时，饮食业首当其冲地受到波及。在这场旷日持久的经济衰退中，很多企业被迫倒闭，但美心集团却因经营稳健、管理有方，始终屹立不倒。

伍氏兄弟曾在不同场合中阐述，要将企业发展成"三益公司"。所谓"三益公司"，就是指对员工有益、对客户有益、对股东有益。换句话说，股东不能只顾一己利益，克扣职工工资，或是偷工减料，做出有损顾客利益的事。反之，如果只强调顾客或员工的利益，令股东亏本，生意也不可能长久。只有三方面的利益同时兼顾并取得平衡时，顾客才会经常光顾，员工才会全力打拼，股东才能在企业发展中赚取利益，企业才能实现持续发展。

饮食业是"先收钱"（向顾客）、"后付钞"（给员工及供货商）的行业，某些品格低下的老板，生意好时大开分店，生意差时拖欠工资，甚至不动声色地"割禾青"（即收钱后卷款私逃），关门大吉，行为举止令人气愤。20世纪六七十年代，香港饮食业有这样一个顺口溜："咪当粉丝系鱼翅。"言下之意是行内常有弄虚作假的陋习，可以看作"平常事"。伍氏兄弟却认为此风不可有，一如既往地坚持"一分钱、一分货"的原则，以真材实料服务顾客。

尽管身处经济衰退大潮之中，伍氏兄弟仍坚持"三益公司"的宗旨，一方面，善待员工，绝不欠薪扣薪；另一方面，坚守"真材实料、物有所值"的立场。正因如此，伍氏兄弟一直深得员工爱戴，广受顾客支持，旗下业务也比同行突出。事实上，由于美心集团重视长远利益，兼顾各方需要，因而在1974年经济低潮期仍然保持了拓展动力，在中环及铜锣湾开办充满地方美食特色的Cannon Jade Princess（Cruise）及北京楼，同行既羡且妒。

1974—1976年经济衰退过后，香港经济终于在1977年逐步走出谷底。虽然复苏力度没有预期的大，但总算摆脱了石油危机的阴霾。随着失业率的回落及消费意欲的逐步提升，市民外出用膳的比率也出现回升，饮食业开始呈现"冬去春来"的景象。

四、改革先行，进驻地铁

1978年是中国现代史上一个极为关键的年头。这一年的12月16日，经过漫长接触和商讨后，中美两国终于宣布从1979年1月1日起建立正常外交关系，

第四章
伍舜德、伍沾德家族与美心集团

从3月1日起互派大使,在双方首都建立大使馆,结束了长达30年的不正常关系。两天后的12月18日,中国共产党第十一届三中全会在北京召开,彻底结束"文化大革命",确定经济改革的方向。

一向触角敏锐的伍氏兄弟虽然对刚刚开放的内地市场特别留意,但万万没有想到,进取积极、灵活通达的表现,再次为他们赢来千载难逢的发展机会。中美两国既然建交,自然要相互往来,两国飞机直航则是重要一环。经过多轮谈判后,两国最终就直航问题达成协议,同意在1980年5月正式通航。但是,对于刚刚走出"文革"浩劫的中国而言,要求提供高质量的机舱配餐(俗称"飞机餐"),谈何容易。

为了维护国家尊严,经过多方努力后,中国政府克服了飞机及机舱服务方面的困难,但配餐一项则悬而未决。一开始,中国民航局曾接触日本及瑞士的航空公司,希望由他们提供配餐。但是,那时的日本和瑞士对刚踏上改革道路的中国态度傲慢,提出苛刻条件,计划最终搁浅。在香港新华社社长的推荐下,伍氏兄弟获得邓小平首肯,成为飞机配餐供货商。由此,美心集团展开了新的一页。

合作计划虽然得到邓小平的首肯,但推行起来还是困难重重。硬件方面如设备、厂房等的安排已令人绞尽脑汁,软件方面如商业法规及管理制度等同样令人煞费思量。由于当时还没有"中外合资"的概念,双方在毫无先例可循的情况下,一直未能签订协议,合作计划一拖再拖。

伍氏兄弟眼看时间不断流逝,中美通航迫在眉睫,自然心急如焚。最后终于得到当时的外资局局长汪道涵的协助,与政府签订了合作协议,成立了北京航空食品有限公司。由于该公司是改革开放政策下首家采用"中外合资"方式组成的公司,"编号"一栏便以001号作记录。在推动整个项目的进程中,伍氏兄弟的领导虽然极为关键,但在大阪博览会中已大显身手的伍淑清肩负统筹与执行工作,功不可没。

1980年5月,北京航空食品有限公司投入服务,伍氏兄弟原本计划邀请汪道涵主持揭幕仪式。但是,汪道涵那时已出任上海市市长,新任外资局局长则是江泽民。在汪道涵的介绍下,江泽民主持了该次开幕典礼。从邓小平的一锤定音,到汪道涵的排难解纷,再到江泽民的金剪一挥,首家"中外合资"企业呱呱落地。这其中既反映出伍氏兄弟勇于面对挑战、克服困难的企业家精神,也间接说明中国政府在改革初期的摸索前进和举步维艰。

自从有了北京航空食品有限公司的001号,国内"中外合资"企业便如雨后春笋般迅速增加。新一代企业家伍淑清,展示出如父辈般的企业家精神,统管中国内地业务。他们并没有因为创办首家合资企业而骄矜自满,相反,他们认识到全面开放后的中国将大有可为,因而在配餐的管理和供应上下了不少苦功夫,不断提升食物品质、配搭和种类,配合国家的改革政策。

经过20多年的不懈努力,时至今日,在第二代参与经营管理下,伍淑清及伍威全稳步拓展了内地航空食品业务,现在与内地四大航空公司(中国航空集团、中国东方航空集团、中国南方航空集团、海南航空集团)及骨干机场为合作伙伴,通过合资公司在内地13个主要城市(北京、成都、大连、海口、呼和浩特、兰州、南京、宁波、青岛、上海——浦东及虹桥、深圳、天津、厦门)及香港机场(与国泰港龙航空、中国航空集团及德国汉莎航空膳食公司合资)提供航空食品服务,成为中国大地及香港航空食品业中一股举足轻重的力量。

我们回过头来看美心在香港的糕饼业务。面包和糕饼虽然已近3000年历史,但真正在香港流行,则是20世纪六七十年代之后的事。"二战"结束后,香港经济社会发生了翻天覆地的变化。人口及经济的迅速增长,不但意味着城市化的步伐加剧,也带来交通拥挤及空气污染等问题。为了纾解弹丸之地的香港交通,港府自1975年起发展地铁,首段"观塘线"于1979年10月1日投入使用。地铁带来的不仅是交通运输的改善,还有城市空间、房地产价值及市民消费及休闲模式的巨大转变。

地铁人流庞大,很多企业对这个商机极感兴趣。由于地铁车厢及大堂内禁止乘客饮食,因而1982年地铁公司公开招标,希望有公司承租站内铺位开办饼店,但是,很多商人均不感兴趣。最终,胆色过人的伍氏兄弟力排众议,以单一投标者的姿态承租地铁沿线车站铺位,迅速在旺角、太子、黄大仙、彩虹、九龙湾及观塘等主要地铁站开设美心西饼,轰动社会,成为一时美谈。

地铁和美心西饼的结合，符合现代商业社会中"廉宜、便利、快捷、可靠"的条件。大众乘搭地铁上班、上学或游玩时，可以方便地选购面包或西饼作早餐，拿回公司、学校享用；下班、放学或归家时，则希望买些糕点与亲人分享，顺路在地铁站随意选购。

随着地铁"港岛线"及"荃湾线"相继投入使用，美心集团在地铁站开设的饼店越来越多。到了1985年年底，设于地铁站的美心饼店已多达33家，加上地铁站以外的37家分店，全港共有美心饼店70家，成为当时全港拥有店面最多的面包西饼公司。美心西饼走进地铁站后，不但市场占有率迅速扩大，平均生产成本也因规模经济效应而下降，分销网络则散布港岛和九龙各重要交通要点，令同行艳羡不已。

面包、西饼是伍氏兄弟引以为傲的得意之作。据说，邓小平在1979年决定让美心集团供应中美直航的飞机配餐时，其中一个重要考虑点，就是伍氏兄弟懂得做西式面包。伍氏兄弟在制作面包、西饼和蛋糕方面花了很大心血，多次到欧美等地实地考察及学习，重金礼聘资深制饼师傅加盟，强化美心西饼业务的竞争力。走进地铁后，美心集团的面包、西饼业务扩展速度更快，成为香港面包及糕饼业中的一股重要力量。

五、发展多元化，快餐普及化

20世纪80年代初，美心集团趁改革开放东风，进军内地航空饮食业。伍氏兄弟除了配合地铁加速发展面包、西饼业务外，还调整市场策略，朝多元化方向发展。

自1971年成功创立翠园，开拓粤菜饮食市场，伍氏兄弟已充分掌握了大众对美食强大需求的数据，经常与大厨研究提升菜式品质及配搭的各种方法，强化集团的竞争力。怡和洋行入股后，美心集团如虎添翼，已非昔日的吴下阿蒙，翠园分店越开越多。东亚翠园、希慎翠园、于仁翠园、京华翠园及百德翠园等，均成为食客必到之地。

在扩充翠园市场版图的同时,伍氏兄弟也积极开拓其他别具特色的中国菜。1974年,伍氏兄弟决定在铜锣湾开办另一特色菜馆——北京楼,希望让食客一尝中国菜的博大精深。北京楼的开设虽然赢来众多食客的口碑,但开张不久后即遇上石油危机,在那个前所未见的能源危机笼罩下,香港被迫大幅提高各种能源产品(如火水、电油和工业用柴油等)的价格,厉行限制电力供应,使经济民生大受影响。

在全球经济衰退的大潮中,香港经济严重萎缩,失业率飙升,工资下滑,购买力急速下降,饮食业疲不能兴。很多酒楼、食店被迫关门,而北京楼及美心集团旗下其他食店也面临严峻的考验。幸好集团实力雄厚,加上管理层一向作风稳健,能够在逆境中有效控制成本,整体营运力保不失。

经过长达数年的经济衰退,1977年香港经济逐步走出谷底,酒楼、食市渐见人潮,美心集团业务也在整体消费力日见提高的情况下逐渐回升。经济复苏之初,伍氏兄弟仍小心翼翼、步步为营,将重心放在强化核心业务上。当经济复苏动力得到进一步确定后,积极进取的伍氏兄弟又重整旗鼓,延续1974年之前定下的多元化发展目标,分别在尖沙咀的帝国中心和星光行,以及中环的历山大厦等核心地段开办北京楼,尽占天时地利。

经过一段时间的精心谋划,1980年美心集团在中环置地广场开办"锦江春"川菜馆。与此同时,为了迎合不同顾客的饮食口味和要求,伍氏兄弟还在置地广场率先开办了弁庆寿司吧(Benkay Japanese Restaurant,之后易名贺菊Kiku),引入高档日本菜。除了开拓中菜和日菜市场外,美心集团又针对中环政商精英云集、对高档饮食有巨大需求的情况,分别在置地广场开办了高级意大利式西餐厅La Terrazza、高级英式餐厅London Pride,以及高级荷兰式餐厅Dutch Kitchen,强化集团在香港核心地带高档饮食市场的领导地位。

对于拓展中餐市场、宣扬华人饮食文化,伍氏兄弟一向不遗余力。改革开放后,随着香港与内地的经贸往来日见增加,民间交流渐趋频密。在合资经营航空饮食的基础上,伍氏兄弟还大力推动内地厨师来港交流,借以提升中菜的素质,巩固香港"美食天堂"的地位。1983年,伍氏兄弟在荃湾绿杨新村分别开办了美心大酒楼（粤菜）及潮江春（潮州菜）。1984年，又在中环和记大厦开设了沪江春（上海菜）。从此，美心集团不但在京、粤、川、潮、沪等中国地方特色菜市场上占有举足轻重的地位，在日本及欧美菜市场上同样地位超然，影响巨大。

和其他行业一样，餐饮业也有高、中、低档次之分。正如前述，伍氏兄弟最初进军饮食业时，他们选择了高档次的西餐路线，之后才随着社会变化而逐步向中菜及大众市场不断扩张。从历史发展的角度来看，经过20世纪五六十年代如水银泻地般的急速发展，以及70年代的经济整固后，进入80年代，香港的政治、经济及社会均出现了前所未见的另一重大转变。

政治上，中、英两国展开了有关香港前途问题的谈判；经济上，支柱产业正逐步由纺织制造业过渡到金融服务业，使得就业、消费及闲暇等产生变化；社会上，随着娱乐事业如电影、电视、音乐及媒体的勃兴和本土一代的冒起，强调本土社会和身份的文化正在形成。伍氏兄弟逐步从高档次饮食市场向中、低档次扩展的情况，正好说明他们已充分掌握了市场出现的微妙转变。

踏入20世纪80年代，美心集团不但大力开拓中、日、意、荷等菜系的不同饮食市场和面包、西饼业务，还积极发展快餐业。虽然伍氏兄弟早在1972年已在中环开办首家快餐店，但之后则未有太大发展。真正有规模、有计划地进军快餐市场，应该是20世纪80年代的事。

大举进军快餐市场之初，美心集团只在港岛、尖沙咀及何文田爱民村等人流较多的地区进行试点，当发现市场反应理想后，逐渐向其他新发展的市镇扩散。例如，趁荃湾绿杨新村在1983年落成入伙时，集团除了在该区发展中、高档次的酒楼外，还开办了美心快餐，为荃湾市民提供全方位的饮食服务。除了传统中式食品如粥、粉、面、饭外，还有西式铁板烧和日式定食，为市民带来耳目一新的饮食感受。由于美心快餐坚持"平、靓、正"的经营原则，加上环境优雅整洁，食客光顾后无不印象深刻、赞不绝口。

绿杨新村快餐店取得的骄人成绩，一方面，支持伍氏兄弟有关快餐业潜力巨大的推论；另一方面，则强化了集团继续拓展的决心。1984年，集团分别在旺角弥敦信和中心侧及牛头角淘大花园开设了两家美心快餐店,之后发展步伐加快,1986—1990年间分别在彩云村、竹园村、杏花村、康怡花园、黄埔花园、干诺道中、皇后大道中、礼顿中心、置富、太和村、土瓜湾、青衣长发村、元朗广场、新葵兴花园、观塘裕民坊及翠屏村等地开设了分店,使美心快餐的分店数目增加至32家,分布于港岛、九龙、新界各地。在短短十数年内,美心快餐已迅速发展成普罗市民用膳、约会及消遣的好去处,成绩惊人。

从创业初年的高档西餐路线,然后拓展中菜,到面对激烈竞争而转攻中档次中西菜市场,再到因应社会日渐多元化而拓展各式快餐业,美心集团因时制宜、灵活变通的市场策略,不但为顾客、员工及股东等争取到最大利益,也让集团逐步发展成一家真正的综合饮食集团,饮誉世界。

六、筹办大型宴会,推广传统食品

1970年年初"远征"日本,在大阪世博会香港馆负责饮食的成功经验,不但令伍氏兄弟声誉鹊起,也为集团日后筹办大型"到会式宴会"(outside catering services)打下重要基础。所谓"到会式宴会",即按客人要求前往指定地点(如会议厅、展览馆、办公室或郊外等)举办宴会,提供食品和饮料。由于"到会"地点一般没有厨房及饮食用具,所以服务商事前要准备各种食物和饮料,并确保味道、温度和分量,对一刀一叉、一杯一碟等的控制和安排同样极为严格,此外,物流管理挑战则尤其巨大。正因"到会式宴会"的要求比餐厅宴会高,业内便将这种服务视作企业团队精神的最大考验。

20世纪七八十年代,美心集团虽然曾经举办过无数大型"到会式宴会",如TVB年度台庆晚宴、怡和洋行及太古洋行的周年聚餐等,但真正的挑战非香港联合交易所(简称"联交所")在香港红磡体育馆筵开逾200席的盛大晚会莫属。1986年,香港股票市场出现历史性转变,"四会"鼎立的局面终于画上句号,取而代之的是香港联合交易所的正式开幕。为了隆重其事,联交所管理层除了在

第四章
伍舜德、伍沾德家族与美心集团

4月1日举办简单的开幕仪式外，还广邀世界宾客，计划在同年10月6日在红磡体育馆举办盛大的庆祝晚会。美心集团由于实力雄厚、经验丰富而获任为宴会的供货商。

为了筹办这次盛大宴会，集团的中菜部、西菜部、快餐部、西饼部及物流后勤部等合计举行了103次会议，商讨各项细节安排，筹备过程长达3个月，动用员工多达1 139人。为了运载餐具、食物和家具等到红磡体育馆，共动用26部大型货车，来回穿梭108次，家具如桌、椅、台、架等多达100 028件，并特别在场馆四周搭建了4个流动厨房。

1986年10月6日晚，港督尤德爵士、香港新华社社长和来自世界各地的财经官员、社会贤达等云集红磡体育馆，出席盛大晚宴。当晚筵开203席，中外宾客往来穿梭不息，训练有素的美心员工上下一心，表现出极高的服务水平。中外宾客开怀畅饮、觥筹交错，享受了一顿极为丰盛的晚宴。

由于美心集团的专业表现，加上菜肴烹调别出心裁，很多宾客印象深刻。联交所主席李福兆特别致函伍氏兄弟，表达了交易所对全体美心员工在宴会期间辛勤工作的感谢，使集团上下大受鼓舞，欣喜异常。美心餐饮服务团队其后也见证了各个盛大的宴会活动，如青马大桥通车仪式、赤鱲角香港国际机场开幕典礼、外国显贵招待宴会等。

20世纪六七十年代，香港市民大众对蛋糕、西饼等西式糕点趋之若鹜。20世纪70年代中期，美心集团大力发展西式糕饼业务。20世纪80年代初，伍氏兄弟趁地铁落成通车而在各地铁站设立美心饼店，令集团的面包、西饼业务迅速地发展起来。20世纪80年代中期，随着本土文化的冒升，中国传统节气食品如端午节的粽子、中秋节的月饼及农历新年的年糕，等等，也日渐受到市民欢迎，大行其道。

面对这个趋势，一向深懂灵活应变之道、市场触角异常敏锐的伍氏兄弟，迅速作出反应，在20世纪80年代中期进军月饼市场。为了打响头炮，集团专门聘请经验丰富的中式制饼师傅主理，在材料的选择上也别出心裁，强调"贵精不贵多"的原则，限量发售。1986年，美心月饼刚推出市场时，产量只有10万盒。

由于皮薄馅靓、质量香滑、美味可口，加上分销网络无远弗届，10万盒月饼被一抢而空，使伍氏兄弟大受鼓舞。

有了第一年的成功经验，美心集团推广月饼的策略变得更为进取。翌年，集团不但增加了月饼的供应量，还在市场推广方面下了不少功夫，在消费者心目中逐渐建立起美心月饼的品牌。当时在香港销售的美心月饼，被当成礼物购买后送给内地亲友，从而使美心月饼的品牌在内地逐渐建立起来。到了1990年，集团发行月饼券，进一步强化了集团在月饼市场上的领导地位。

伍氏兄弟一如既往地强调"真材实料、物有所值"的经营原则，美心月饼一直广受市民欢迎，在市场上占有极为重要的地位。据SRH（及后来的A.C. Nielsen）的调查，自1998年起，美心月饼的销量一直稳居全港冠军，成绩异常突出。

美心月饼打出名堂后，集团又在其他传统中国应节食品上绞尽脑汁。1988年，伍氏兄弟仿照月饼的做法，推出端午节主打食品——粽子。刚推出时，集团只供应裹蒸粽，之后由于市场反应热烈，逐渐增加产品的种类和数量，其中又以八宝粽、五香粽及一品家乡粽等深入民心，引起市民抢购。

在推出月饼和粽子的同时，集团还在1989年农历新年前推出年糕、萝卜糕、马蹄糕、笑口枣等传统农历新年的应节食品，为热闹的节日增添了不少喜乐的气氛。针对传统中国节日食品等，美心集团也积极开拓，一方面，强化集团的多元化策略，提升市场的占有率；另一方面，为发扬中国传统美食尽点绵力，实在一举多得。

市场开拓既讲求勇气，也要承担很大的风险。当伍氏兄弟构思进军月饼市场时，管理层曾经提出不少反对意见，认为传统月饼的形象与美心西饼的新潮形象格格不入，如果贸然引入传统月饼，可能会对美心西饼的形象产生负面冲击。伍氏兄弟在深思熟虑和深入市场调查后，最终还是决定将计划付诸行动。时至今日，美心月饼已经变成消费者心目中的名牌，销量节节上升。美心出产的应节食品质优味美，港人返回内地或到海外探亲时，总会作为"手信"，使美心的品牌在内地及海外广泛地流传开去。

七、企业持续扩张，家业隔代传承

20世纪90年代初，社会曾因中、英两国就香港前途谈判一度陷入僵局而出现"信心危机"。某些信心薄弱的企业减少了在香港的投资，甚至"迁册撤出香港"。然而，一直坚持"以港为家、扎根香港"的伍氏兄弟，不但没有减少在港投资[①]，恰恰相反，集团在"人退我进、人弃我取"的情况下，增加在香港的投资，以提升集团在饮食业的竞争力。

如果说美心集团在20世纪80年代的快速发展令人瞩目，那么在20世纪90年代那个"迁册"成风、专业人士纷纷移民时仍能保持扩张势头，更让人由衷佩服伍氏兄弟过人的勇气和眼光。事实上，20世纪70年代末开拓内地航空食品市场时已与中国领导人有过深入接触的伍氏兄弟，清楚地理解中央政府在收回香港主权问题上的说一不二，相信中央政府在收回主权后保持香港制度50年不变的立场和承诺，因而一如既往地拓展本地的饮食市场。

除了1995年及1998年香港经济急速下滑时曾经一度减慢开设分店速度外，其他各年均颇为进取，增开分店每年达十数家或数十家之多。仅在1991年，集团便增加32家分店（5家为中菜店，1家为西菜店，14家为快餐店，余下的12家则为饼店）。在那个政治前景不明朗的年代，美心集团积极拓展的雄心壮志并没有窒碍。

由于香港地少人稠，港英当局早在20世纪70年代初已经提出在新界地区发展卫星城市（俗称"新市镇"）的计划，以纾缓城市中心的土地压力。到了20世纪90年代，这些"新市镇"摇身一变成为四通八达、人口高度集中的市集，市场潜力巨大。针对这些新兴市场，精明干练的伍氏兄弟调整发展策略，在巩固并强化主要商业区如中环、湾仔、铜锣湾、尖沙咀及旺角等核心业务之余，也积极

---

① 在那次企业"迁册"潮中，身为英资龙头企业且为美心集团大股东的怡和洋行带头迁册，在香港的政经及社会层面引起了很大影响。即使如此，伍氏家族选择了与怡和洋行家族（渣甸、凯瑟克及麦地臣家族）截然不同的道路，坚守香港。

向这些"新市镇"如上水、粉岭、大埔、沙田、葵涌、荃湾、屯门、天水围及元朗等区拓展。

由于"新市镇"的人口绝大多数为中下阶层市民,对平民化的快餐店及饼店自然有很大的需求。针对这种市场结构,集团重点开拓快餐店和饼店,务求满足普罗市民的饮食需求。例如,1991年新开张的14家快餐店中,9家位于新界,5家位于港岛和九龙。在饼店方面,12家新开设的分店中,5家位于新界,7家位于港岛和九龙。表面看来,新界新开设的饼店仍不算多,但与以往绝大部分集中于港岛和九龙(尤其地铁站沿线)的情况相比,已有明显的转变。

成功的企业家不但需要具备时刻求变、不断创新的特质,还要对政治、经济及社会有敏锐而深刻的洞悉力。只有这样,他们才能在复杂多变的环境中看到曙光、抓住机会。回头看,20世纪90年代初期,中、英两国就香港前途问题的谈判,曾使香港社会弥漫着悲观的情绪,影响了很多人的投资和移民决定。伍氏兄弟能够在当时的变局中看到问题核心,发展大局,不随波逐流,而是"人弃我取",积极开拓,带领集团进入一个新的发展阶段,这种目光、魄力和举动,实在令人叹服。

从延续家族企业的角度来看,早在20世纪70年代,伍舜德(育有三子二女)和伍沾德(育有二子四女)已有了培养下一代接班的安排。前文曾提及,伍淑清加入美心集团管理层,集中力量拓展内地市场。伍舜德长子伍威廉(美国麻省理工学院电机工程毕业,后在哥伦比亚大学任助理教授)亦在20世纪70年代末被召回港,计划接班。可惜他不久后患上癌症,屡医无效后于1988年去世。伍舜德次子伍威明为执业律师,对家族企业完全没兴趣。迫于无奈,伍舜德要求三子伍威权加入美心管理层,但他长期受到精神疾病的困扰,于2009年自杀身亡。

相对而言,伍沾德长女伍淑清表现出对事业发展的积极进取和出众才干,所以自20世纪70年代起一直担任要职,专注于内地市场,不负责香港业务。除带领内地航空食品业的发展,她也出任全国政协常委,以及为内地与香港两地的教育事务与香港的慈善项目出一份力。伍沾德的两个儿子伍威达和伍威全(康奈尔

第四章
伍舜德、伍沾德家族与美心集团

大学毕业），一人留在香港，打理美心集团工程部；另一人则协助大姐，打理内地市场。在伍淑清和伍威全姐弟20年的奔走和努力下，美心集团在内地的航空食品市场不断扩张，成为内地航空食品业一股举足轻重的力量。因内地市场庞大，有待进一步长期发展，故伍舜德一房专注香港业务，伍沾德一房则专注于拓展内地业务。

到了20世纪90年代，奋斗一生的伍氏兄弟已届耄耋之年，虽然两人身体仍然十分壮健，并坚持每天如常上班工作，但毕竟年事已高。为了让美心集团代代相传，兄弟二人决定在培养接班人方面加快步伐，希望由新领导层带领美心集团迈向21世纪。重要决定包括召回刚从美国毕业的伍威廉次子伍伟国（他原本打算加入美资投行美林证券），要求他返港加入美心集团，成为新领导。

伍伟国是伍舜德之孙，自幼聪敏，少年时期即被送往美国留学。1988年，伍威廉因癌去世后，伍舜德便认定另两名儿子难担重任，在与伍沾德深入协商后，得出隔代传承的战略性接班决策，将希望寄托到长孙身上。

两老看到第二代接班存在太多的变量，因而想到直接由第一代传给第三代这个极为特殊的安排①。也就是说，伍舜德先将管理大权交给胞弟伍沾德，同时积极培养孙儿伍伟国。伍沾德年纪不小，可视作过渡性领导。到伍沾德退任时（年过90岁，已极少参与管理），则直接交给第三代伍伟国，完成家族企业少见的隔代传承模式。这一方面凸显了家族企业传承的弹性，也反映出家族传承中不容低估的难度。

刚加入美心集团时，伍伟国被安排到不同部门实习，了解集团的结构、文化和运作。完成为期1年左右的实习训练后，伍伟国才晋升为财务主任，开始参与企业的管理、操作和文化。对于自少接受西方教育的年轻一代而言，实力雄厚而历史悠久的美心集团，虽然拥有很多竞争优势，但同时也出现诸如资源错配、架构重叠及权责不分等问题。如何既巩固本身的竞争优势，又能扫除那些窒碍企业

---

① 这与当前英国王室一直有传维多利亚女王计划将皇位直接传予威廉王子，而非查尔斯王子的做法原则一致。

发展的障碍，将企业发展推向高一台阶，是年长一代留给年轻一代的一道难题。年轻一代也意识到自己身上的重任，不断思考企业的出路和应变方法，希望能够凭借自己的知识和敢拼敢闯的精神，为企业发展作出贡献。

2000 年，伍舜德以健康为由辞去集团主席一职，交由弟弟伍沾德接任，而伍伟国则晋升为董事总经理，负责日常运作和管理。在新领导层的带领下，集团在深思熟虑之后推行连串变革，以提升集团的运营效率和综合竞争力。正当集团业务通过不断变革取得令人满意的成绩之际，奋斗一生、鞠躬尽瘁的前主席伍舜德不幸在 2003 年 8 月 17 日去世，令集团上下悲恸不已。其时，美心集团共计拥有 350 家分店，聘用 12 000 名员工，每日顾客达 45 万人次，全年营收为 50 亿港元，实为香港饮食业龙头。

虽然伍舜德已驾鹤西去，但由他亲手创办的美心集团，则在新领导层的带领下继续破浪前进。首先，经过连串变革后，充满时代感的星巴克已落脚香港，成为集团一项增长强劲的业务。其次，经过重新包装后，美心西饼和美心快餐给人焕然一新的感觉，生意额也实现了可观增长。通过连串变革和创新后，美心集团已被成功地打造成一个充满年轻活力、富有时代感的餐饮名牌。

八、开拓内地市场，打造美心品牌

20 世纪 80 年代初，以国内首家合资企业形式进军航空食品市场时，伍氏兄弟一心一意只想做好飞机配餐的生意。到了 90 年代，随着改革开放的进一步落实，管理层意识到内地庞大人口带来的巨大商机，因而调整策略，进军内地饮食市场。

1993 年，集团分别在广州环市路及上海四川北路开设了美心快餐及美心饼店，希望试探当地的消费市场。开张初期，市场反应不错，令管理层颇受鼓舞，加速了市场开发的步伐。1994 年年初，集团再在广州开设了 2 家快餐店（海珠区及红棉区）及 1 家饼店（红棉区），在上海徐汇区增加了 1 家快餐店和 1 家饼店。同年年中，集团又在佛山市开了 1 家快餐店及 1 家饼店，在上海天山北路开了 1 家饼店。集团初期开拓内地饮食市场的步伐不可谓不凌厉。

可惜,由于内地与香港在法制、管理、工作态度及企业文化各方面均存在着显著差异,加上那时内地市民的消费能力仍然十分薄弱,美心快餐及西饼业务一直没法走上轨道,甚至出现亏损。虽然管理层多番努力,希望扭转劣势,却因人事及制度等问题纠缠不清而无法解决。经过深入研究和考察后,管理层毅然决定结束内地的快餐及西饼业务,内地拓展计划铩羽而回。

企业家创立企业、开拓市场,不可能每战皆捷、一帆风顺,有时难免会遇到困难,甚至出现亏损或失败。正确面对挑战,知所进退,总结失败教训,对企业的进一步发展有着极为深远的影响。在 20 世纪 90 年代拓展内地快餐及西饼市场的过程中,伍氏兄弟深深体会到香港与内地在制度、管理和企业文化各方面的差异,在多番努力而没法扭转亏损困局后当机立断,全身而退。这种洒脱而深懂应变之道的举止,相对于那些拖泥带水、不愿止蚀的投资者,值得我们慢慢咀嚼、细细玩味。

1997 年 7 月 1 日,香港回归祖国,特区政府成立。之后不久,亚洲金融风暴在泰国爆发,并以迅雷不及掩耳之势席卷亚洲。在外资金融大鳄的肆意冲击下,香港特区政府不惜动用外汇储备与外资大鳄对阵,虽然保住了用以稳定金融体系的"联系汇率制度",却付出了沉重的代价,股市急跌、利率暴升、企业倒闭、失业率飙升、消费力迅速萎缩——这对美心集团的打击不难想象。尽管如此,管理层仍坚持积极开拓多元化策略,1998 年 10 月在中环国际金融中心一期开设健康食店 Eating Plus,成为低沉经济氛围下一股清新的凉风。

Eating Plus 能够在低沉的经济环境中逆流而上,赢得年轻及上班一族的欢心,令管理层大受鼓舞,继而在 1999 年又开设了 Canteen、Mezz、Exp 及 Thai(泰国菜)等数家别具一格而令人耳目一新的餐馆。与此同时,集团锐意更新美心快餐和美心西饼过往较为保守的形象。

金融风暴过后,香港的经济环境虽然低沉,但集团开拓市场的步伐却没有停下来。以 2000 年为例,集团除了引入世界著名咖啡馆星巴克外,还分别在东涌东荟城开设 Funtasia,在中环交易广场开设翠玉轩,在金钟力宝中心开设力宝轩，与当时低沉经济环境下酒楼纷纷关门的情形形成强烈对比。另外，集团针对年轻人喜爱卡通偶像的心理，引入主题餐厅 Hello Kitty Café 及 Ultraman 冰室。虽然这类餐厅的生命周期很短，不能给企业带来多大盈利，但新一代管理层充分掌握市场脉搏，深懂灵活变通的个性和特质，则表露无遗。

2001—2002 年，集团除加速星巴克咖啡店的扩张步伐外，还一如既往地坚持多元化策略，分别在港岛、九龙及新界开设翠晶轩、北京人家、中国芳、国泰城、Emporio Armani Café、Little Basil 和 Deli & Wine 等各有特色的食店，以满足不同阶层消费者的口味，为进一步多元化迈出更重要的步伐。

2003 年，香港遇上了罕见的 SARS，令刚见曙光的经济再次陷入漫长黑暗之中。疫症肆虐期间，社会人心惶惶，公众场合如酒楼食市、戏院宾馆、娱乐场所，以至大街小巷等，更变得冷冷清清，各行各业一落千丈。

面对这个局面，管理层一直保持冷静、沉着应战，一方面，提高旗下食店的卫生防疫措施和意识；另一方面，则坚持一贯的"真材实料、物有所值"的原则，静待转机。正因为这种具远见的策略，当竞争对手在减少分店、遣散工人时，美心集团则在该年在通车不久的"西铁"沿线车站如南昌站、荃湾站、屯门站、元朗站及天水围站等开设美心西饼店，扩大销售网络。

SARS 过后，香港经济逐步复苏，美心店的生意也在"自由行"旅客蜂拥到港的带动下急速反弹。看到经济止跌回升的浪头，美心集团趁势而起，2004—2005 年斥巨资在尖沙咀金马伦道开设 Simply Bread，在港威商场开设 Rice Paper（越南菜），在新开业的香港迪斯尼乐园内开设 Team Disney Diner、Market House Bakery 和 Plaza Inn。除此之外，集团又在旺角新世纪广场开设千烧百味、在鲗鱼涌开设美心 MX 及在九龙塘又一城开设八月花。

企业的起落兴替与管理层掌握社会经济发展周期有着密切的关系。如果管理层只知墨守成规、故步自封，不能体察市场规律，企业最终难逃倒闭结业的厄运；反之，如果管理层能够洞悉先机、随机应变，企业就能脱颖而出、破浪前进。在新、旧世纪交替之时，美心集团管理层一方面总结过往的成功经验；另一方面，则检讨自身的不足之处。清楚地认识到社会经济发展的新潮流，从而作出连串重大、专业而系统的变革,将美心集团打造成一个充满年轻、个性和活力的综合饮食名牌。

九、 咖啡神话与企业家精神

据说,咖啡来自中东阿拉伯地区,初期当作治病的药方,后来辗转传到欧洲被基督徒当作"撒旦的饮品",禁止饮用。后来,教皇饮用后认为咖啡乃人间极品,应该让所有教徒品尝,于是想出为咖啡"洁净洗礼"的举措,使咖啡在欧美等地流传开来(Allen,2003)。如果说咖啡的发展史犹如神话,那么星巴克在20世纪70年代后迅速在西雅图崛起,席卷北美,然后扩散至全世界,这个现象也有如神话,相信不会有太多人反对。

在星巴克的世界里,咖啡不仅是一种饮料,也是生活需要、个人习惯及闲暇时刻必不可少的心灵食粮。这种全新的咖啡文化,不仅成为美国人的时尚,还在亚洲地区掀起热潮,使年轻一代趋之若鹜。但是,在东、西文化荟萃的香港,直至2000年之前仍不见其踪。对于星巴克的感染力和吸引力,早年留学美国的伍伟国十分清楚,多次向集团高层反映,希望引入咖啡文化,强化集团的综合竞争力。

经过反复推敲和研究后,美心集团终于决定主动出击,与西雅图的星巴克集团讨论引入专营权的合作计划。当伍伟国首次与星巴克的负责人接触时,发现对方早已留意美心集团的发展动向,对集团的背景及业务十分了解,彼此间有种惺惺相惜的感觉。虽然双方在商讨合作条件及营运模式等问题上有过一番激辩,但最终还是在1999年年底签订了合作协议,为星巴克登陆香港铺平了道路。

2000年5月2日,美心集团正式宣布,分别在中环交易广场、铜锣湾希慎道及中环和记大厦开设3家星巴克咖啡店,令全港"咖啡一族"兴奋异常。

欧美人士喝咖啡如喝水,每天早上起码要喝上两三杯,否则连工作也提不起劲。他们一般将咖啡买回办公室或家中,一边工作一边喝。正因如此,美国的星巴克咖啡店一般不注重食物的供应,铺面的座位也较少,店内播放的音乐也较为强劲。针对香港与美国消费文化的差异，管理层与西雅图方面商量过后，作出如下弹性安排：①准许香港星巴克出售面包、果挞、西饼及三明治等西式食物；②增大香港星巴克店铺的座位及面积；③店内选用较柔和的灯光，并播放轻柔的音乐。

管理层充分掌握香港顾客的消费心理，将星巴克本土化后，门庭若市、生意盈门。不出1个月，第一阶段开设的3家星巴克均已收回投资成本，获得盈利，成绩骄人。对于香港星巴克取得的突破性成绩，西雅图方面大感惊讶，派出高层到港取经，希望了解香港星巴克本土化的成功之道。

由于市场反应热烈，集团加快了开店的步伐。2000—2006年这短短的6年时间内，分店数目已由3家增加至60家，几乎全港每个大型商场或重点区域，如港岛的国际金融中心、历山大厦、信德中心、太古广场、时代广场、合和中心、新鸿基中心，九龙的海港城、海洋中心、文化中心、创纪之城、诺士佛阶、奥海城、荷里活广场，新界的青衣城、葵芳新都会广场、沙田新城市广场及香港国际机场，等等，都可看到圆形绿边黑底的小美人鱼标志，嗅到星巴克咖啡店散发出来的浓烈香味。

在创业一代企业家的带领下，美心集团经历了半个世纪的风风雨雨。目前，该集团已完成大部分领导层的更替。对于一家拥有逾1 200家分店，每天服务60万人次的综合饮食集团而言，半个世纪的经营和发展不可谓不长。在瞬息万变而竞争激烈的现代社会，如何在创业一代打下的基础上推陈出新、另辟蹊径，凭着本身的优势继续发光发热，则是摆在新一代领导层面前的重大挑战。第三代完成接班后，集团将如何发展，则有待我们日后进一步观察。

十、结　　语

要推动企业不断发展，延续家族传奇，若没有一股"证明自己"的劲头和志气，加上积极打拼、不怕吃苦的雄心壮志，显然会是无源之水、无根之木，很快便会干涸凋零，失去活力。这样的雄心壮志必须持之以恒、代代传承，否则难以支撑家族企业的长远发展。从伍氏家族创立美心集团饮食王国的过程中我们看到，第一代建立家族企业的锲而不舍、全情投入、积极开拓及不断创新。社会前进轨迹总是挑战连连，家族企业也不例外，积极打拼、证明自己的那份雄心壮志，仍是应对挑战、克服困难、延续传奇的有力武器。

延续家业需要代代相传，只有上一代雄心壮志，而没有下一代的再接再厉，自然难以富过多代。企业传承需要长远的规划，美心集团拥有及管理着多元化的餐饮品牌，于中国内地及亚洲区内均有业务。面对日新月异的市场环境，不断演变的客户需求，家族新一代必须年轻化及以新思维带领公司，同时广纳百川，招揽专才管理层团队，善用科技创新、革新，提升业务价值，与时俱进，放眼国际，与时代接轨。

参考文献

《美心季刊》，香港，美心集团，1990—2000。

《苹果日报》，载《美心集团太子爷跳楼亡》，2009年，9月12日。

Allen, S. L. 2003. The Devil's Cup: A History of the World According to Coffee. New York: Soho Press Inc.

周文港：《巾帼不让须眉：现代化与美心集团伍淑清》，见郑宏泰、梁佳俊（编）：《才德之间：妇女与家族企业》，87~110页，香港，中华书局，2013。

第五章

家族企业的成长与蜕变：
香港地产龙头新鸿基地产

"万丈高楼平地起",作为香港地产界的龙头企业,起楼建屋无数的新鸿基地产(以下简称"新地")发展演变的历史可谓充满戏剧性。同时又鲜明地凸显出家族及企业成长过程中不断面对危机,经常呈现分合和竞争的特质,是华人家族企业不可多得的重要案例。

"新地"的成长要从企业奠基人——白手兴家、精力充沛、一生致力于事业拓展的郭得胜说起。郭氏第二代的三兄弟在全面接班后,曾经互相配合将父亲留下的家族企业发扬光大,广受赞誉。后来,不可预料的突发事件导致兄弟感情出现裂痕,上一代设定的家族信托条款又弄巧成拙,最终演变成家族的灾难。

香港世家大族近年来是非不绝,因为争夺家产而闹上法庭的惨剧更是频频发生,较为轰动的除了以"金牌烧鹅"闻名于世的镛记酒家甘穗辉家族,更有被称为"红顶商人"的霍英东家族,以及纠结于遗嘱真伪而连串诉讼的王德辉/龚如心家族,等等。

本章将重点探讨香港四大家族之一的新鸿基地产(以下简称"新地")郭得胜家族,虽未爆发家族成员的争产官司,但牵涉香港特区前政务司司长许仕仁贪贿案,使得第二代家族成员郭炳江和非家族高管陈钜源锒铛入狱。整个案件轰动中外,引起高度关注。

有关郭氏家族的戏剧性发展,坊间的一个说法是家族内部因为矛盾积聚日多,个别家族成员觉得利益受影响,提出分家、自立门户,却欲分无从。因创始人郭得胜生前在家族信托中定下了"新地股份不能分拆"的硬性规定,意图防范分家削弱家族力量。郭得胜通过家族信托将3个儿子强行捆绑起来,但人算不如天算,在家族内斗中暴露的家族成员与政府高官之间的不法行为,最后惹上官司,以悲剧收场。

对于坊间的这种传闻以及兄弟间斗争的前因后果,社会上莫衷一是,难辨真假,真相或许永远不会让局外人知悉。我们的探讨焦点并非集中于此,而是想借郭氏家族的重要案例,来分析家族企业的发展特质和运作逻辑,并揭示第一代创始人渴求家族企业世代长存的误区,回答三个学术界及社会均高度关注的问题:

第五章
家族企业的成长与蜕变：香港地产龙头新鸿基地产

①推动家族企业前进的动力到底来自何处？②家族和企业是否可以真的实现世代相传？③孕育于西方的社会和商业制度（例如家族信托）是否适用于东方？"新地"案例可为以上三个问题提供解答和思考。

必须指出的是，社会对"新地"郭得胜家族一直所知甚少，对郭得胜白手兴家的经历更是几乎一片空白，本章则希望填补这方面的缺漏。

如果我们仔细检视郭得胜家族的发展历程，一方面，可以看到企业发展与危机密切相关；另一方面，又会发现其成长过程与家族企业"分"与"合"两股力量的相互牵连有关。我们通过追寻"新地"创办前后的种种发展经历，既能理解第一代企业家渴望建立商业王国的主观意愿，也能感受到为了改善家人生活、为了争气而不断奋斗的精神，甚至可以察觉到第一代渴望家业长存、子孙和睦、团结一心的未雨绸缪。

正是为了实现家业长存、子孙团结的良好意愿，郭得胜在危机和困难中沉着应战，在"分"与"合"两股力量相互影响的过程中建立起庞大的企业王国。这似乎又让人看到他并没有透彻理解到家族和企业"分"与"合"一体两面的自然规律，反而只是一厢情愿地希望子孙一团和气、不离不弃地掌控"新地"，携手并肩为家族企业发展共同奋斗。

尤其值得注意的是，在20世纪七八十年代，源于西方的家族信托制度在香港颇为流行，深受华人富豪欢迎。一方面，当时遗产税高企，若在第一代去世前先将名下财产转移到家族信托中，则可免征遗产税；另一方面，当时社会对西方制度高度信任，对信托保障家族财富的功能过于肯定。家族信托给予富豪巨贾的最大吸引力在于，他们一厢情愿地相信，只要在信托中加入一些硬性规定，要求受托人按章执行，家族企业及财富便可一劳永逸。但实际上，这一安排忽略了中国文化中"诸子均分"的分裂力量，日后反而令家族陷入困境，给家族企业的发展带来意料之外的灾难性后果。

一、在战乱中成长

"万丈高楼平地起",作为香港地产界的龙头企业,"新地"起楼建屋无数,发展史充满戏剧性。在家族及企业成长过程中不断面临危机,经常呈现分合和竞争的考验——"新地"成为研究华人家族企业不可多得的重要案例。要介绍"新地"的成长,首先要从第一代创始人郭得胜白手兴家的传奇故事开始。

今时今日的"新地"已是家喻户晓的巨型企业,但对于郭得胜如何崛起,在香港经济中奠定主导地位的说法则莫衷一是。坊间较为普遍的说法大多指他创业于香港,在代理日本拉链生意中赚得第一桶金,之后才开始投资地产,先后与友人共同创立永业有限公司及新鸿基企业有限公司,从而奠定日后"新地"在香港的重要地位。

这个说法虽然听来言之成理,但缺乏具体而深入的例证。不但对郭得胜来港之前的人生和事业的描述一片空白,而且对他在港经营期间的情况也只是轻描淡写,更没有触及他如何脱颖而出等核心经历。事实上,由于郭得胜生前为人低调,坊间记载流于表面,导致我们难有全面而深入的了解。

郭得胜究竟是如何崛起的?他的人生和创业有何曲折经历?待人接物和管理企业有何过人之处?通过搜集不同文献资料并且进行反复比对,我们发现,郭得胜应出生于1911年3月12日,出生地点则众说纷纭,有说他生于中山石岐,有说他生于澳门,亦有说他生于越南,后者看来较为可信,因为他的父亲早年曾在越南从事酒楼生意。由于朋友习惯称呼郭得胜为"二哥",而一直与他在生意上并肩作战的胞弟郭得标则被称为"五哥",估计他们最少有五兄弟姐妹,但因早年医疗落后,婴儿夭折率极高,这些兄弟姐妹很可能没有全部生存下来。

正是因为医疗条件欠佳,死亡率高,20世纪初期人的平均寿命比较短。正值青壮年的郭得胜父亲,据说在越南因感染恶疾、屡医无效而早逝,他的母亲在失去依靠之下,只好结束越南生意,带郭得胜及郭得标两子返回家乡石岐。

郭得胜堂兄郭锦涛及表兄陈成源等,据说在石岐经营"信发百货商店",年纪轻轻的郭得胜为了贴补家用被迫辍学，开始是做信发百货店员，后来因经营生意天分过人，加上待人以诚且灵活肯做，获得郭锦涛和陈成源赞赏，吸纳为合伙人，从而使其人生际遇发生了巨大转变。

当然，那时"做老板"实质上是"既主又仆"——名为老板，实为员工，但他因有了股份，工作起来格外卖力。事实上，事业心极强的郭得胜，自从成为信发百货的股东后更是加倍拼搏，将所有的心血倾注于业务开拓中，一方面，强化了与供货商的互信互动；另一方面，增加了货物的种类和流通，信发百货生机勃勃，在中山石岐一带打响了名声。

1937年，日军对华发动大规模军事侵略。1938年10月，日军第五舰队从广东大亚湾登陆，之后长驱直进，进犯惠州、博罗及增城等地。10月21日，广州陷落，随后三水、东莞及深圳等地也相继失守。在烽烟四起的时刻，据说身处石岐的郭得胜逃难到了邻近的澳门，而郭锦涛等则留守石岐的信发百货。

抗战时期，由于葡萄牙奉行中立政策，作为其殖民地的澳门，没有遭到日军铁蹄蹂躏。避难澳门的郭得胜，据说抓住了战时物资紧张、盈利高、风险高的机会，凭借自身敏锐的商业目光，与陈德明和欧文照等友人于1941年创立了"鸿兴百货"，经营华洋百货及西药。开始只做本地生意，后来改为转口，主攻内地市场，分别在广州及湛江设立分公司，扩大分销网络。

百货生意让郭得胜赚取了大量"大洋纸"（国民政府发行的法定货币）。基于"肥水不流外人田"的考虑，精明的郭得胜又同另一些朋友（陈善如）开设了一家名叫"茂昌银铺"的金融公司，直接买卖货币、黄金及白银。银铺的位置与鸿兴百货一样，设于澳门十月初五街的物业中。

据说郭得胜还收购了一家因经营欠佳、陷入困境的小型毛巾厂，改名为"良工毛巾厂"，然后改善生产程序，提升效率，自行生产廉价毛巾，再输往物资短缺的内地，满足市场需求，收益不菲。战争时期的鸿兴公司、茂昌银铺及良工毛巾厂生意增长骄人，成为郭得胜因经营得法而迅速赚取的第一桶金，为日后事业发展奠下了极为重要的物质基础，而那时他才三十出头。

抗日胜利后，郭得胜意识到澳门的地理位置不如香港，便迅速将人生舞台由澳转港。一方面，他与友人在港岛中环广源东街 10 号（现时中环中远大厦及新纪元广场之间）创立鸿兴公司，如同在澳门般经营"华洋百货、棉毛织品、花纱布匹、名厂毛冷"的转口和批发生意。另一方面，他又与不同生意伙伴迅速恢复在石岐、湛江和广州的生意，扩展销售网络，一跃成为华南地区的百货业巨擘。

同样如早年在澳门创立茂昌银铺时"肥水不流外人田"的考虑，因应庞大百货买卖产生大量资金的商机，郭得胜与同属中山人的杨白云（新世界地产奠基人之一杨志云的兄长）于战后初年在香港创立"文发银号"，从事黄金、白银等贵金属买卖，铺址设于上环孖沙街 22 号。

在那个战后百废待兴、百货需求剧增的时期，郭得胜抓紧时机拓展生意，他利用香港和澳门的贸易窗口地位，将大量日用百货分销华南乃至整个中国，同时又将赚取的资金集中于港澳地区，持续进行投资。这种"以力打力"的方法，使企业在极短时间内迅速发展，不但促进了商业网络的迅速扩张，而且个人财富也与日俱增。

顺带一提的是，生意不断突破、财富持续攀升的郭得胜，因妻子为他生下女儿后不幸去世而颇为困扰，既有孤家寡人的寂寞难耐，亦有幼女乏人照顾和未有男丁继后的忧虑。因此，某次返回广州视察业务时，在生意伙伴陈德明的介绍下，郭得胜结识了广州东亚织袜厂老板邝维祺的侄女邝肖卿。当时的邝肖卿虽然年纪轻轻，但精明干练、处事井然，在东亚织袜厂协助叔父打理厂内大小事务。二人年龄虽有差距，却一见如故，约会不久即于 1947 年 5 月结婚。

郭得胜续弦不久后，中国政局再次发生巨变。解放战争初期，战区集中在华北个别城镇，加上冲突各方似有谈判斡旋余地，民众认为战事很快便会平息。但郭得胜一如抗日战争时灵敏地注意到战争必然会引发物资需求急增，因而与股东商议后决定尽速增加港澳采购，以满足内地庞大市场的需求。

但是，国共谈判最终失败，战事愈演愈烈，工农生产受战火影响而停顿，在供求规律的影响下，百货价格急升，甚至出现了排队抢购的现象。当战事仍在进行时，很多百货进口商已供应紧张、无货可卖，而广州鸿兴公司却因洞悉先机，货源充足，门庭若市。

第五章
家族企业的成长与蜕变：香港地产龙头新鸿基地产

由于战火不断，通货膨胀极为严重，那时不少大宗买卖已改用金、银等贵金属作为交易媒介。郭得胜在港澳经营金银生意，也扩展到广州及湛江等地，而这项生意在时局紧张时盈利尤为巨大。在战火纷飞的岁月，郭得胜洞察到市场的实际需要，充分发挥港澳联结中外的角色，营业收入急增，企业盈利飙升，事业不断推向高峰。

1948年11月辽沈战役后，解放战争大局初定。婚后一直在广州德星路生活的邝肖卿为郭得胜诞下一女郭婉君。郭婉君满月时，平津战役和淮海战役同时展开，大约两个月内分出高下。由于担心战事扩散，已经家财不薄的郭得胜决定举家搬往香港。

虽然郭得胜的生意在时局动荡时更为兴旺，但他同时明白战争背后的巨大风险，因而将核心员工、业务、资金及亲人等向港澳撤离。值得注意的是，为了安置由广州及湛江等地撤往香港的那批员工，郭得胜在广源东街7号成立了鸿昌公司，以免与广源东街10号的鸿兴公司相混淆，造成混乱；另一个考虑是业务分工——鸿兴公司仍致力于转口贸易，鸿昌公司则着眼于开拓本地的百货市场。

在将生意撤往香港的同时，郭得胜又将妻子及襁褓中的女儿接到澳门，甚至游说身在石岐的陈成源及郭锦涛等一同将信发百货迁往澳门。之所以选择澳门而不是香港，应该与早年香港房屋供应有限、房价与租金高企有关。据说，那时就算是肯付出高昂的房价，也难以购得心仪的物业，不少人只好折中地安家澳门。郭得胜早年在澳门住过一段时间，在十月初五街拥有物业，就先将妻女安顿于澳门。1950年10月，长子郭炳湘诞生于澳门，之后才举家移居香港。次子郭炳江、三子郭炳联和幼女郭婉仪则出生于香港，他们在香港完成中学教育后，被送到英、美等国留学，这已是后话。

郭得胜1938年左右因战乱撤往澳门时手头紧绌、缺乏资本，但在短短10年间，当大多数人因为战争而颠沛流离、生活难以为继时，他敏锐地看到战乱背后的机会，全力开拓。1949年，他带着家人、员工撤往港澳时，已非吴下阿蒙，而是一位财力雄厚、网络通达、颇具名望的巨富，为日后创立"新地"奠定了极为重要的基础。

由此可见，对于拥有企业家精神的人来说，无论是社会平稳还是战乱动荡，都无碍他们建立企业王国的雄心。郭得胜拥有熊彼特心目中的企业家精神，不但能在1938—1949年的动荡环境中迅速崛起，而且在漫长的人生道路中，能在危机与困境中发掘机会、沉着应战，使家族及企业不断壮大。

二、分合中壮大

新中国成立后，唯美国马首是瞻的西方世界，错误估计北亚形势，出兵支持以李承晚为首的韩国政府，而中国则决定出兵支持金日成的平壤政府，双方于1950年展开连番激战，世界政局波诡云谲，紧张异常。

同年年底，战场上未能取得优势的美国，运用本身的影响力在联合国通过议案，对华实施"贸易禁运"，希望以经济手段封杀新中国。由于英国一直站在美国一边，作为英国殖民地的香港自然身不由己地加入了"禁运"行列，终止与中国内地的一切贸易往来。受到这项重大政策的影响，一直依赖转口贸易的香港经济应声急挫，很多企业被迫倒闭，郭得胜旗下的多家百货贸易公司也难以独善其身。

鸿兴公司一向表现得较为进取，在1950年之前就已趁中国内地重现和平而订购了大量洋杂百货，但受到禁运政策的影响，立即出现了货物滞销的问题。开始大家仍一厢情愿地相信逆境很快将获扭转，于是将货物寄存在仓库中。没料到时局一直未见改善，再加上租金日贵、货价日跌，只好忍痛割爱，最终造成了严重亏损。由于郭得胜担任香港鸿兴公司总经理，负责大小决策及采购，有些股东将当时遭遇到的困难全都推到郭氏身上，指责他做生意太过激进，闹得内部分裂，之后走上"分家"之路。

结果，规模大、实力强的广源东街10号鸿兴公司，按"协议"交由原来的股东经营，而规模小、实力弱的广源东街7号鸿昌公司，则交由郭得胜等打理。面对这个局面，虽然郭得胜颇感沮丧，但因不想关系更加恶化，宁可自己"蚀底"吃亏，最后还是接受了这种安排。从那时起，由郭得胜一手创办的鸿兴公司

第五章
家族企业的成长与蜕变：香港地产龙头新鸿基地产

便与他脱离了商业关系，从此再无关联。

郭得胜另起炉灶初期，处境与当时香港经济一样，处于极度低迷的困难时期。经过深入思考，郭得胜决定重组鸿昌公司，吸纳澳门信发百货的主要股东为伙伴，并将公司更名为"鸿昌合记"，取合作创业之意，希望在内外交困中闯出一片天地。与此同时，郭得胜又调整了以往过度依赖内地市场的策略，将目光放到日本及东南亚等市场上。

郭得胜出任鸿兴公司总经理期间，与日本一家华侨经营的贸易公司——中美商行关系紧密，与其老板陈德仁建立起深厚友谊，获得了不少珍贵的一手商业信息。郭得胜得知日本战后一心发展工业，产品质优价廉，深受顾客欢迎，于是借陈德仁的关系成为日本出口货品的代理商。正因那时认清了发展方向，再加上策略运用得宜，鸿昌合记公司很快便摆脱了业务分拆之初的困境，在本地贸易上站稳脚跟。随着香港发展工业，鸿昌合记公司的生意变得活跃起来。

从郭得胜这次遇到的危机中，我们观察到一个这样的事实：当我们看到企业家呼风唤雨、点石成金时，往往会忽略他们为事业而付出的勤劳和汗水，甚至低估了在风高浪急、波涛汹涌的商业社会中遇到的各种困难和风险，以及他们的韧劲和斗志。可以这样说，如果郭得胜当时没有冷静面对危机、正确应对，而是在困难面前一蹶不振，他很可能已沦为激烈竞争中的炮灰，根本不可能在日后闯出令人艳羡的伟业，书写家族在香港历史上的传奇。

自从将拓展生意的目光投向日本后，郭得胜便与陈德仁保持了紧密联系。除了进行信息交换之外，还会搜集来自日本的新兴产品。代理 YKK 拉链的生意，就是在这样的环境下颇为"偶然地"发展起来。

众所周知，拉链是美国人的发明，跻身 20 世纪影响人类生活的重大创新，是衣服、鞋履、手袋、背包及行李等必不可少的"守门人"。拉链虽然摩登美观，但推出之初却因成本较高遇到连串波折，一直未能普及。第二次世界大战结束之后，日本人吉田忠雄进行改良，让拉链变得小巧精致、方便易用，机械化量产使得拉链的每寸成本大降，质量大幅提升。对于这个新颖的设计，郭得胜虽然不太懂制衣配件，但他却拥有企业家的敏锐触觉，与陈德仁充分沟通后，便决定争取日本拉链的代理权。

然而，当时的YKK在香港已由志昌公司代理。为了避免矛盾和尴尬，YKK要求鸿昌合记公司承办的数量不能少于志昌公司，这对于刚刚计划拓展拉链业的郭得胜来说，的确是一个重大挑战。尽管如此，已初具实力的郭得胜最终还是接受了YKK的条件，正式进军拉链代理业务。

郭得胜与志昌公司的推销手法不同，他清楚地掌握了消费者心理，采取了主动出击的策略，派出推销人员上门向目标顾客讲解新产品的特性和优点，甚至作出示范，提升消费者试用新产品的信心和意欲。

20世纪50年代初期，在"贸易禁运"的冲击下，香港经济急速衰退、百业萧条。面对这种困局，为求生存的大小商人只好各施各法、自寻出路，三五成群、自动自觉地在市区边缘搭起简陋厂房，胼手胝足地自行生产各种工业制品，产品价廉物美而畅销世界各地，为香港的经济注入了强大的生命力，将香港的经济推上了工业化之路。

鸿昌合记公司员工以郭得胜为首，四处奔走、大力推广，发现拉链好处的成衣、手袋、背包生产商越来越多，纷纷采购，令拉链销量激增。不过一年半载，鸿昌合记的销售量不但大幅超过志昌公司，更令YKK拉链在香港打响了名声，甚至东南亚一带的客户，亦涌到鸿昌合记公司争相订购。

当年鸿昌合记公司进口的拉链数量有多巨大呢？在吉田忠雄的回忆录中，我们多少可觅其踪。1954年吉田忠雄首次到港观光时，香港代理公司拉链的年销量为110万～120万港元，4年后的1958年，年销量已急升至500万港元。到了1970年，年销量上升至1 214万港元，12年后的1982年，更飙升至2.42亿港元。

对于吉田忠雄所提供的销售数据，我们也找到了旁证。1973年7月31日，郭得胜连同YKK以2 610万元投得屯门一块15.5万平方英尺的工业用地，引起社会关注。《南华早报》在翌日报道中除了指出郭得胜将目光投向屯门的举动外，还简略地介绍了他在地产以外的业务，并提到了YKK拉链的销售数字，指出"鸿昌被委为YKK的代理已有比较长的一段时间，仅拉链一项，每年贸易额已高达港币 2 000 万元"（South China Morning Post，1 August 1973）。

从代理 YKK 拉链中，我们看到了企业家精神所发挥的重要作用。郭得胜能够在个人事业遇到危机之时保持冷静，在社会大众对拉链这类"新兴事物"欠缺认识的情况下，看到其庞大的市场潜力，从而先人一步获得代理权。一来反映出他对新鲜事物的开放态度，二来则说明他深具紧贴时代脉搏、洞悉市场机遇的企业家特质，而这恰恰是他能够在那个资源匮乏的年代迅速崛起的重要原因。

可以这样说，生活与经历既是灵感和创新意念的源泉，也是发奋图强的动力。郭得胜的成功与他遭遇的各种危机，以及丰富的人生阅历息息相关。他能在瞬息万变的商业社会中洞察到危中有机，准确了解市场需要，快人一步地提出解决方法，洞烛先机；而在另起炉灶时，又能敏锐地看到拉链的巨大市场，说明他在面对危机时能够履险如夷，灵活变通地为个人事业打开新的局面。

三、进军地产，才财并举

如果说合资经营信发百货、鸿兴公司及鸿昌合记等为郭得胜的事业奠定了重要基础，由小富变成大富；那么郭得胜后来创办的永业有限公司和新鸿基有限公司等，则让他平步青云，崛起成为香港显赫人物，由大富变成巨富，跻身国际顶尖富豪。

从种种迹象上看，在石岐、湛江、广州、澳门及香港经营华洋百货取得非凡成绩的郭得胜，在 20 世纪 50 年代末已经逐渐将目光投放到香港地产上。他先后与友人合资或独立投资，创立房地产开发企业。

然而，我们会有这样的疑问：为什么一直在百货及贸易上驾轻就熟、拥有庞大商业网络的郭得胜会舍易取难，将投资重点转移到地产及建筑行业呢？原因固然包括洞悉市场规律，清楚了解地产市场需求庞大、利润丰厚，而积极进取的企业家精神——那种内心深处渴望通过不断打拼、创新和奋斗，"建立企业王国"的欲望和动力，笔者相信是其属于深层次的潜在因素。不论真正原因如何，系统地分析这次重大战略转变，以及与朋友之间的连串分合举动，加深了我们对企业蜕变的了解。

弹丸之地的香港土地供应严重失衡，地产市场商机无限。需求方面，日军投降时香港人口尚不足60万；1951年已激增至240万，增幅高达4倍；1961年，香港的总人口更跨越300万的历史大关。在人口急速增长的情况下，日常必需品如粮食及能源等极度匮乏，住房方面更因大量楼宇在战争期间遭到破坏而导致了极为严峻的"缺屋成荒"问题，而这正是上文提及郭得胜20世纪50年代初宁可将妻儿从广州接到澳门（而非香港）的重要原因所在。

正因人口持续大幅急增，那时不论是唐楼、木屋或徙置大厦（即简陋的临时房屋），居住环境极度稠密而恶劣，市场对住屋的需求庞大又迫切。正如耐克集团总裁Philip Knight在改革开放初期即急不可待地想进入中国市场，并说"自己看到的是12亿双没穿鞋的脚"那样，在那个年代，那些目光如炬的企业家看到恶劣居住环境时所想的，也是庞大的市场潜力，以及能够迅速满足市民需求的办法。

然而，在20世纪50年代以前，由于房屋建筑技术及楼宇买卖制度尚未完善建立，楼宇供应的速度大受限制。那时楼宇买卖需要"一次性付款"及"整幢出售"，大大地阻碍了交易的进行。鉴于地产市场的制度过于僵化，一些像郭得胜般深谙变通之道的华资企业家们，率先想出了革命性的方法——分层出售、分期付款，令房地产市场出现了翻天覆地的巨大转变。

另外，建筑技术的提升，使得楼宇的高度、设施和质量获得极大改善，加快了楼宇建设速度，显著地减低了地产发展的风险。1956年，香港通过《建筑物计划条例》，放宽了楼宇的容积率，大大提升了物业市场的供应。各方面利好因素同时出现，香港房地产市场从那时起蓬勃地发展起来。

面对房地产市场创新且革命性的发展，生意触觉敏锐的郭得胜自然也将投资目光集中在这行业上，希望在这个潜力无限的市场上占据有利位置。

可是，投资地产的门槛极高，不能像投资百货或贸易那样可以"大有大做、小有小做"，依个人财力的多寡强弱调整。更核心的问题是，地产投资的回收期长，加上牵涉到建筑结构、土木工程、财务会计、法律规章等不同专业范畴，很

第五章
家族企业的成长与蜕变：香港地产龙头新鸿基地产

难凭一己之力轻易解决。经过周详考虑后的郭得胜，决定寻求志同道合、具备才干或财力之士一起开拓——第一家合伙地产公司就是永业有限公司。

香港当局公司注册署的登记数据显示，该公司的登记地址为中环士丹利街16号2楼，创立日期为1958年10月29日，主要股东包括胡兆炽、冯景禧、黄少轩、戚宗煌、陈成源、郭锦涛、李兆基和郭得胜等人，而最大股东就是郭得胜，加上他在一众股东中年纪较长，所以在公司内一直处于领导地位，担任董事兼总经理一职。

数据显示，永业有限公司创立后，真正的管理人为李兆基、郭得胜和冯景禧三人，因为其他股东还有自己的生意。第一个发展项目是深水埗的永业大楼，之后再购入当时一家名叫沙田酒店的物业连地皮。由于市场需求极为庞大，永业有限公司的首个地产项目取得了很好成绩，为公司注入了强心针。随着连串发展项目的相继投入，公司规模也逐步扩展起来。

必须指出的是，除了永业有限公司，郭得胜当时还与丽新集团林伯欣等合伙于1959年11月创立了丽昌有限公司，以及与陈成林、郭锦涛等合股于1962年5月创立了鸿基有限公司，兵分三路进军地产业。不过，论业绩和表现，始终以永业有限公司最为突出。而普遍认为，永业之所以能够拥有如此令人艳羡的业绩，与郭得胜、冯景禧和李兆基这三位灵魂人物密不可分。

然而，由于永业有限公司的股权较为分散，对持股量较少的冯景禧及李兆基而言，未能体现"多劳多得"。有鉴于此，三人在1963年1月17日另起炉灶，注册成立一家股权更为集中、市场发展方向更为明确的公司——新鸿基企业有限公司。而郭氏其他的合伙公司，则随着投资项目完成自然结束，让各方的合作画上句号。

一直以来，坊间对新鸿基企业有限公司名称的由来、创立背景和发展过程极有兴趣，认为这是三五知己合股创立企业、一起打天下的极佳范例。"新鸿基"的名字，据说是由冯景禧的新禧公司的"新"字、郭得胜的鸿昌合记的"鸿"字和李兆基名字的"基"字结合而来。

由于有了永业有限公司合作时的默契，加上大家已全面掌握了收购土地、兴建楼宇及市场营销等窍门，新鸿基发展得相当顺利，规模也迅速壮大。根据香港地产建设商会的资料，到了1965年，公司已拥有8个地产项目，地盘总面积高达30 693平方英尺；办公地点由创立时的士丹利街16号2楼搬进中环华人银行大厦10楼，大量招聘员工，业务发展迅速。

新鸿基企业有限公司能够在极短时间内迅速崛起，在地产界扬名立万，郭得胜、冯景禧和李兆基的"三位一体、各展所长、全力打拼"是原动力。郭、冯、李这三位本来都可独当一面的人物不分彼此地走在一起。有人以"香港桃园三结义"来形容他们，有人则以三人"一起拍档、各展所长、配合得宜"而文雅地称他们为"三剑侠"。

合股公司虽然十分强调股东间的互信互利、取长补短和求同存异，但同时也极为重视大家的同心协力、共同奋斗。新鸿基一经创立即取得卓越成绩的原因，除了因为"三剑侠"合作无间，还因他们皆出尽全力、辛勤打拼。多方资料均显示，除了个性和专长各有不同外，"三剑侠"的工作态度颇为一致，那份拼劲令人啧啧称奇，可以说是工作狂的最佳写照。在创立新鸿基企业时，三人虽然已经贵为一时巨富，并拥有一定名声，但他们并没因此而自满，而是在已有的基础上继续奋斗，身先士卒地积极打拼。

一直以来，当我们谈到成功的企业家时，常会因为他们拥有惊人财富而联想到他们应该不用辛苦工作，可以悠闲自得、自由自在地享受人生了。事实上，成功的果实是由汗水浇灌而成。古尔德提醒立志成为企业家的人士：

> 当其他人在谈论没有一份值得投入的工作时，企业家身兼三职；当其他人在为朝九晚五的工作而觉得辛苦时，企业家却是朝五晚九快乐地忙个不停；当其他人投诉别人的成功是因为他们和权势人物有关系，企业家漠视政治与关系，而是专注于与客户和员工建立关系；当其他人觉得失败是一种灾难——一个放弃的理由时，企业家积极承担、视作磨炼，并且继续奋斗；当其他人认为财富来自赌博、土地资源、经济剥削、政治关联或幸运赐予时，企业家知道天才便是汗水、努力和牺牲，而资源价值的获取，只有通过个人的劳力和别出心裁的创意（Gider, 1984: 14-15）。

第五章
家族企业的成长与蜕变：香港地产龙头新鸿基地产

郭得胜、冯景禧及李兆基深刻理解到商场上"逆水行舟，不进则退"的道理，强烈地渴望建立"私人王国"，在工作中寻找到生活的真正意义和乐趣，因此三人每天由早到晚地不停工作，乐此不疲。正因为三位领导人具有熊彼特笔下"争取成果，但不一定是为了成功的果实，而是争取的过程"这种企业家特质，新鸿基企业才能在风云色变的商业社会茁壮成长起来。

不论是政治、经济或是社会，其发展过程总是有起有落、时顺时逆，前文提及的抗日、内战，以及"贸易禁运"等可见一斑。新鸿基企业创立不久，香港接连发生金融及社会事件：①1965年，本地华资银行发生挤提风潮，其原因与地产市场泡沫破裂有关；②1966年，社会因小轮公司加价触发动乱，民心不稳响起警号；③1967年，受中国内地政治运动牵引，香港再次爆发动乱，规模巨大前所未见，给市民生活、各行各业带来了巨大冲击，对地产市场的影响尤为巨大——身为新鸿基企业股东之一的冯景禧曾一度放下香港生意，移居加拿大。

面对那个地产低潮期，见惯风浪的郭得胜沉着应战，提出了诸如降低置业首期及延长供款年期等多种方法，吸引买家入市，以便公司尽快回笼资金，减少楼宇库存。对于那段艰苦岁月，一篇题为《新鸿基地产发展简史》的文章，有如下记述：

> 1965年的银行挤提风潮及1966—1967年的动乱，使地产业蒙受很大打击，本公司在此期间采取稳健政策，尽量减低抵押及银行透支以减少利息支出，而所有兴建中的楼宇亦如期全部完成。（《新鸿基地产发展简史》，1977年4月10日）

可以这样说，在那段时局不稳、人心思变而市场气氛又突然逆转的时期，新鸿基改攻为守，一方面，通过压缩开支及减少借贷等方法化解危机；另一方面，则灵活地调整"分期付款"（如延长付款期）等方法，减少存货的积压。由于策略运用得宜，新鸿基的资金得以有效运转，"依期完成所有兴建中的楼宇"，在雨过天晴、人心未稳的时刻大举"入货"，搜购廉价地皮，为日后的发展打下了重要基础。

从资料上看，度过1965—1967年的低潮期后，香港经济重拾升轨，楼宇市场一枝独秀,新鸿基更是急速反弹。从《香港地产简讯》所披露的数字中看,1969—1972 年期间,新鸿基开发的楼宇已多达 23 个,企业复苏极为快速,为下一阶段的脱胎换骨打下了坚实基础。

郭得胜无论在石岐经营信发百货时期,在澳门经营鸿兴公司时期,还是在香港经营鸿兴公司、鸿昌合记,甚至是永业有限公司或新鸿基等时期,都采用了与人合股的方式。即使是鸿兴公司在 20 世纪 50 年代曾发生内部矛盾及分裂,也没有动摇他的这种看法和决心。这背后所反映出来的重要考虑是,吸纳多方资本、不同资源、专业知识及领导才能,以弥补自身不足。换言之,单打独斗虽有优点,但携手合作好处更多,郭得胜对此体会颇深。

合股经营虽有"进可攻,退可守"的效果,但难免会因合伙人看法不同、利益各异而产生矛盾,当矛盾无法解决时,则必然会走向分裂。尽管如此,如果能以"合则来、不合则去"的原则处理,彼此合作能建立在相互尊重、互惠互利的基础之上,当大家闹意见、谈分手时,也不至于反目成仇。我们下一节将会讲到,郭得胜、李兆基和冯景禧日后有不同意见,仍能和平分手,就是最好的证明。

四、企业上市,脱胎换骨

香港股票市场的早期运作很封闭,直到 1969 年年底才出现划时代的巨大转变,而新鸿基则抓住时机,在那个大时代上市,使自身发展发生了重大蜕变。

为了配合企业上市,郭、冯、李三人决定重组新鸿基。1972 年 7 月 14 日,公司易名为"新鸿基地产发展(控股)有限公司[Sun Hung Kai(Holding)Limited]",9 月 8 日,正式在香港远东交易所及金银证券交易所挂牌上市。

从刊登在《南华早报》的招股书中我们得知,该公司的注册资本为 3 亿港元,实收股本为 1.2 亿港元,分为 6 000 万股,每股面值 2 元。公开发售股份有 2 000 万股,认购价为每股 5 元,集资 1 亿港元。包销商为汇丰银行旗下的获多利有限公司和恒生银行,以及怡和洋行名下的怡富有限公司。公司主席为郭得

第五章
家族企业的成长与蜕变：香港地产龙头新鸿基地产

胜，副主席及常务董事则为冯景禧及李兆基，其他董事有陈德泰、何添、胡兆炽及杨志云等。不论是公司正、副主席或各董事，他们均属多年故交，一起经历无数风浪；律师事务所、会计师事务所及来往银行也是在永业有限公司时代便已交往的老拍档，各方关系可谓十分密切。

进一步的数据显示，新鸿基当时已拥有23家附属公司及2家联营公司，大多在1969—1972年间成立，主要从事建筑及地产行业，对提升公司综合竞争力极有帮助。在申请上市前，公司拥有6个用作投资的地块，估值达6 116万元，以及15个用作发展及销售的地块，购入时的成本价为3 340万港元。即单以地皮价值计算，公司已拥有近1亿港元资产，实力相当强大。正因如此，公众申请认购极为踊跃，获得超额29.1倍的认购申请，冻结资金高达29亿港元，打破了当时企业集资及冻结资金的纪录。

从过往的研究中我们发现，与洋资企业不同，早年香港华资企业一直面对着资金不足的困难，就算本身拥有创新意识，或是发现具备潜质的市场，也常会因资金所限而被迫放弃，或是缩小投资规模，不能充分发挥规模经济。股票市场的突然开放，为华资企业的崛起提供了极为重要的机遇，不但使管理产生了实质的转变，也使企业获得丰沛的资金，能够拓展一些投资期更长、投资额更大、回报更高的行业。

新鸿基地产上市后，充分利用股市这个有力工具，通过发行新股、配股或供股等金融机制，灵活筹集资金，迅速扩大了公司及资产规模。上市首年，新鸿基地产利用在股市中筹集的资金，加上部分低息银行信贷，先后斥资2.1亿港元购入29幅地块共43.8万平方英尺土地，提升了集团的土地储备。

另外，新鸿基地产又以发行新股的方式收购志俭有限公司、泰基建业有限公司、百胜建业有限公司、基泽建业有限公司、康业服务有限公司及新鸿基证券有限公司。公司还通过换股方式，持有其他上市公司如长江实业、利兴发展及大昌地产等的股权，分散投资风险。

由于上市后策略运用得宜，加上楼宇需求庞大，公司在1972年7月14日至1973年6月30日的首个财政年度内，共售出合计2.8亿港元的楼宇，扣除所有开支及税项外，获得5 142万港元的净利润，较上市时预期的3 400万港元大幅增加51.2%，并派发中期及末期股息每股合共0.39港元，以招股价每股5港元计算，回报比率达7.8%，成绩相当出色。

从各种资料上看，新鸿基地产上市之后，"三剑侠"的合作模式开始出现重大转变。梁凤仪说："（上市后）因股票买卖方便，持股量增减自如，控股权最终会归集到一个人手上。"（梁凤仪，1997：37）事实上，生意触觉敏锐而对金融又情有独钟的冯景禧，那时已注意到股市迅速开放所带来的无限商机，因而先人一步地创立了新鸿基证券公司，直接参与股票买卖。

从公司注册署的档案中，我们发现，新鸿基证券有限公司正式成立于1973年2月27日，主要股东有冯景禧、郭得胜、李兆基、陈德泰及郭志权等，大股东为冯景禧及其家族。除了新鸿基证券，冯景禧还先后牵头创立新鸿基财务有限公司和新鸿基经纪有限公司，希望趁着股票市场迅速开放的时刻，将精力集中到金融投资方面，这与郭得胜及李兆基专心地产发展形成了鲜明对比。

在冯景禧选择投身股票及证券业的同时，李兆基在地产发展及投资方面另有见解，决定自立门户，在1972年9月12日注册成立永泰建业有限公司（1988年8月30日正式易名"恒基兆业发展有限公司"），希望独立走上地产发展道路。冯景禧及李兆基最终决定寻找自己的人生目标和理想，"三剑侠"在新鸿基地产上市之后，私下达成友好"分家"协议，各自寻求事业上的更大发展与突破。

三五知己合股做生意经常碰到的问题，就是股东之间很容易因为各种分歧产生摩擦、争执，尤其是当企业的规模越来越大之后，可能逐渐演变为内讧，不欢而散。合作接近15年的"三剑侠"，虽然没有类似的激烈摩擦或争执，但有不同看法和抱负总是在所难免。

1972年，趁新鸿基企业有限公司改组之后上市之时，三人决定分道扬镳，按个人的兴趣发展各自的事业，这无疑是理性而成熟的做法。郭得胜、冯景禧及李兆基三人协议分手，三人集团名存实亡。即使如此，三人在分手后仍保持着良好关系，相互扶持，例如，李兆基至今仍是"新地"的董事和战略投资者，也是紧密的合作伙伴，让人感觉这次自然而然的"分家"有如大家庭中兄弟分遗产一

第五章
家族企业的成长与蜕变：香港地产龙头新鸿基地产

样，虽然门户自立，但关系仍相当好。

所谓"天下没有不散的筵席"，无论是20世纪50年代鸿兴公司的"分家"，还是70年代"三剑侠"决定各走各路，这个举动虽然是企业发展中难以避免的过程，但也从侧面反映出大家对经济发展机会的不同看法。从"三剑侠"和平"分家"，之后仍能互信共济看来，三人实在交情匪浅。

由于"新鸿基"的名字体现出"三位一体"的精神意义，冯景禧牵头创立证券及财务等生意时，便采用了"新鸿基"之名。郭得胜筹划上市时也沿用了"新鸿基"之名，加上大家采用同一企业标志，彼此又出任对方公司的董事，属"连锁董事"，并持有各公司一定数量的股份，外人经常会产生误会，以为所有以"新鸿基"为名的公司都属于同一集团。

事实上，自"三剑侠"分道扬镳后，虽然三位创始人仍然维持着良好关系，甚至出任对方公司的董事或主席职位，但运作上已完全各自独立了，经营作风和管理哲学也大相径庭。然而，由于新鸿基地产发展有限公司的英文名称为 Sun Hung Kai (Holding) Limited，其中的 Holding 一字，含控股集团的意味，容易令人产生误会，以为该公司是所有以"新鸿基"命名的公司的母公司，尤其容易与新鸿基证券、新鸿基财务及新鸿基贷款等产生混淆，于是该公司于1973年3月16日将其英文名称改为 Sun Hung Kai Properties Limited，简称"SHKP"或"新地"一如既往地走地产发展的道路。当然，今日的"新地"也有涉足金融和保险等领域，但名称上则会尽量避免与冯景禧所掌控的企业混淆。

"三剑侠"分道扬镳之时，股票市场恰好泡沫破裂，加上之后的"石油危机"，香港经济陷入长期衰退，利息则大幅飙升。面对这个严峻局面，刚踏上新路的"新地"遭遇到不少打击，物业存货积压，资金难以回笼。一如早前处理危机时的方法，郭得胜同样是降低物业售价，提供额外按揭及延长还款期，并取得一定成效。另外，郭得胜配合当时香港政府决定发展"新市镇"的政策，将目光集中于尚未开发的新界地区，趁经济低迷时购入大量新界廉价地皮，其中多项大型屋苑在20世纪70年代末80年代初的发展，至今仍让社会津津乐道。其一是独资开发荃湾中心；其二是独资开发沙田新城市广场；其三是联合其他地产商如李兆基、李嘉诚和郑裕彤等共同开发沙田第一城。

除了重点发展新界,将本来偏远的村庄发展成日后繁华的闹市,郭得胜也没有忽略一直作为城市核心的港岛和九龙,主要投资手段是趁市道低迷时吸纳优质地皮——尤其是位于黄金地段的地皮。引起社会关注的项目包括港岛永乐街地皮、西摩道地皮、干德道地皮,以及九龙的尖沙咀么地道地皮、加连威老道地皮、宝勒巷地皮、亚皆老街地皮,而从政府手中投标获得湾仔海旁地皮,则发展为日后的集团总部——新鸿基中心。

更加值得注意的是,在那个投资环境寒风凛冽的时期,郭得胜利用股票市场发行新股及配股再融资,用于兼并收购,使得企业进一步壮大。较受市场注目的举动集中于两个层面:其一是收购联兴盛地产发展公司及国大地产公司,并将两者私有化,使得原来由这两家公司持有但市价被低估的地皮落入"新地"口袋;其二是收购永辉混凝土公司、致基置业公司及永锦置业公司,提升"新地"的综合竞争力。

无论是发展港岛和九龙,或是开拓新界,甚至是借收购强化集团的综合实力,"新地"在20世纪七八十年代启动连串重大发展计划,使得本身不断壮大甚至脱胎换骨。这其中除了郭得胜目光敏锐、领导有方外,资本市场所发挥的巨大作用也不容低估。

五、在全盛时交棒

正如熊彼特所说,成功的企业家所应具备的条件,除了不断创新的精神、积极开拓的魄力,还应具备洞悉市场规律、了解市场需要的才能,以及有效运用信息情报赚取利润。"新地"上市后不久碰到了股灾和"石油危机",让很多企业走上亏本结业之路,但郭得胜却能轻松面对,既没有因此进退失据,也没有收缩投资,反而在香港政府发展"新市镇"的计划中寻觅到巨大商机,壮大了"新地"的发展。

进入20世纪80年代,中、英两国就香港前途问题进行谈判,引起投资者的高度关注。由于当时社会对刚开始改革开放的中国信心不足，对中国收回香港主权一事存有戒心，不少实力强劲的英资公司（如怡和洋行）甚至计划撤资，投资环境受到很大影响，股票市场和房地产市场的起落波浪尤甚。

郭得胜与不少华资地产商却对香港的前途相对乐观，不但没有撤资之想，还在地产行情欠佳时"人弃我取"，趁低吸纳土地。1984年9月，经过多年谈判后，中、英两国终于签订了《联合声明》，中国政府承诺在香港回归后实行"一国两制"，给予香港高度自治，以保持原来的经济和社会制度。

一直困扰市场的不确定因素最终得以消除，股市、楼市转趋活跃。随着不少大型项目先后落成，例如，湾仔新鸿基中心、尖沙咀帝苑酒店、沙田新城市广场，多个大型屋苑（如香港花园和葵涌华景山庄等）先后推出市场，为"新地"带来丰厚盈利，加上早年以低价吸纳的大量土地，"新地"总资产不断膨胀，跃升成为香港地产业的龙头，不但华资地产商难以望其项背，就算是一直执掌香港经济命脉的英资巨行，也被抛在后头。

郭得胜白手兴家，历尽风浪，拼搏数十载，带领"新地"闯向一个接一个高峰，到20世纪80年代他已经进入古稀之年。20世纪四五十年代他在广州、澳门和香港出生的子女们已经长大成人，先后成家立室，因而很自然地开始面对家族企业的传承问题。

然而，华资企业长久以来遭人诟病的一个弱点，恰恰是跨代传承上安排欠周、准备不足的问题。创业一代虽然可以呼风唤雨、创立了庞大的企业王国，很多时候却会因为接班问题安排欠妥而告上法庭、子女反目；有些会因为下一代养尊处优，未能保持第一代创业家的创新开拓精神；有些则因下一代急于求成，希望尽快摆脱上一代的影响而盲目扩张。不管出于什么原因，如果企业在传承问题上处理不好，就会出现结构性问题，让上一代苦心孤诣创办的企业无法代代相传。

从企业传承问题中，我们注意到华资企业一般会经历接班前准备、正式接班及接班后监察三个主要阶段。接班前准备泛指加入管理层之前的各种准备工作——包括求学、实习及培训等，其过程可长可短，可以在其他公司中进行，也可在家族企业中进行，具体安排很灵活；如果在自己的公司进行，有时会要求从基层做起，考验他们的意志和毅力。正式接班是指加入管理层直至接管CEO之前的过程。新一代接班后，上一代一般仍会保留企业的最高职位，而实际工作则悉数交由新领导层负责。接班后监察是指上一代担心交接过程会出现乱子，因而"留有一手"，要求下一代在遇到重大事件时首先取得上一代的授权和首肯，这个阶段一般要到上一代离世后才算完成。

郭得胜极为关注下一代的接班问题，及早作出计划，而具体方法颇有传统色彩。20世纪60年代末，长女郭婉君学成回港后，郭得胜先安排她到冯景禧主理的新鸿基证券工作，让她学习冯氏的管理及经营专长，而据说郭得胜对长女十分疼爱，本有计划让她在"新地"承担要职。可惜，郭婉君正值壮年时因病去世，不但令郭得胜伤心不已，也影响了他的传承计划。长子郭炳湘20世纪70年代初学成回港后，郭得胜安排他到胡应湘的合和集团实习，同样希望让他能学习胡氏的专长和管理技巧，"易子而教"的味道十分浓烈。

等到郭炳江、郭炳联及郭婉仪等子女在20世纪70年代末及80年代初学成回港时，"新地"的规模已十分庞大，加上企业急切需要专业人士接手，郭得胜安排他们到集团不同部门工作，一方面，要求他们由底层做起，了解公司上下情况；另一方面，也希望他们对公司的全盘运作有更为深入和具体的认识。

综合坊间的说法及田野的调查资料，郭得胜对子女的要求极为严格，要求他们必须虚心学习，遇到问题时要向专业人士请教，吸收别人的经验和长处。郭得胜要求他们事无大小都要亲力亲为，每天均要长时间工作，还要求他们参加大小会议，全盘了解企业的决定和动向。到了周末或公众假期，带他们一起巡视地盘，走进建筑工地，以了解工程的进展及施工状况，有时会带子女出席重大社交场合，帮助他们建立个人的商业网络和社会地位。

郭得胜通过这种全方位的训练和教育，将自己的经营哲学及管理心得传授给子女。直到子女在"新地"工作十数年后的1988年年底，郭得胜才因健康问题正式宣布不再担任"新地"总经理，只保留董事局主席，将总经理一职交由长子郭炳湘负责，次子郭炳江及三子郭炳联分别出任副总经理，幼女郭婉仪出任财务部副经理，完成第二阶段的接班安排。郭得胜希望兄弟姐妹同心协力，为"新地"的进一步开拓和发展作出贡献。

郭得胜退居幕后之后，虽然视力欠佳、健康恶化，但是他对"新地"的发展仍然极为关心。除了有时会要求巡视重要地盘外，还坚持每天都来到总部新鸿基中心，巡视业务，激励士气，了解公司发展情况，并要求亲人或助手每天为他读报。

1990年深秋，当中、英双方仍就新机场的基础建设争论不休时，一生驰骋商场、历尽几许风雨、建立庞大商业王国、对香港贡献良多的郭得胜，因心脏病发作在10月30日与世长辞，享年79岁。机缘巧合，《信报财经新闻》在郭得胜离世的那个月，刊登了题为"1990年十大最有影响力上市公司"排行榜，郭得胜公司以98.7亿港元身家高居榜首，被冠以"本港首富"的头衔。排行榜的计算方法或许会受到学术界的质疑，但可以作为郭得胜"从穷小子到香港首富"传奇故事一个极有分量的注脚。

有财经评论员指出，截至郭得胜逝世时，"新地"的年度净利润已高达24.6亿港元（1989—1990年度），比上市初期（1972—1973年度）的5 000多万港元增长近50倍，是同业中的佼佼者。"新地"的市值已达253.3亿港元，比1972年上市时的4亿港元增长62倍，可见郭得胜领导下的"新地"表现极为卓越。

六、兄弟同心的力量

"富不过三代"是中国家族传承的"紧箍咒"，下一代似乎总是不如上一代，家族企业必然最终败亡，香港学者范博宏与罗绮萍通过实证研究指出：

> 家族企业在传承过程中面临巨大的财富损失，在继承年度（新旧董事长交接完成的一年，通常此交接伴随控股权交接，原注）及此前5年、此后3年的累计股票超额收益率平均高达−60%，换言之，股东于企业传承前5年每份价值100元的股权，在传承完成时只剩下40元。相比其他两地（中国台湾和新加坡），香港近80宗完成传承的家族企业市值损失更大，高达−80%。（范博宏、罗绮萍，2012：10-11）

然而，我们有关香港世家大族的实证研究则显示，情况并非如以上所研究的一面倒。恰好相反，自香港开埠以还，富过数代、长盛不衰的家族案例其实不少，即使有些看起来没有祖父辈那么名声显赫，但实力（财力和才力）仍不容低估，部分世家大族或许让人感觉风光不再，但也与家族后代生活低调、不愿曝光有关，这些家族实际上仍处于整个社会的最上层，而"新地"就是一个有力的案例。

郭得胜辞世前仍担任"新地"主席一职。辞世后，管理大权由第二代负责，长子郭炳湘出任董事局主席兼行政总裁，二子郭炳江、三子郭炳联出任副主席兼董事总经理，而幼女郭婉仪则出任财务策划副经理，基本上完成了第三阶段的接班任务。虽然不少非家族职业经理人加入管理层身居高位，但最终决策权仍牢牢掌握在家族成员手中。

第二代继承父业后，社会对于他们能否维持"新地"强大发展一直颇有怀疑，企业可能从此走下坡路，甚至矛盾激化分家的说法甚嚣尘上。然而，多方资料显示，三兄弟之间的看法、作风及信念等，虽然未必完全一致，但彼此之间各有分工、各司其职，合作起来还是相当畅顺的，可见兄弟三人的关系相当稳固，充满了信任与支持。作为大家长的郭得胜太太邝肖卿在维持子女关系、构建和谐家庭方面，更是发挥了无可替代和不容低估的巨大力量。

被视为"新三剑侠"的郭氏三兄弟，继承父业后携手合作，各有分工，互补长短，共同努力而发挥了协同效应，使得企业的实力更上层楼。"新地"第二代成功接班的案例，成为社会及市场谈论的对象，认为这是一个"子承父业"的成功案例。二代清楚地意识到，随着社会日渐进步、生活日渐改善、物质愈见丰裕，大众对住屋品质的要求与日俱增，因而调整了本身的发展策略，定下打造品牌、树立口碑的重要目标，在原有基础上提升物业的设计、设施及服务，希望将"新地"打造成"素质高、管理好、服务佳"的顶尖品牌。

第二代如何落实这项打造品牌的策略呢？正式接班翌年（1991年），"新地"推出半山高级豪宅——帝景园，用料讲究、气派不凡，开创了豪宅的新标准。荃湾广场、大埔新达广场及上水新都广场等先后落成，也因设计新颖而获得不少用家的垂青。屯门浪翠园第一期的公开发售，因首创每套房附送全套厨房设备而传

第五章
家族企业的成长与蜕变：香港地产龙头新鸿基地产

为佳话，使其他地产商争相效仿。

1992年，位于湾仔新鸿基中心附近的中环广场首期工程正式完工，成为当时全港最高的地标建筑。位于葵芳新都会广场首期工程也在该年宣告完成，成为该区的地标建筑。1993年，半山的晓峰阁、元朗中心及加州花园等先后落成，同样因为品质上乘而为"新地"赢得了口碑。

1994—1996年，"新地"将铜锣湾世贸中心商场重新包装，变成了购物消费的热点，同时推出沙田骏景园及何文田帝庭园，这两个物业因品质极佳而轰动一时。与此同时，为了进一步提升物业的管理及服务，以及落实郭得胜"以客为先"的经营哲学，"新地"决定在1996年成立"新地会"，加强与公众及客户的双向沟通。集团又特别设立跨部门的"交楼小组"，在楼宇交收之前查验所有单位，率先向业主提供两年的免费维修保证，赢取用家的信心。

1997年，趁着香港回归的大好时刻，"新地"特别推出了多项品牌物业，包括元朗区的柏丽豪园、屯门浪翠园的帝华轩、青衣的灏景湾、浅水湾的浅水湾3号及将军澳的东港城，等等。这些物业设计出众，品质优越，深受客户欢迎。同年12月5日，集团宣布旺角的新世纪广场及沙田的帝京酒店正式开业，为普罗市民提供了新的娱乐消闲好去处。

然而，回归不久，金融风暴席卷整个亚洲，香港的楼市及股市陷入困境，"新地"也受到冲击。在投资信心极为薄弱的时刻，"新地"却能凭着雄厚实力再斥巨资，投得了跑马地礼顿山与筲箕湾逸涛居的地皮，以实际行动展示对香港前途的信心。地标建筑国际金融中心第一期（OneIFC）的落成，以及第二期工程的开工，明显是"人弃我取"策略的又一次展现。

国际金融中心二期（简称国金二期Two IFC）工程动工，在日后成为全港最高建筑。"新地"在观塘工业区的大力发展创纪之城项目，1998年正式完工，而APM商场在2005年启用之后，立即成为了观塘区的全新地标，开创了夜间购物的新概念，成为饮食消费、休闲娱乐的核心，人流如鲫。同年，"新地"还推出了港岛南岸的皇府湾、港岛西区的宝翠园、青衣的晓峰园，以及屯门的卓尔居和西贡帝琴湾等楼盘，满足不同市场的需求。

2000年香港经济疲弱不振之时,"新地"大举出击,投得九龙站第五期至第七期的发展项目,成为当时低迷市场中的定海神针,让很多投资者注目。同年,推出跑马地顶级豪宅——礼顿山,当即广受欢迎,成为市场焦点。

踏入21世纪,港府压抑楼市的"八万五政策"影响挥之不去,房地产市场仍旧低沉。在2001—2002年这个楼市颇为低迷的时期,"新地"一方面推出优惠供款计划,减轻投资者负担;另一方面,则调整楼宇价格,保持物业的竞争力和吸引力。正因为集团能够灵活运用各种市场策略推销楼盘,"新地"时刻保持着"货如轮转"的状态。这段时期先后推出的优质楼盘,包括港岛豪廷峰、清水湾半岛、将军澳维景湾畔、将军澳中心、长沙湾升悦居、元朗采叶庭、马湾珀丽湾,以及何文田山道1号等。

2003年,香港受到SARS冲击,不但经济陷入低谷,社会更是人心惶惶。面对这个前所未见的困局,"新地"一方面加强员工对抗SARS的工作;另一方面,则在旗下大小商场推出多项优惠,以挽救当时疲软的消费市场。集团无惧市场低迷推出元朗YOHO Town、山顶Kelletteria和港岛南区深湾轩等名牌楼盘,更被视作是信心与胆色的表现。其中YOHO Town被成功地打造成"充满青年气息、重视生活品位"的理想居所,备受年轻一代欢迎。同年,国金二期落成启用,成为全港最高的建筑。

SARS过后,经济迅速反弹,一直紧贴市场脉搏的"新地",在2004—2005年物业市场转趋活跃时,斥巨资全面装修那些早期发展的综合商场,同时推出多个优质而重点的楼盘,满足市民渴求改善生活环境的需要。代表性的物业包括何文田的农圃道18号、西九龙的凯旋门、上水的皇府山,以及山顶施勋道8号的顶级豪宅倚峦等。

由于经济复苏的动力比想象中强大,加上大量外资流入,地产异常活跃,楼价与租金节节上升。"新地"除了不断在市场上大举吸纳土地之外,也加快了开发步伐,在2006—2008年间推出多个优质楼盘,例如,美孚的曼克顿山、元朗的葡萄园,以及西九龙的天玺等。其中以环球贸易广场(以下简称ICC)最负盛名,当ICC第二期在2011年落成时,即取代国金二期成为全港最高建筑,并与国金二期并立于维多利亚港两岸,被誉为"维港门廊",成为香港国际金融中心的重要标志。

"新地"第二代显然明白强化核心业务、适当多元发展的重要性,先后进军电信、互联网、运输物流以及基础建设等行业,先后成立了数码通、新意网、载通国际控股、威信集团、新鸿基物流控股、海港货柜以及三号干线(郊野公园段)等公司,使"新地"发展成一家规模庞大、实力雄厚、管理完善的集团公司(见图 5-1)。

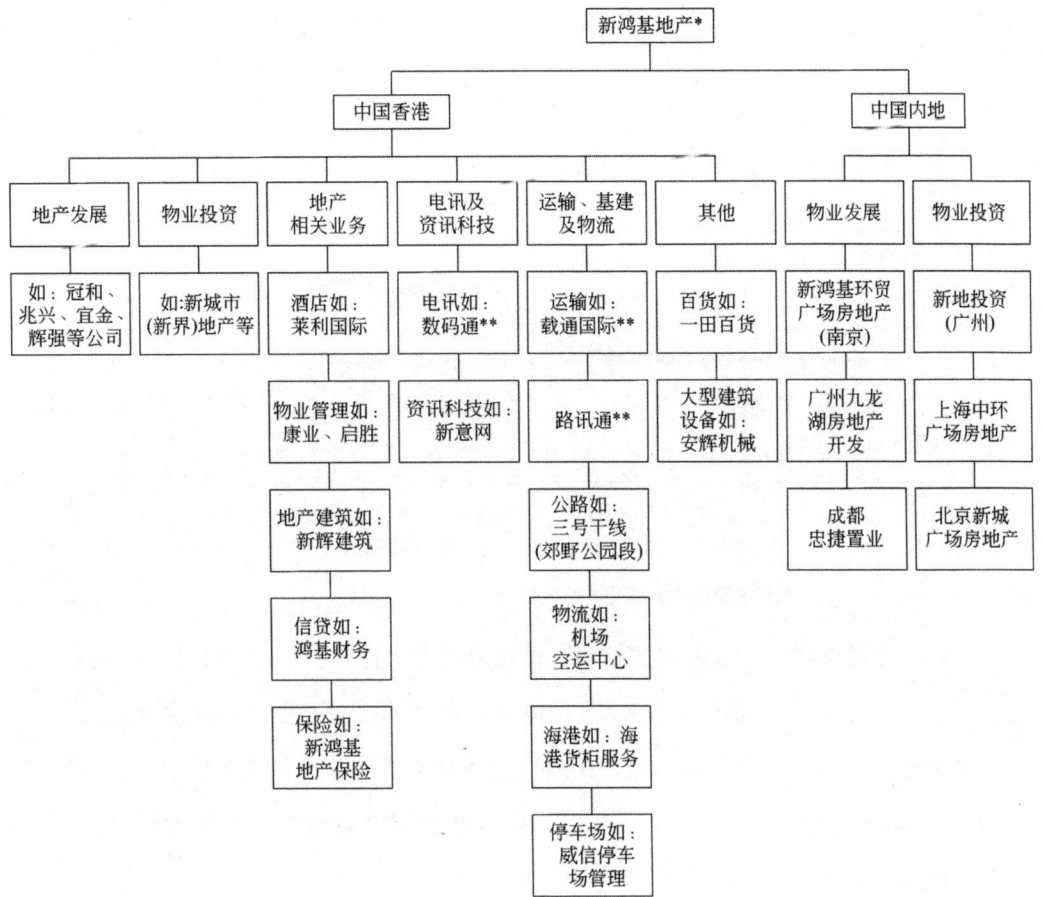

图 5-1　2013—2014 年度* "新地" 业务概览

*图中所列的附属公司、合营公司或联营公司,只是较具代表性的例子。

**香港上市公司。

资料来源:《新鸿基地产发展有限公司年报》,2014。

为了更好地说明第二代全面接班后"新地"的发展情况，我们不妨列举如下三项重要数据：

（1）公司总资产。"新地"上市之初的1974年（财政年度，下同）总资产只有3.5亿港元，郭得胜去世前的1990年上升至324.2亿港元，2000年上升至1 260.1亿港元，2013年更飙升至4 196.9亿港元（见图5-2）。单与1990年相比，二代接班后的20多年间总资产上升了近12倍。1990年"新地"就已经是香港的大型企业，在巨大基数基础上仍能保持高速增长，可见其业绩不俗。

图5-2 1974—2013年 "新地" 的总资产

数据来源：《新鸿基地产发展有限公司：年报》，1975—2014。

（2）公司盈利。上市后的"新地"每年盈利令人艳羡。1974年，税后盈利只有7 000万元，1990年上升至34.7亿港元，2000年跃升至83.4亿港元，2013年更飙升至343.1亿港元。当然，在内外经济及家族内部碰到巨大风浪时——如1998年亚洲金融危机、2003年SARS、2008年全球金融海啸及家族内部出现严重争执等，盈利大幅回落（见图5-3）。

（3）土地储备。作为地产开发商，土地储备是发展实力所在。1972年上市后不久，"新地"即开始建立土地储备制度。1977年在香港的土地储备只有1 250万平方英尺，1990年上升至3 410万平方英尺，2000年持续上升至5 410万平方英尺，2013年则达到4 690万平方英尺（见图5-4）。

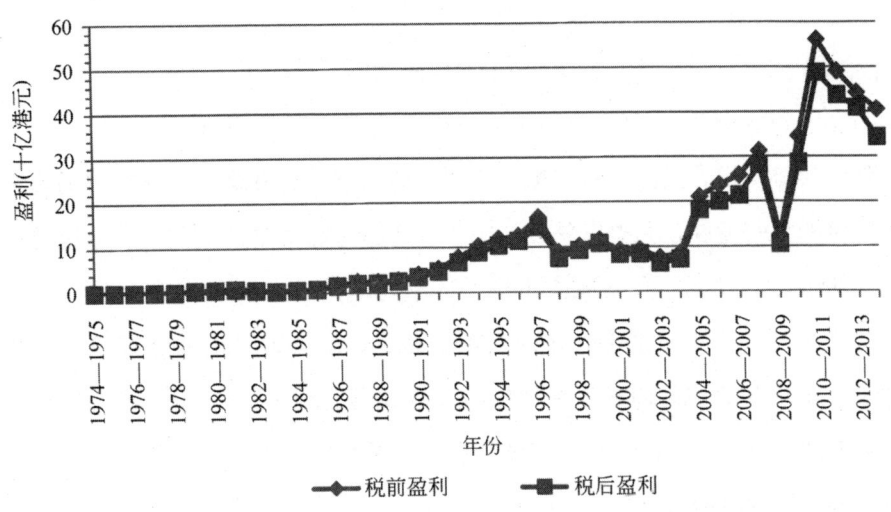

图 5-3　1974—2013 年 "新地" 税前及税后盈利

数据来源:《新鸿基地产发展有限公司:年报》,1975—2014。

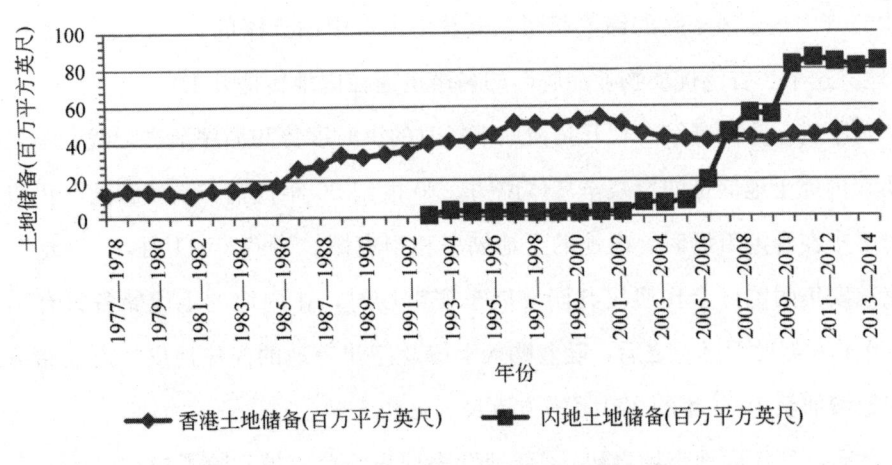

图 5-4　1977—2013 年 "新地" 在香港及内地的土地储备

数据来源:《新鸿基地产发展有限公司:年报》,1975—2014。

总之,郭氏三兄弟全面接班的初期,不但没有如坊间所说的出现家族内斗的问题,也没有出现公司市值大幅下滑的情况。恰好相反,三兄弟合作无间,企业盈利节节上扬。"新地"在第二代领导下能够不断取得突破,将家族企业发扬光大,成为不少大学的重点教学案例,受到高度重视。

七、开拓内地房地产市场

第二代接班后，虽然仍坚持第一代"以港为家"的策略，但同时也随着中国内地经济的不断发展，调整发展方向，逐步增加内地（尤其是北京、上海及广州等一线城市）的投资，开拓庞大市场。进军内地的首个大型地产项目，就是在1992年与北京东安集团携手合作的新东安商场。由于项目位处北京王府井的核心地段，1998年完成后即成为新地标，人流如潮。到了2005年，"新地"宣布收购余下的五成股权，并投资3亿港元进行全面翻新，易名为"北京APM"，打造成王府井的时尚标志。

自20世纪90年代中期开始，"新地"还先后斥巨资开拓上海、广州及中山等地，其中上海淮海中道的上海中环广场、广元西街的名仕苑、陆家嘴的上海国金中心、广州东风东路的锦城花园，以及中山市中山五路的奕翠园最有代表性。"新地"这个"香港优质物业品牌"的名声迅速在内地传播开来。

为了进一步阐释第二代开拓内地市场时的审时度势和循序渐进，我们不妨以集团在内地土地储备的增减作具体说明。20世纪90年代初，当"新地"仍将注意力集中在香港市场时，内地的土地储备相当有限。1992年11月，"新地"与北京东安集团签订合作协议共同发展东安市场时，在内地的土地储备只有不足100万平方英尺而已。之后，随着购入上海及广州等地的商住地皮，土地储备才迅速地增加至1994年的270万平方英尺（见图5-4）。

然而，开拓内地市场之初，"新地"表现得十分审慎，除了担心内地地产市场政策上的不稳定，也与各种手续审批过程相对繁复有关。作为一家作风稳健的公司，"新地"领导层一直谨守谨慎的原则，表现得相对保守。1994—2002年这七八年间，"新地"在内地的土地储备一直保持稳定，变化不大（见图5-4）。

经过接近10年时间的探索和反复研究后，"新地"已充分掌握了在内地开发地产的窍门。在确认内地市场的巨大潜力后，"新地"趁2003年SARS前后香港及内地经济相对低迷、投资信心薄弱的机会，采取了一贯的"人弃我取"策略，在北京、上海及广州等地大举购入高达 520 万平方英尺的重点地皮，使其内地土地储备增加至 760 万平方英尺，为下一阶段开拓内地市场打下了极为重要的基础。

自从走出 2003 年的经济低谷后，内地房地产果然在庞大内需的推动下迅速复苏，楼市价格日高一日，业务表现自然卓越。管理层发展内地的理念和信心获得肯定和鼓舞，因而决定再下一城，在 2006 年大举购入多达 1 130 万平方英尺的地皮，使内地土地储备增加至 1 980 万平方英尺。

2007 年，"新地"进一步加大国内市场投资，土地储备迅速增加至 4 580 万平方英尺，较 2006 年的 1 980 万平方英尺大幅增加了 1.3 倍，储备总量超过香港的 4 350 万平方英尺。2010 年，在国内的上地储备更进一步上升至 8 610 万平方英尺（见图 5-4），可见集团对国内市场的信心和雄心，内地已成为推动"新地"业务进一步发展的火车头。

从改革开放初期的小心翼翼，到 20 世纪 90 年代初的小试牛刀，再到 21 世纪初的大举投资，我们既可看到"新地"领导层在制定重大发展策略时的小心谨慎、步步为营，也可看到集团在认清方向后的积极进取、大胆开拓。事实上，正是因为领导层因时制宜、灵活变通，才能履险如夷，保持着强劲的发展动力。

我们不妨看看 2013—2014 年财政年度的年报，从而了解"新地"当前的具体实力（见图 5-1）。如果将香港和内地作为两个主要市场，那么香港的业务分为地产发展、物业投资、地产相关业务、电信及科技、基建及其他服务，而中国内地则集中于地产发展和物业投资。

香港地产项目拥有高达 1 757 万平方英尺可供出售物业，并有约 2 700 万平方英尺农地；物业发展拥有 2 870 万平方英尺已落成物业及 250 万平方英尺发展中投资物业。中国内地的地产发展拥有 7 480 万平方英尺发展中物业，投资物业则有 950 万平方英尺已落成物业。为了配合集团的发展，其旗下共拥有 205 家附属公司、30 家合营公司和 5 家联营公司，其综合实力之庞大，可见一斑。

八、"欲分不能"的伤害

对个人、家族或企业来说，某些重要事件的突然降临会成为转折点，改变前进的轨迹。1997 年 9 月，郭炳湘惨遭绑架，虽没有实时影响到"新地"的营运和发展，却给兄弟之间的关系带来前所未有的冲击，使得长年积累的矛盾激化出来——尽管这是任何一个家族普遍存在的现象。家族在处理这一矛盾时未能审时度势、主动化解，而是受制于早年安排，令矛盾无法拆解，最后演变成伤害家族、危及企业的不幸结局。

进一步说，这个问题的解决方法其实不难，郭得胜生前多次化解类似矛盾——信发百货、鸿兴公司、永业有限公司及新鸿基企业等都是秉承"合则来、不合则去"的原则，分手后仍是朋友，各自闯出另一片天。然而，由于郭得胜生前在家族信托中定下"兄弟齐心、永不分家"的刚性规定，使得中国传统社会借分家以疏导矛盾的机制最终失去作用。

一个现实的问题是，当兄弟之间的关系出现表面裂痕之后——尤其是大家已儿女成群，开始思考各自家族分支的传承问题时——仍旧强制捆绑、欲分不能的结果，就如同密闭的高压锅不断积聚压力，使得兄弟间的矛盾与怨恨持续增加，关系裂痕不断扩大，最后恶化为极具破坏性的斗争与冲突。不但给手足亲情造成伤害，也窒碍了家族和企业的前进，令人叹息。

综合各种资料，我们可对郭炳湘遭绑架后家族与企业的变化进行粗略推测分析。在向绑匪支付巨额赎金获释后，一生养尊处优、未曾遭受逆境的郭炳湘，据说因绑架期间遭到非人对待，一度与死神擦肩而过，给他的身心带来了不可磨灭的创伤，患上了恐惧与抑郁相纠缠的综合病症，情绪容易波动，令人觉得反复无常，容易暴躁，疑神疑鬼。经过一年多的治疗，病情虽有初步改善，但实质情况仍不理想，据说绑架发生的 3 年后，郭炳湘仍常有恐惧和惊慌，情绪难稳，可见其后遗症之严重。

在这样的情况下，要郭炳湘如过往般履行职务，管理一家聘用超过 3 万名员工的香港地产龙头企业,明显已非易事,他与两名弟弟之间的分歧、矛盾和争执日多,关系变得紧张,实在不难理解。更不用说当兄弟之间卷入了第三者——如传闻郭炳湘红颜知己唐锦馨干涉"新地"管理事务等,使得问题及矛盾变得更为复杂。

必须指出的是,当郭炳湘身心受到严重创伤,兄弟关系又显得相当紧张之时,"新地"的发展似乎并没受到什么影响,集团仍保持令人艳羡的业绩,更能屡获殊荣。例如,自 2000 年起连续多年入选欧洲权威财经杂志 *Euromoney* 的"香港十大企业排行榜";跻身国际房地产杂志 *Liquid Real Estate* 的"全球最佳地产公司",甚至多届取得第一位的名衔。这其中既与集团早已建立的良好治理制度有关,又与两名胞弟撑住大局有关。

尽管如此,坊间资料显示,由于兄弟三人矛盾日烈,有人觉得个人利益受损,因而提出分家析产、另寻发展的建议,但郭得胜早年在订定家族信托时,已定下了三人必须绑定、不能分家的刚性规定。兄弟之间的不和无法利用传统的"退场机制"化解矛盾,从而使问题不断恶化。爆发点是 2008 年 2 月 18 日郭炳湘突然遭停职,5 月 27 日则由"新地"董事局一致投票通过即日撤去郭炳湘的董事局主席兼行政总裁职务,改由母亲邝肖卿担任主席。

日后事态的发展令人叹息,家族内部矛盾导致兄弟争执时各使阴招、不择手段,甚至揭露出外人难以知悉的部分家族成员与政府高官交往甚密,甚至有利益输送之嫌。据说香港廉政公署于 2008 年 7 月 18 日"收到匿名投诉信",指斥香港前政务司司长许仕仁涉嫌贪污,随后即爆出轰动中外的特区政府前高官贪贿案,而法庭上的证供则进一步披露了前文提及郭炳湘自遭绑架后性情大变,影响公司治理与亲人关系,甚至闹出要求分家析产等恩怨情仇。

本章焦点并非案件的来龙去脉,而是"新地"如何处理家族内部矛盾,所以我们略过刑事调查的部分不谈,只集中分析家族如何应对前所未见的巨大危机。简单来说,郭炳江、郭炳联和陈钜源等高管于 2012 年 3 月被廉政公署拘捕、正式立案调查后,"新地"随即在保释期间宣布他们"无做错嘢"(没做错事),希望减少事件对企业的冲击。

与此同时，两兄弟分别委任各自的儿子郭基辉和郭颢沣作为他们的替代董事，以防管理层出现重大变化，影响家族利益和集团发展。这个安排意味着，当郭炳江和郭炳联遭遇任何不测、无法履行职务时，他们的职务将由郭基辉和郭颢沣顶替，这个安排也可看成是提前接班的部署。后来，郭炳江被判罪名成立，其子郭基辉披甲上阵，子代父职；而郭炳联因获无罪释放，所以其子没有走上前台。

值得注意的是，郭炳江、郭炳联和陈钜源等卷入许仕仁贪贿案期间，家族终于宣布分家析产，其中的分配情况值得玩味。香港报纸曾作出如下报道：

> 2013年12月底，邝肖卿终于同意分家，将本来由家族信托基金持有的部分"新地"股份，平均拨归予二子郭炳江及三子郭炳联作私人持有，郭炳湘无份。有指郭炳湘与家族"倾掂数"（谈妥安排），今年（2014年）1月以郭氏家族名义出声明，指就家族权益达成共识，邝肖卿女士早前向三名儿子均分股权之声明，郭炳湘及其家人，会与两位弟弟及其家人，获得相同数量新鸿基地产之股权，中英文版本都清楚指明均分的是新地股份，无提及其他资产。（《苹果日报》，2014年12月22日）

按以上报道推断，邝肖卿初期可能没有打算将家产分给郭炳湘本人，后来经过深入思考，与各方谈妥条件后，改变了想法，确立了三兄弟平均分家的决定。只是这次分家，似乎只涉及"新地"股份，家族其他的巨额财富并没有包括在内，这或许为日后的纷争埋下伏笔，不可小觑。

至此我们看到，"不分、不分、还需分"，郭得胜生前的刚性规定以失败而告终，反映出华人社会"家大必分"的民间智慧屡试不爽。如果当初在兄弟感情由浓转淡后按中国传统方式及早分家，不但可以避免兄弟斗争，保护亲人感情，对家族企业的冲击也可以降到最低，更不会惹来官司、锒铛入狱。这次事件的后遗症仍未完全显现，就如霍英东家族一般，兄弟针对遗产细节，一次又一次闹上法庭，这可能将成为郭氏兄弟后续发展的一种可能路径。

一如镛记酒家争产分家后，被排除在外的一方会另起炉灶，郭炳湘在取得自己一份家产后，同样选择创立自己的企业——帝国集团及帝国建筑工程等，大张旗鼓，进军地产界——这又与官司中输掉的一房在离开铺记酒家后自立门户，投身饮食业的举动十分相似。华人家族企业的分裂，会产生不容低估的激烈竞争，同时成为推动经济发展的力量。

九、对家族企业发展与传承的反思

综合郭氏家族近一个世纪的曲折历程，第一代郭得胜创业、壮大、传承，第二代接班后发扬光大，但后来又闹出矛盾、惹上官司，并在分家后家族内部纷争暂时告一段落。我们可以清楚地看到华人家族企业的几个特点：①家族企业充满着不断奋斗、时刻求变的企业家精神；②创业过程重视合作的力量，而不只是单打独斗；③企业合作秉承"合则来、不合则去"的原则，高度灵活；④吸纳专业人才，强化公司治理，但决策权仍掌握在家族成员手中；⑤家业传承仍未脱离传统窠臼，同时对西方事物及制度趋之若鹜。

历史学者余英时在响应韦伯有关中国人缺乏像新教伦理般内在价值取向的理论问题时，以16~18世纪中国商人的行为和思想作出说明，指出中国文化并非如韦伯所言没有功利主义，也不是没有奋斗和创新精神，"亚洲四小龙"的发展历程及华商的致富故事，可以提供更为有力的证明。

郭得胜在打拼事业时（尤其在战乱或社会经济出现危机时），一方面，沉着应对，寻找机遇，以灵活方法应对；另一方面，则表现出锲而不舍的精神和勇气。事实上，正因郭得胜具备企业家精神，才能一手创办家族企业，并在不同时期带动企业不断发展。即使今时今日，"新地"仍能保持强劲发展动力，稳居香港地产企业龙头。

家族企业的一个短板，是资本实力及专业人才比较弱，在创立阶段尤为明显。面对这种局面，有的家族向内寻求协助或合作，例如，向亲戚、家人筹集资金，吸纳部分亲属进入公司；也有家族向外寻求协助或合作，例如，郭得胜利用合伙的方法筹集资金，吸纳人才，两种方式可谓各有优劣。

学术界过去集中的焦点往往落在向内寻求协助或合作上，向外寻求协助或合作的探讨乏善可陈。然而，如果从郭得胜一生采取向外部寻求协助或合作，并取得丰硕成果的情况来看，重视人脉关系和社会信任的华人社会，明显为这类合作提供了良好的土壤。如果我们将合伙公司（partnership）视为独资公司（sole proprietorship）与有限责任公司（limited company）的中间阶段，那么从合伙公司的经营中，可以学习建立公开透明、与非家族伙伴合作管理的制度，更为理性客观地处理与不同股东之间的关系。

不同公司组织或合作模式，主要在于因应不同需要、达致不同目标，运作起来各有优劣，而其中一个重要设计，就是必须要有"退场机制"。从郭得胜踏上创业之路开始，到晚年成为香港数一数二的巨富之时，他都是采用合伙的方式，与其他商人合作，共同拓展商机。当然，合作难免出现争执或矛盾，郭得胜显然深明此理，而他的应对之道就是确保具备退场机制，让合作伙伴随时选择退出，不至于让矛盾在密不通风的高压锅中不断积聚，最后爆发出强大的破坏力。信发百货、鸿兴公司、永业有限公司、新鸿基企业有限公司等案例的合分，清楚说明了这一点。就算郭得胜到了晚年，仍会乐此不疲地以合伙方式与朋友共同开发大型地产项目。

在经营小型企业时，靠家族成员尚可应付，但当规模逐渐扩大，则无可避免地要引入非家族成员，更不用说各项生意牵涉各种专业知识与公共行政等，这些均非单一家族能够轻易应对。从"新地"的案例中我们看到，集团在吸纳专业人才、提升公司治理方面，与不少高度现代化的欧美企业无异。但是企业的决策权则高度集中于家族成员手中，非家族职业经理人在重大决策上始终难以置喙，更遑论要实行西方社会奉为圭臬的所有权与管理权"两权分离"。另外，企业文化中的家长主义浓厚，"皇亲国戚"常在公司出现，这些情况或多或少地影响着运营管理，成为家族企业挥之不去的特质。

企业能否永续发展，传承过程是否顺畅至关重要。我们在"新地"案例中看到，一方面第一代创办人在传承问题上未能摆脱传统窠臼，如重男轻女、强调"诸子均分"等；而另一方面又对西方信托制度过于肯定，甚至一厢情愿地相信只要在家族信托中订下白纸黑字的规则，就能逼子孙后代乖乖就范，达到创业家心目中世代相传的目的。由于这一点可能成为加剧兄弟斗争,甚至可能是家族成员卷入前港府高官贪贿案遭揭发的关键所在,我们有必要详细谈谈这个问题。

从古至今,如何传承物质财富及社会地位,引得很多人花尽心思、想方设法。但是各种绸缪努力大多未能克服自然定律或社会现实。晚年的郭得胜可能也为这个问题大费周章,而当时香港社会对西方制度趋之若鹜,普遍怀有唯西方马首是瞻的崇洋心理。

家族信托制度在20世纪七八年代方兴未艾(因那时已有部分战后崛起的企业进入接班阶段),郭得胜那时以为,只要在家族信托中订下"新地股份不能分拆"的规定,子孙后代便能按指示不分不离,一心一意地坚守"新地"的家业。

然而,刚性规定太过死板,没有退场机制,没有考虑到中国传统文化所强调的"家大必分、鸟大离巢"的潜规则,与"诸子均分"所衍生的离心力相违背。郭得胜更没想到当子孙关系由浓转淡、欲分不能时,勉强绑在一起所产生的副作用。当家族中有人觉得再难和兄弟合作、要求分家时,让其离去、另闯天地是最自然的解决办法,但是这种"天经地义"的要求却遭到家族信托的刚性遏止,加上找不到出路的心烦意躁,甚至受到精神不稳、心绪不宁等因素影响,最后做出让人觉得"不理智"的行为,从而给家族和企业带来无法弥补的伤害。

毫无疑问,西方制度确有其先进之处,但必须认真考虑其在中国国情下的适应性,不能低估文化差异所带来的问题,否则很有可能给家族或企业带来无法弥补的巨大伤害。另外,要充分考虑中华传统文化及价值观,继承过程中强调"均"和"分",既兼备了简单的公平原则,也尊重了社会现实和华人传统。"新地"昆仲原初的分家要求被抑遏的问题,揭示了家族信托制度与传统分家观念未能相适应的现象,值得正在传承规划的家族企业注意。

十、结　语

如果说香港的百年发展是一个神话,那么"新地"从小至大的发展历程,就是这个神话中极为重要的一部分。特别之处在于,家族企业走过的每一步,既见证了中国近代史的急速转变和香港的特殊生存空间，又揭示出企业家积极进取、锲而不舍的努力。进一步说，华人企业的发展模式，并非只能单打独斗，呼朋引友、寻求同道、携手合作也是空间无限。无论前者或后者，民间强调的"合则来、不合则去"原则，应该受到尊重。

从这个角度来看，华人社会将生儿育女视为开枝散叶，继承时强调"诸子均分"等，并非执着于家产不能分拆，也不强求家族成员一定捆绑在一起。恰好相反，华人文化重视的是血脉，财产是分是合，其实看得平常，虽然主观意愿上希望数代同堂、子女同心，但如果事实上合不来，则顺其自然地分家析产，让各房各自发展。

更为重要的是，任何一套制度必须结合本身的社会环境和文化土壤，同时也要与时俱进。因为世事变迁，家族结构或生命周期发生转变，宏观环境及社会心理也会同时发生变化。家族企业的领导者如果不能洞悉这些变化因势利导，那么，任何一种极具优势的制度都会发生问题，实在不可不察。

参考文献

Gilder, G. 1984. *The Spirit of Enterprise*. Harmondsworth: Penguin Books.

South China Morning Post. Various years. Hong Kong: South China Morning Post Co. Ltd.

《信报财经新闻》，各年。

《香港地产简讯》，香港，恒生银行，各年。

《新鸿基地产发展有限公司：年报》。香港：该公司，各年。

《新鸿基地产发展简史》，载《信报财经新闻》，1977年4月10日。

《苹果日报》，各年。

范博宏、罗绮萍：《家族企业价值为何在传承中蒸发六成》，见范博宏（编著）：《关键世代：走出家族企业传承之困》，6~16页，上海，东方出版社，2012。

梁凤仪：《李兆基博士传记》，香港，三联书店，1997。

第六章

冲破传统的发展与传承：
航运地产并举的包玉刚家族

华人家族企业很少像德国或日本一样，一个家族世世代代专注于单一生意，反而更多地出现家族生意和投资多元多样的情况，这是由独特的中国社会文化所造成的。积极进取、懂得灵活变通的个性，善用"借鸡生蛋"的金融"财技"，最终令从一艘旧船起家的航运外行包玉刚，创造出享誉世界的非凡神话。

包玉刚只有四名女儿，没有儿子，所以在传承方面反倒冲破了传统的框框，开创出一条开明灵活的道路。自分家及第二代接班以来，包玉刚的儿孙们不但没有败坏各自的家业，反而在各个领域顺势而行，不断突破，成为一段持续的佳话。

一、引　言

1990年11月5日，当时的"香港首富"新鸿基地产创办人郭得胜出殡，为其扶灵的十人皆为当时社会的显赫人物——李嘉诚、包玉刚、邵逸夫、霍英东、郑裕彤、李兆基、何添、利国伟、钟逸杰（David Akers-Jones）和卢超俊。除后两者为署理港督及郭氏多年的助手，其余八位被《信报》形容为"掌握了半个香港经济命脉"。（《信报财经新闻》，1990年11月6日）

本章重点探讨的是享有"世界船王"美誉的包玉刚。他的传奇故事一点都不比郭得胜逊色，他那时已是癌症晚期，时日无多，但仍撑着送老友一程。包玉刚最终在郭得胜去世一年内（1991年9月23日）去世，享年73岁，他的丧礼与郭得胜一样轰动香港。包玉刚虽在香港生活了近半个世纪时间，但几乎不懂广东话，只懂英语、带浓厚宁波口音的普通话及上海话，但他却与不懂这些方言的郭得胜成为挚友。他们如何沟通、如何建立友情，以及如何展开合作等问题，鲜少有人得知。

包玉刚在家产继承方面与郭得胜一样，也使用了家族信托这个工具，但与郭得胜截然不同的是，他采取了"分家"的思路，放弃了硬性规定家产"永不分割、永不外流"，并不执着于子孙团结一致。当然，有人或许认为这主要是由于他没有儿子，只有四名女儿，所以在传承上并没有太执着，但是如果我们深入研究他的一生，特别是他在家族企业传承方面的安排，就会得出另一番结论。华人家族企业的发展模式、管理风格以及传承逻辑等具有弹性，并非一成不变，但是核心问题与本质则基本一致。

与郭得胜案例相比较，包玉刚的传奇故事体现出家族企业的以下灵活性与适应性：

（1）父亲创办了生意，但他选择出外打工，而非子承父业；

（2）因应时局变化，工作上屡能灵活变通；

（3）因应时势移居香港，明白继续在银行打工没有出路后选择创业，而创业时则选择另辟蹊径，而非跟风从流；

（4）因应行业式微、政局转变，宁可壮士断臂、弃船登陆，也不执着于坚守家族企业情结，或因历史教训只投资于"能走动的生意"；

（5）因应主要生意伙伴或业务均在西方，努力学习西方制度、商业文化和交往礼仪，融入国际主流商业社会之中；

（6）因应本身只有四个女儿、没有儿子的挑战，在考虑传承时，选取了切合自身的继承方法，延续个人与家族的传奇；

（7）由女儿和女婿共同继承家族企业，同样能不断发展，实力不断壮大。

二、风云变幻，挣扎图存

任何一个家族的发展故事，均非无根之木、无源之水。包玉刚的挣扎图存和创造传奇，当然亦非无缘无故、横空出世。综合坊间资料，包玉刚为浙江宁波镇海钟包村人，祖上经商已具财力，到父亲包兆龙一代，营商有道、财富日多，在汉口打理家族旗下的平和鞋庄，后来更在上海开设银楼，抗战胜利后与友人合股开办国丰造纸厂，有考证指他是宋朝名臣包拯的第29世孙。

进一步数据显示，包玉刚出生于1918年农历十月二十日，母亲陈赛琴，上有一兄包玉书（20世纪50年代前曾任职上海大陆银行），下有一弟包玉星（20世纪50年代前曾任职上海四明银行），另有姐妹包爱菊（早逝）、包美菊（一直留在内地到 20 世纪 80 年代才移居香港)、包素菊(嫁给"日本通"张培明,负责环球航运日本的业务)和包丽菊(又名包丽泰,嫁给李伯忠,李乃环球航运高层管理,统管集团财务)4 人,而三兄弟年幼时曾入读一名巨商同乡叶澄衷创立的叶家义庄学校(又称叶氏中兴小学)。

在家乡上完小学后,包玉刚离开家乡,与在汉口营商的父亲团聚,并在当地升读中学。包玉刚中学毕业后,在父亲安排下进入一家经营保险业务的洋行当学徒,晚间进修大学课程。

1938 年,年方 20 岁的包玉刚遵父母之命迎娶妻子黄秀英,同年进入上海中央信托局工作,不久被派到衡阳工作,因其表现突出而被聘为工矿银行衡阳分行副经理。其间,包玉刚与既是地下共产党员又是表亲的卢绪章相认①,扩大了他的政治人脉网络。随后,包玉刚被银行转派战时陪都——重庆,处理当地更加活跃繁重的业务。

抗战胜利后,包玉刚转到上海,进入新成立的上海市银行工作,开始时担任业务部经理,后来升为副总经理——银行重大业务决策名义上虽是总经理的职责,但因总经理是外行,实质上的决策权属于包玉刚。包玉刚身居高位,声名鹊起,但难免得罪权贵,尤其在政治动荡、金融紊乱的年代,各方权势人物急欲利用银行达到一己目的。但是,年轻的包玉刚总能先人一步、统筹驾驭、洞悉陷阱,懂得灵活应变,总能化险为夷,事业不断取得突破。

1948 年秋,包玉刚看到国民党在多场战役中兵败如山倒,意识到政局已经转向,于是只身到港,在港岛西摩道这个本地富豪集中之地置产,购入一间四房两厅、外加两个佣人房的物业,作为全家移民香港的安顿之所,然后返回上海,向上海市市长吴国桢辞去上海市银行副总经理一职。在做好变卖各种资产的安排

---

① 卢绪章据说是周恩来的助手,直接向周汇报,他以个人财力创立了广大华行,从事进出口贸易,其中尤以在 1948 年的内战之时,从美国进口大批西药,为他赚取了巨大财富。新中国成立后,广大华行国有化,他只拿了一点家用,其余财富全部交给国家,在港业务纳入华润公司,他本人日后先后担任中国进出口公司总经理、对外贸易部局长、国家旅游总局局长及外交部副部长等职。

第六章
冲破传统的发展与传承：航运地产并举的包玉刚家族

后，包玉刚于1949年2月携父母、妻女（那时已育有包陪庆、包陪容和包陪丽三女，到港再诞下四女包陪慧）举家移居香港，展开新的生活。

因为没有如上海棉纺企业家般移居香港时带来机械设备等硬件，包玉刚到港后并没随即大展拳脚，也没有投身于老本行银行业，而是在中环华人行大厦租了一间写字楼，做起贸易生意来，包括产于台湾的食糖。[①] 1950年，联合国对新中国实行"贸易禁运"，生意大幅下滑，国内更出现了重要物资短缺的情况。为此，包玉刚曾利用其贸易公司为新中国进口不少"禁运"货品。

长女包陪庆在《包玉刚：我的爸爸》（2008：164）一书中这样写道："爸爸在港开设进出口公司，曾亲自多次派伯忠姑父去广州联系，帮助国家进口被美国封锁的钢材、棉花、黄豆、药品等紧缺物资。"除此之外，新中国成立不久曾首次发行公债，包玉刚据说认购了港币10万元，这在当时实属一个巨大的数目。

这样的生意维持到1955年，包玉刚终于决定创建环球航运公司，进军自身全无经验的航运事业。他购入一艘二手运煤轮"金安号（Golden Alpha）"，由格拉斯哥制造，船龄已达27年。包玉刚曾与父亲包兆龙有不同见解，父亲建议投身房地产，但包玉刚的重要考虑是"房屋是死的，只能收租靠不住……船是动产，而且航运业涉及金融、经济、政治甚至工程技术，范围很广，可以大做文章"。（庄凯勋，1986：15）

不难看到，包玉刚对不动产在战乱变局下不能转移的问题印象极为深刻，存有戒心——尽管中国俗语说"行船走马三分险"，航运生意的风险更大[②]。无论

[①] 据董浩云胞弟董兆裕，包玉刚移居香港之初，经营台糖生意，办公室设于香港旧法国银行大楼。"他向台湾买糖，由我们代理的'东方凤凰号'承运，每次1 000~2 000吨，运费他要求特别便宜"（董兆裕，2007：306）。

[②] 据包陪庆引述"吉普逊船只经纪公司（Gibson Shipowners）"的记录，在20世纪70年代被列为世界十大船公司中，到今天仍在的只有包玉刚的环球航运、丹麦的莫勒（Moller, A. P.）、日本的NYK和董建华的东方海外（一度处于破产边沿，幸好获得中国政府救助渡过难关）4家，有4家已破产——分别为日本三光（Sanko）、美国卢域（Ludwig, D. K.）、希腊奥纳西斯（Onassis）和瑞典沙兰（Salen），另有两家被收购——分别为日本轮船（Japan Line）被Mitsui收购，挪威贝格森（Bergesen）被环球航运（包玉刚长婿苏海文和长孙包文刚，见下文进一步讨论）收购。由此可见，航运业不易经营，风险极为巨大，但包玉刚仍甘之如饴，可见他极不愿意投资在不动产上，宁可选择动产。

当年包玉刚内心的真正考虑何在,他自此走上了不平凡的事业道路,书写了日后的辉煌。

三、非凡之路:从一条旧船到世界船王

无论是从事银行业还是贸易业,包玉刚虽与航运业人士有些接触,但对具体运作和轮船技术等实在知之甚少。虽然他明白"隔行如隔山",但并没因此被吓倒,恰好相反,他刻苦钻研,提升对行业的理解,最终凭借自己从事银行业的经验、经营进出口贸易的人脉网络,加上个人积极进取、懂得灵活变通,创造了神话。而使包玉刚取得突破的关键一招,则是被长女称为"借船出海"的金融财技。

包玉刚曾经从事银行业,因此他的风险意识极高,又深明信贷与现金流的重要性。"金安号"除首次租给客户时效仿行规采取短期浮动租约外,自1956年起即采取了"薄利长租"的固定租约方式。当时的客户是日本的Yamashita-Shinonnihon公司,以日元计价。这个方法的特点是,租金比市场价低了约1/4,同时,为期4~5年的租金须以银行信用证支付。包玉刚拿到信用证后,向银行(当时是汇丰银行,并开始建立起紧密关系)贴现,申请借贷,以借贷购入另一艘船。再采用同样的"薄利长租"方式,租户同样选择日本企业,而租金收入再通过信用证向银行借贷,再拿货款购置新船,如此不断发展。

以上的方法虽然价格折让很大,少赚不少盈利,却有多个好处:①收入稳定,风险降低,减少了行政管理和保险费;②取得银行的信贷,强化了公司与银行的关系,可在短时间及资金不足的情况下以战养战,扩大市场占有率;③日本那时正处于经济高速发展期,不但航运需求极大,日元也不断升值,同时日本企业信誉较高,有效降低了风险。另外,自1956年起航运业进入扩张兴盛期,货船短缺、租金飙升,也是包玉刚迅速崛起的外部因素。

正是利用"借船出海"的金融财技,与银行和租户之间建立了良好关系,加上包玉刚对营运成本的有效控制,环球航运迅速壮大。自20世纪60年代起,他

第六章
冲破传统的发展与传承：航运地产并举的包玉刚家族

开始从干货航运市场扩大至石油等湿货航运市场，先后获得世界级石油公司如埃克森石油、英国石油和壳牌石油的长期合约，在国际航运界的地位不断提升。与此同时，包玉刚开始逐步引入新船，淘汰旧船，以强化集团的竞争力。到了1976年3月，美国《新闻周刊》杂志刊登了一则有关包玉刚的专题报导，称他为"海洋大王（King of the Sea）"，显示出包玉刚已成为世界航运业中颇具影响力的大人物（New Sweek，6 March 1976）。

对于包玉刚由一艘旧船起家，凭着超卓财技，在短时间内不断突破发展的情况，包陪庆这样回忆："爸爸领导的环运公司，在1961—1968年短短7年间，拥有的轮船扩张到50艘，船运载重达1300万吨左右，总值4亿美元。到了1974年，爸爸的海上王国到达顶峰，拥有202艘船。"（包陪庆，2008：66-69）

包玉刚在短短20年间迅速崛起，从一位对航运业缺乏认识的商人，到登上世界航运业巅峰。总结其中的原因我们不难发现，他除了极具创意地采取了"薄利长租"的财技，可以战养战、迅速壮大外，不断学习、锲而不舍的打拼精神，以及有效控制成本及债务等，都是不容低估的成功因素。

虽然包玉刚之前对航运业认识不多，但他不耻下问、认真学习，实地了解船务具体操作，很快掌握了航运行业的各种知识。他学习英语的做法也非常令人称道。从事航运业必须与世界各地的客户及政商翘楚交往，而英文是国际语言，包玉刚因此时刻苦学习——他聘请英文教师，每天在身边教导；在会议、会客等多个不同场合多用英语；功成名就之后，他仍然坚持学习英语，以提升沟通能力。

一如当年下定决心进军航运业时的义无反顾、敢于开拓，包玉刚站稳脚跟后，仍然保持锲而不舍、积极进取的心态。最典型的案例，当属包玉刚争取汇丰银行贷款，不断购买船只的故事。虽然包玉刚采取了"薄利长租"的策略，但要获得银行借贷，购入更多船只，仍然困难重重，因为航运业风险极高，被银行视为"黑书"，极不愿意投资其中。虽则如此，包玉刚仍然锲而不舍，最后被他想出利用客户开出信用证的方法，赢得银行信任，让事业获得银行贷款的支持，因而获得了快速发展。

作为一家规模庞大、拥有近200条轮船的企业，包玉刚对于"一阔三大"的问题可谓最有体会，更不用说轮船在狂风巨浪下航行于全世界，随时有可能发生意外。修理、保养、补充等，更是繁多琐碎，单项成本不低，汇总起来更是数字惊人，所以他一直坚持严格控制成本和债务，要求集团上下厉行节约。1976年12月6日，包玉刚在哈佛商学院演讲时毫不掩饰地指出，正是由于他能够严格控制成本和债务，才能取得事业成功。

行业发展必有兴衰周期，航运业也不例外。经过20年的急速发展，到了20世纪70年代中期，航运业陷入低谷。1974年的石油危机是航运业最大的外部冲击，不少航运公司因为市场急速下滑，生意一落千丈。正如包玉刚曾指出，"一艘没有收入的船只，与其说是资产，不如说是负债"，因为停着不用的船只，停泊、维修等开支更为巨大。那时不少名扬一时的航运公司，均陷于破产边缘，亏损严重。然而，由于包玉刚采取了"薄利长租"的策略，不少客户早已签了长约，就算市场出现波动，合同也不能立即解除，从而让包玉刚避过一劫，一直屹立于世界航运界的高峰之上。

四、因应时局：企业上市与弃船登陆

成功的企业家能洞悉时局、先人一步。早在20世纪70年代股票市场火热之前，包玉刚凭借对金融业的通盘掌握，早已将家族控股的亚洲航业（Eastern Asia Navigation）及隆丰投资这两家公司在香港交易所（当时称为"香港会"）上市。由于早年香港股票市场尚没全面开放，公众投资者不多，购买股票者多为富人，所以企业还未能被广为所知。20世纪60年代末，香港股市全面开放后，股票交易所由1家增加至4家，不少今日主导香港经济的企业集中上市，亚洲航业和隆丰投资的股价也在那个火热的年代不断飙升。包玉刚不但身家暴涨，更抓住时机进一步融资。

正因在股市炽热时吸纳了充裕资金，再加上有效控制成本和债务，同时发挥"薄利长租"的策略，包玉刚才能在石油危机爆发、航运业陷入低潮时化险为夷。

第六章
冲破传统的发展与传承：航运地产并举的包玉刚家族

经此一役，不少租户已充分认识到长租的风险，新订的租赁合约租金大跌，行业出现重大调整，而包玉刚则早已胸有成竹，他开始有了新的盘算。

1977年10月，与多位国家领导人交情深厚的利铭泽访京归港，包玉刚立即与他会面，希望获得一手消息，以便更多地了解中国政治状况。利铭泽带给他的重要信息是："我看中国有希望了！有希望了！"包玉刚立即给国务院侨务办公室主任廖承志发出信函，提出希望与妻子"早日回国探望表哥卢绪章（时任中国经贸部部长）的要求"。

1978年10月底，包玉刚踏足北京，除了拜会了表兄卢绪章和廖承志，还在表兄的安排下拜会了不少国家领导人，包括复出不久的邓小平。包玉刚自此看到商机无限的中国经济，而香港所能发挥的门户作用潜力巨大。他对家族企业在香港的发展充满信心——这最终表现在他在日后决定"弃船登陆"、收购英资企业方面。包玉刚在不同场合上与国家领导人深入接触会晤[1]，以自身行动支持改革开放，加强在香港的投资，这背后是"稳定香港经济、配合主权回归"等重大战略考虑。

包玉刚踏足北京之时，中东再燃战火，第二次石油危机爆发，让刚见复苏势头的航运业再受冲击。面对这种一推一拉、一扩一缩的时局发展，触角敏锐的包玉刚作出了重要分析：①世界航运业将步入衰退期；②中国内地将出现前所未见的经济变革。所谓"春江水暖鸭先知"，在那个关键时刻，包玉刚作出的重大决定是弃船（但并非完全放弃，而是缩减航运业）登陆！转战早年被视为"靠不住"的房地产，俟机重返中国内地，拓展内地的庞大市场。自那时开始，当不少大型航运公司仍在扩张船队时，深懂变通之道的包玉刚已迫不及待地出售手中轮

---

[1] 作为世界船王，足迹踏遍五大洲七大洋，包玉刚与世界不少国家的领导人交往极深，政商网络既广又深，与邓小平关系匪浅，私下会晤的场数极多，应该是邓小平接见最多的企业家。包玉刚一度充当邓小平与英国首相撒切尔夫人（Margaret Thatcher）的沟通桥梁，在中英谈判收回香港主权一事上，角色尤其重要。据包陪庆忆述，对于中国政府在收回香港后坚持驻军一事，撒切尔夫人强烈反对，包玉刚曾亲赴唐宁街首相府，讲述邓小平坚持"根据本身国情建设有中国特色社会主义信念的不可动摇"，并指出"中国虽然改革开放，但绝不会照搬西方的思想"（包陪庆，2008：248-250），成功游说撒切尔夫人接纳邓小平的立场。

船，在极短时间内令公司轮船数目减少了一半。

回笼的资本最终投放到香港股票市场，那时一个完美的并购目标进入包玉刚视野——九龙货仓码头有限公司（以下简称"九龙仓"）。"九龙仓"当时在尖沙咀、港岛及新界等地拥有大量珍贵地皮，从事运输、码头、酒店及货仓等业务。

必须指出的是，香港股票市场尚未开放之时，经济命脉基本由英资洋行垄断。自股票市场于 1969 年 12 月开放，不少华人家族企业纷纷上市，在融资中脱胎换骨、迅速壮大，与洋商一较长短。其间轰动中外的一场华洋资本较劲，当属 1979 年 9 月月底，李嘉诚获得汇丰银行支持成功掌控老牌英资大型洋行——和记黄埔。

李嘉诚之所以能够成功"鲸吞"和记黄埔，包玉刚不但发挥了重要的作用，而且在那次股权争夺战中获利离场。其实早在收购和记黄埔之前，李嘉诚对由英资洋行龙头怡和洋行（通过置地公司控股）掌控的"九龙仓"垂涎三尺，趁股价低迷之时暗地里吸纳了大量股份。可惜由于消息泄露，怡和洋行早有防范，没能成功。在汇丰银行的游说下，李嘉诚将所持股份全数转让给包玉刚（包玉刚和汇丰银行关系深厚），而包玉刚则投桃报李，将自己手上持有的和记黄埔股份转售给李嘉诚，各取所需、两全其美。

李嘉诚完成收购和记黄埔约 9 个月后，包玉刚终于出手，目标就是曾让李嘉诚无功而返的"九龙仓"。自 20 世纪 70 年代起，包玉刚开始收购"九龙仓"的股票，并持有相当的比例。购入李嘉诚持有的股票后，包玉刚持股量直逼"九龙仓"第一大股东——置地公司，从而直接威胁怡和洋行的控股股东地位。怡和洋行不敢怠慢，策划连串行动以抑制包玉刚的敌意并购。包玉刚也不退让，直言要夺取"九龙仓"的控股权。双方互不相让，股权争夺战趋于白热化。

1980 年 6 月 20 日，以纽壁坚（P. K. Newbigging）为首的怡和洋行趁包玉刚赴英开会之时，突然宣布以 2 股置地公司新股另加 76.6 元连周息 10 厘债券

第六章
冲破传统的发展与传承：航运地产并举的包玉刚家族

（折合约 100 港元）的价格换购 1 股"九龙仓"股票，以增持 3 100 万股"九龙仓"股份，使置地公司的持股量增加至不多于五成，避免触及《收购及合并守则》中所列的超过五成便须向其他股东全面收购的规定。

对于怡和洋行的突然发难，包玉刚在私下取得同在伦敦开会的汇丰银行大班沈弼（M. Sandberg）的口头贷款承诺后，立即飞回香港，与女婿吴光正及财务顾问等商议应对策略。经过深入讨论后，包玉刚决定以每股 105 元的高价，从市场收购不超过五成的"九龙仓"股票。消息传出后，大批散户在 6 月 23 日涌到指定的证券公司——获多利证券（Wardley Security），希望将手上股票卖给包玉刚。不到半天，获多利宣布完成增持目标，实现了包玉刚"弃船登陆"的夙愿，写下了浓彩重墨的一笔。

成功"登陆"后，年届 60 的包玉刚并没停下脚步，而是仍然开拓进取，利用"九龙仓"增持联邦地产、天星小轮、香港电车、会德丰等公司，尤其是在 1985 年收购会德丰这家老牌英资大行，如早年收购"九龙仓"般轰动社会。不但如此，他还与永新企业老板曹光彪一起，创立了港龙航空，将航运业由大海升至天空，加快业务多元化。自从"鲸吞九龙仓"后，家族企业的投资已不再只是集中于航运业，而是多元发展，地产占据了较大比例。

图 6-1 是包玉刚利用隆丰投资成功掌控"九龙仓"后，进一步扩大的企业版图（仅列出香港交易所上市公司）。我们可清晰地看到，集团既经营航运（亚洲航业、会德丰船务）、货柜码头（海港企业），也有海底隧道连接港岛与九龙半岛（香港隧道公司），更有高档百货（连卡佛）、地产发展（联邦地产）、地产投资（"九龙仓"、会德丰、置业信托）、地产中介和物业管理（夏利文公司）、酒店（联合企业）、财务信贷（富宝发展）等。而这些还没有包括那些未上市公司，如香港电车、天星小轮、港龙航空，以及众多在海外的投资。包玉刚已经跃升为国际级富豪，家族企业的投资极为多元化，已非早年移民香港时的独沽一味了。

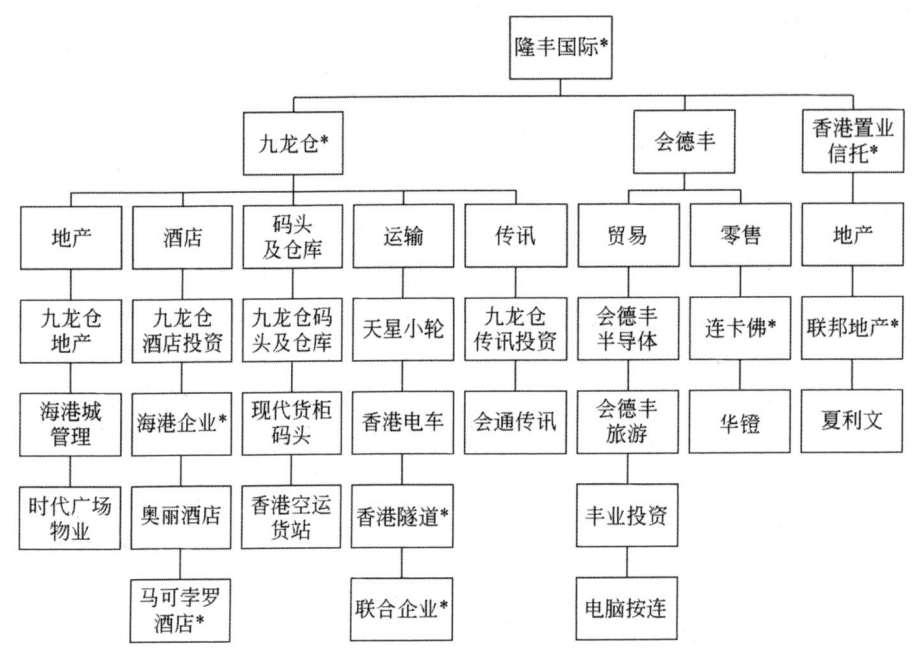

图 6-1 1990 年包玉刚家族的控股企业与业务分布

注：* 上市公司。

资料来源：《隆丰国际投资有限公司 1990/1991 年报》，1991 年；《九龙仓集团有限公司 1990/1991 年报》，1991 年。

五、只有女儿，如何传承家业

大多数大型家族企业的接班节奏通常是，第一代登上事业巅峰之时，本身已到古稀之年，接班与分家迫在眉睫，不能再拖。一生驰骋国际商场的包玉刚，同样遇到了"幸福的烦恼"，必须为传承问题大费周章、细心思量。

包玉刚只有 4 名女儿（包陪庆、包陪容、包陪丽、包陪慧），没有儿子，因此他的家族传承安排较为特殊。具体而言，包玉刚只有女儿没有儿子，在传统中国文化中被视为人生的一种遗憾。对此，包玉刚或许曾经不甚开心，甚至可能会听到不少闲言闲语，但他似乎并没有在人前表现出遗憾。Hutcheon 有如下介绍：

第六章
冲破传统的发展与传承：航运地产并举的包玉刚家族

作为一位彻头彻尾的中国人，包玉刚爵士可能会因为没有儿子以延续一代名臣包拯的血脉感到失望，但他似乎没有什么遗憾，或者只是由于他个性倔强和高度自律所以没被流露罢了，但他同样没因其中两位女儿选择嫁给外国人而动容。（Hufcheon，1990：143）

我们接下来将看到他对传承的处理方法，能让人看到他既有传统保守的一面，也有开明灵活的一面。这样的应对之道，可以给那些只有女儿的企业家作重要参考。

高度自律并醉心于事业的包玉刚，对自己的4名女儿，倍加关心她们的成长，自小言传身教、管教严格，并经常告诫女儿们要为人正直、独立自主——男人能做的事情，她们同样也能做得到。包玉刚本希望女儿们日后可以担当重责，但等到女儿们长大成人之后，由于她们所学并非商业，而是人文艺术与社会科学（例如，心理学、艺术、室内设计等），他的想法开始有了变化。

长女包陪庆决意嫁给来自奥地利的苏海文（Helmut Sohmen，律师），包玉刚反对也无法扭转局面。三女包陪丽后来嫁给日本人渡申一郎（建筑师），只有两个女儿嫁给中国人——吴光正（商业管理和银行财务）和郑维健（癌症专科医生）①。女儿们的婚姻抉择与女婿们的专业才干，很可能进一步影响了包玉刚关于传承的思考。

包陪庆1967年与苏海文结婚，之后一直在加拿大生活，直至1970年夫妇俩才返回香港，苏海文加入环球航运，协助岳父打理业务。20世纪70年代，包陪容与上海籍的吴光正在美国结婚，吴光正1976年加入环球航运。由于他的专业为银行金融业，与包玉刚的背景相近，因而深得岳父疼爱，倚重有加。在与怡和洋行争夺"九龙仓"一役中，吴光正与岳父并肩作战，立下战功，更受器重。另外两女先后在美国完成学业后结婚，三女婿渡申一郎曾加入环球航运，但主要负责美国业务，而四女婿郑维健则没有全身投入家族企业，主要从事自身专业。

20世纪70年代初期，长女和长女婿加入环球航运董事局，踏出了接班步伐。到70年代中期，二女和二女婿亦加入高管团队，先后给予援手。已步入晚年的包玉刚认为自己应放慢脚步，所以对下一代的倚重不断增加，逐渐将公司日常管理交到他们手上。事实上，在女儿和女婿们的带领下，企业保持了强大的发

---

① 包陪慧与郑维健于1998年离异，之后改嫁美国人。所以，包玉刚的4名女儿中最终有3名嫁给了外国人。

展动力,业绩节节上升,这进一步强化了包玉刚对下一代的信任与付托。

经过10多年的接班过渡,身患癌症的包玉刚,在察觉到下一代已可独当一面后,作出了家族传承的重大决定——趁自己身体仍然健壮、脑筋仍然灵活时开始分家析产。包陪庆这样说道:

> 1985年,爸爸开始安排后事。他很有智慧,把事业分得清清楚楚,免得后人发生争执。他是一个面对事实、有条有理的人。他把航海、航空业交给海文去管;九龙仓、会德丰等地产上市公司交给老二丈夫吴光正管理;康世集团(Cornes Holding Overseas Limited)这间日本贸易公司交给老三丈夫渡申一郎打理;而环球投资有限公司交给老四丈夫郑维健管理。维健本来从医,专科攻症。爸爸觉得金融业较易把握,而且地球上任何角落都离不开金融,维健若改行后也可以多点机会跟随爸爸,照顾他。维健本人也乐于尝试新行业,因为癌症医生只能看见病人一个一个地死亡,太没乐趣了。(包陪庆,2008:332)

关于家族企业的传承,一方面,包玉刚与新鸿基地产的郭得胜不同,他并不强调企业和家产"不能分拆",而是完全分家,以减少内部矛盾,提升女儿女婿们的积极性;另一方面,他的分家标准,也不是平均分配(将企业股权平分为4份,给予4名女儿女婿),而是按照企业的业务性质,结合女儿女婿们的专长、兴趣和经验,以实业企业为分配单位,交给各个女儿和女婿。

具体来说,航运航空企业交给长女和长女婿,物业地产交给二女和二女婿,贸易交给三女和三女婿,金融投资分给四女和四女婿,各女儿和女婿各自独立经营。让各人全权管理,而不是全部家族成员集中于同一集团,减少了人多口杂、易生摩擦的问题,而各人必须承担各自的责任和风险,则可提升积极性,从而进一步丰富家族产业的多元发展与分散风险,一举多得。

为了更好地落实分家的决定,包玉刚设立了5个家族信托,1个作为整个家族的主体,另外4个则由4个女儿和女婿管理,各自掌控旗下的企业。对于此点,包陪庆这样说:

> 在分配家产给下一代时,(爸爸)太聪明了。记得有一次,您我俩人在伦敦我们家后面的大公园(Hampstead Heath)散步,您与我提过:"我要把我的事业分给你们下一代去干,你看如何?"那时我还是30多岁(即20世纪70年代末),我回答:"爸,现在世界,男的很难说。如有一天另有所

图,一旦跟别的女人走了,照顾孩子的责任,不是要落在做母亲的身上?那么女方若有主动权的,不是方便直接多了吗?但是女人当家,男人谋生……"爸爸同意:"啊,男的应该忙于事业……"之后他也不多说了。后来他都是安排男的干事业,但主事权还是握于女儿手中。(包陪庆,2008:345)

按此推断,分家后,包玉刚在各女儿的家族信托中加入了重要条款,规定控制权留在女儿手中,企业经营管理则由女婿负责,即如传统所说的"男主外、女主内"(女儿做东家,女婿做掌柜),也与西方管理学所强调的所有权与控制权"两权分离"相契合,让女儿获得实质的保障,女婿则如女儿的职业经理人。这样的夫妻一体模式,发挥出极佳的效果。

顺带一提,或许正是因为对女儿权益的保障规定,四女儿1998年与郑维健离婚,分手后仍是朋友的郑维健,据说仍为家族信托打理投资,可见信托的动态治理非常重要——这是草拟信托时创办人必须深入思考的另一个重要问题。第四章中新鸿基地产郭得胜家族信托基金,规定子孙"不能分拆",引致兄弟矛盾激化,则是反面教材。

另一个特别具有参考价值的传承设计是,家族血脉延续的突破性安排。传统上,如果自己没有儿子,则会安排同宗的包昭穆(即包玉刚兄弟之子)过继。但包玉刚并没这样做——可能他觉得侄儿不合其意,或是其各种条件没有达到他的期望,也可能有其他考虑①。

更为关键的原因应该是,他已创造性地想到其他方法。这个重要方法,就是要求长女的长子(长外孙)"过继"成为"长孙",采用他的姓氏——姓包。对于

---

① 2011年4月,一则有关包玉刚家族的争产官司闹上了香港法庭,包玉刚胞弟包玉星的遗产信托人作为其受益人的代表,向包玉刚长子包纶国追讨遗产及相关损失,显示出家族内部出现争产问题。法庭资料揭示,包玉星于1956年由上海移居香港,曾在包玉刚公司任职,后到新加坡从事经营航运生意,开创联成航运公司,规模虽没有包玉刚般庞大,但在行内亦有一定名气。20世纪80年代,两兄弟曾一同订购了总价达1亿美元的散货船,引起国际航运界的关注。2005年,包玉星去世,遗产由四子一女继承,但长子包纶国与其他子女(次子包静国、三子包纬国、四子及一女名字不详)则发生了遗产纠纷(《大公报》,2011年4月11—15日)。包玉刚与包玉星应是各自走上自身的创业之路,而包玉星子女不少,其实应有条件过继给包玉刚,但他们却没这样做,显示背后一定有更深的考虑。

这名孙子，包陪庆有如下说法："我们的儿子包苏文刚，跟祖父①的姓氏'包'，从小被祖父视为掌上明珠，亲自教导做人原则。"

包玉刚与中国传统家长一样，渴望血脉子孙及姓氏延续，而由女儿的儿子作为血脉延续，则无疑更符合血脉延续的内涵，他的女儿甚至给这名父亲的外长孙命名为"文刚"——将孩子父亲苏海文的"文"字和外祖父包玉刚的"刚"字结合在一起，再加上外祖父的姓氏，这样既带有盎格鲁-撒克逊（Anglo-Saxon）文化子承父名的色彩，同时亦加入了中国文化的"过继"元素，一举两得，寓意深远。

无论如何，包玉刚的这种安排在现今社会具有重大意义。例如，在独生子女家庭中，当独生子女结合时，可事先达成君子协议：他们所生的下一代可以梅花间竹般有些跟父姓，有些跟母姓，以使双方家族均有血脉延续，两全其美。

我们回到包玉刚以长外孙"过继"为长孙的突破性安排。对于这位长孙，包玉刚极为重视，爱护有加，十分重视他的教育成长和人脉网络。包陪庆写道："文刚曾在英国伊顿公学获得学业优越奖学金和音乐奖学金，就读牛津大学，深造于哈佛大学，并于高盛投资银行工作，当然是雄心壮志。"很明显，包文刚所受的教育和培训，都是顶级的。包玉刚刻意培养他作为接班人的用心，十分清楚明晰。

1991年9月23日，包玉刚去世，享年73岁，家人极为悲痛，但各企业在他身后仍持续发展。八年后的1999年，长大成人且受过顶级教育的包文刚加入了环球航运，踏上了第三代接班的道路。对于家族企业这种父子相继的传统，包陪庆以下一段心底话，可谓最能说明那种血浓于水的情怀，亦可作为本节概括的脚注。她说：

---

① 根据中国文化，包玉刚应被称为"外祖父"，但包陪庆称为"祖父"，则进一步说明包陪庆夫妇将长子"过继"为包玉刚的"长孙"。事实上，包陪庆夫妇共有三名子女，其余子女全跟父姓，即为苏黎敏（Michele）及苏文骏。由于有关包玉刚孙辈的资料不多，我们尚不能确定其他女儿有否如包陪庆般安排，但三女和三女婿（渡伸一郎）所生的其中一名儿子英文姓名为Tommy Watari，中文姓名则称"包建雄"，而另一名外孙则叫"渡建成"。由此可见，女婿家有两名或以上男外孙的，其中一名可能要改姓"包"，作为"过继"的安排。

爸爸，您的长外孙包文刚，那个在您生前已过继给您当内孙的包文刚，现已37岁。他高大英俊，继承了您的生意头脑。当他出生时，您怪我这个"不孝"女儿，将爸爸的名字（即"刚"字）放在最后，假若您现在能见到他，您会觉得他名副其实是您的后代，文武双全，性格刚直，完全继承了您的魄力和魅力。（包陪庆，2008：i）

六、 走向世界：大家族的中国心与扎根地

由宁波到上海，再到香港和世界，并被冠为"世界船王"的包玉刚，虽然对国家、民族，乃至家乡桑梓、山水人情时刻怀念，表现出无比热爱，但他在20世纪50年代申请入籍英国，轮船、企业等也在外国登记注册，并获得英国皇室册封爵士头衔等，则曾引起保守人士的批评。死后家人将他葬于夏威夷，长眠异域，而非埋骨桑梓，也引起不少人的无限联想。在全球化和中国崛起的年代，有关身份认同、家族和企业"国际化"等问题，虽然已不再是什么值得大惊小怪的事情，但在50年前，却成为很多人高度关注的焦点，甚至引起非议。

由于包玉刚经营的是航运业，要在世界各地四处奔走，在那个关卡重重、政治挂帅、出入境手续繁复的年代，一本西方强国的护照，对于企业的发展无疑意义重大。正是基于这样的重要考虑，包玉刚申请加入英国籍。这一做法据说引起了他表兄卢绪章的不满，并在20世纪60年代于香港会面时当面责骂包玉刚。

对于这次事件，包陪庆这样记述：1964年，时任中国外经贸部副部长的卢绪章在出国的归途中路过香港，与包玉刚聚旧，在知悉包氏已经入籍英国后"好生气，好失望"，而包玉刚解释"只是为了谈生意方便"。卢绪章的回应是"加入英国籍，这当然是你的自由，不用解释，只是你千万不要忘记，你永远是中国人"。此次会面之后，包玉刚对女儿表示，卢绪章的责备没错，"无论什么时候，我都不能忘记自己是中国人！"

卢绪章离开后，包陪庆觉得卢氏的说法有理，因而向父亲提出同样的质疑：既然父亲强调自己是中国人，又为何在香港申请入籍英国？对此，包玉刚的回应

则是：

> 加入英国籍并非我的心愿，只是我们做航运的，满世界跑，拿着香港护照，无论到哪个国家，都被海关翻来倒去地查，太过费时又费力。拿这个英国护照也不容易，要靠很多关系。拿了英国护照，许多国家免签，到美国、日本、拉美少了很多麻烦！对于我来说，这本护照是英国的，只不过是一个通行证件，改不到我的心。（包陪庆，2008：41）

在包玉刚心目中，入籍英国纯属工具性、实用性考虑，他的内心一直以家国桑梓为念，没有改变。不但如此，他在儿孙教育方面也十分重视中国文化的熏陶，甚至叮嘱他们要为国家作出贡献。事实上，名成利就、家财丰厚的包玉刚，一生曾连同家族成员，在投资、教育、文化以及各种慈善公益事业上，为国家和家乡作出了重大贡献，同时也为家族积累了雄厚的社会资本。

包玉刚家族凭借其在国际上的身份、人脉、财力、物力，为国家作出如下两项重大贡献：①在改革开放初期向内地输入大量资本、技术、信息和国际人脉等，配合国家政策；②在1997年收回香港主权的历史性事件上，以其家族的力量游走于中、英之间，增强沟通，减少误判，协助稳定商界，维持香港的经济秩序，防止资金撤离影响香港的繁荣与稳定。正因如此，包玉刚被西方传媒称为"民间大使"，而包陪庆则称之为"非官部部长"。

历史发展的道路并非一帆风顺。在香港回归过程中，政治及经济的内外挑战波涛汹涌，不少香港家族企业的国际化步伐加速，包玉刚家族亦不例外。子孙后代多在海外求学生活，家族也变成了"联合国"（不同家族成员拥有不同国籍），在身份上实现了家族的多元化。对于家族成员国籍各有不同，包陪庆这样说道：

> 一家人变成了国际家庭：一个奥地利女婿、一个日本女婿、一个潮州女婿（离婚后改为一个美国女婿，原注），只有一个女婿是上海人。下一代更生于不同地方，有不同的国籍。四个美国人，一个加拿大人，一个奥地利人，一个英国人，三个香港人。再下一代有苏格兰女婿、韩国媳妇。所以家中过节团聚时，大家都是用英语沟通的。（包陪庆，2008：118）

由此引申出另一个值得思考的问题：像包玉刚这样走向世界的大家族、大企业,到底是四海为家更好,还是有个扎根地更好?除了不同家族成员由于不同的成长经历与教育背景,拥有不同国籍外,企业总部的选取显然具有战略意义。在全球化的时代,虽然资本高度流动,更改注册地容易,但企业的"身份归属"问题,仍然受到高度关注。

例如,汇丰银行虽创立于香港,是喝香港奶水长大的,但其"身份归属"则是英国的。李嘉诚最近重组的控股公司长江和记实业(以下简称"长和")和长江实业地产(以下简称"长地")迁册英属开曼群岛,也说明他已选择改变企业的"身份归属"。

所谓"针无两头利",选择了全球化身份,就失去了"本地"的尊重或好处。四海为家虽然自由自在,但如果没有一个地方可以抛锚避风,也有明显的不利之处,更不用说政治色彩的问题。对此,家族企业的领导人实在应该认真思考。

七、分家之后:开枝散叶,各领风骚

分家之后,由于庞大财产和家族企业一分为四,不少人按"富不过三代"的看法,想当然地认为家族和企业必然会迅速没落。但实际的发展并非如此,不但包玉刚的名字至今仍常有提及,由他一手创立的企业的实力也不断得到强化。时至今日,女儿女婿一代也已完成第三代的接班,即由包玉刚的孙辈们扛起家族企业领导的大旗了。富过三代是完全可以做到的。

包玉刚为4名女儿与女婿分家后,各自的发展犹如修剪家族树(pruning family tree)般,有了本身承担责任的一片天地,业绩好坏、表现优劣任人评头品足,他们自身也会互有比较,这种无形压力使得他们施展浑身解数来证明自己。换言之,分家并不一定是家族企业下滑的分水岭,很多时候其实是多元化及国际化的新起点。

长女和长女婿在20世纪80年代中期接掌环球航运后,曾针对当时国际航运业的发展作出深入评估,得到的重要结论是行业有起有落,但生意空间不会消失。最重要的则是坚持包玉刚的人生格言——"认准目标,千方百计,一定要达到"(包陪庆，2008：48-55），必然可为企业找到发展之路。为此，在经历航运业长时期的低潮之后，苏海文在1990年察觉到运油市场需求急升，迅速购入24条全新运油轮，组成全球最强的油轮队伍，令环球航运的业绩在经历一段低潮后重见增长。

到了1993年，环球航运趁瑞典Nordstrom & Thulin（N&T）航运公司股价低迷之机，不断从市场上吸纳股票，成为其主要股东。翌年，N&T公司发生重大海上事故，900多名海员和乘客丧命，公司股价大跌，原船东极为伤心，萌生去意，将董事局主席之职连同手上股份以极低价格转让给苏海文，而苏海文接掌后再趁公司股价低沉时增持股份，并于2000年将公司私有化，令N&T成为环球航运的子公司。据估计，私有化后的2001年，公司市值已较1999年增长1倍——苏海文这次入股、收购和私有化获益颇丰。

苏海文伺机吸纳N&T公司之时，其子包文刚开始进入环球工作，启动了第三代接班进程。父子并肩作战的一个重要项目，则是环球航运于2000年入股全球最大天然气船公司——挪威的本格森公司（Bergesen ASA，现已易名为"百国盛"）。2002年，中东重燃战火，航运业随即陷入低潮。苏海文父子认为行业低潮只是循环而已，对行业前景仍充满信心，因而决心收购本格森，并在2003年成功收购本格森90%的股权，重组为今日的环球集团（BW Group Limited）。

环球航运在不足10年间接连收购欧洲巨型航运公司，业务实力不断提升，国际传媒突然发现，世界已有了"新船王"，而继承者则是前"世界船王"的子孙：

> 就在人们渐渐淡忘昔日船王包玉刚的时候，最近世界航运史上最大的一宗并购案，却使包氏后人重拾旧日辉煌，以近2 200万吨位夺回了"世界船王"的宝座。包玉刚女婿加上得力的孙子，加冕为新"世界船王"……（收购本格森后）环球航运集团船队由此增加108艘，总载重量近2 200万吨……目前"新船王"的运力已经超越了"老船王"包玉刚巅峰时期2 100万吨。（《消息树》网上版，2003年4月27日，引自包陪庆，2008：98）

今日的环球集团主席一职已由第三代包文刚接掌，集团现聘有4 500多名员工，图6-2是集团主要业务及企业结构，分为天然气运输（BW LNG）、液化气运输（BW LPG）、原油运输（BW VLCC）、燃煤和矿产运输（BW Pacific）、化学品运输

（BW Chemicals）以及船舶建造（BW Offshore）、船队管理与维修（BW Fleet Management）等业务，实为全球最有实力的运输巨舰，一点也不逊于包玉刚。

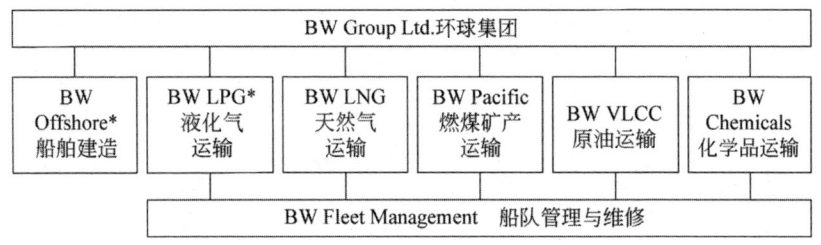

图6-2　2014年环球集团公司的结构和业务

＊上市公司。

资料来源：BW Group Limited.

与苏海文父子的环球航运类似，吴光正父子的"九龙仓"和会德丰业务，自20世纪80年代以来同样经历了不少风浪，并在各种挑战中不断取得突破，目前也已经完成了第三代接班，树立了良好的接班模范，受到社会高度评价。由于"九龙仓"和会德丰的主要业务为地产投资与开发，而这些行业自香港在20世纪80年代进入主权回归过渡期后曾出现风云巨变的情况，企业表现骤升急降，常有波动。尽管如此，吴光正总能沉着应对，在风浪中前进。为了更具体地说明企业在第二代接班后的发展情况，我们不妨以总资产和盈利表现进行说明。

图6-3及图6-4是1985—2014年会德丰和"九龙仓"总资产的历年变化，我们可以看到，两者走势大略相似，说明第二代接班还是很成功的，而并非如坊间所说，接班成了企业滑落或家族衰亡的代名词。

对于会德丰，1985年的总资产为39.78亿港元，2014年已飙升至3 399.16亿港元，其间除2003—2005年因香港面对SARS而出现较显著下滑外，其他年份均获得增长，2005年后增幅尤为巨大，30年间总资产上升了84.4倍（见图6-3），表现非常突出。

对于"九龙仓"，1985年总资产为73.26亿港元，之后持续上升至1996年的902.09亿港元。香港回归后，由于楼市泡沫破裂，本身为地产开发及投资的"九龙仓"，总资产大幅回落，直至2004年楼市复苏才止跌回升，飙升至2014年

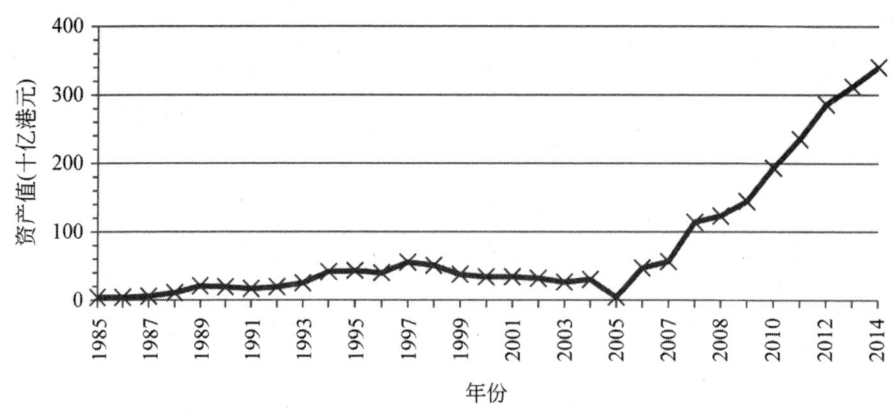

注：个别年份有缺。

图 6-3　1985—2014 年会德丰的总资产变化

资料来源：《会德丰有限公司：年报》，各年。

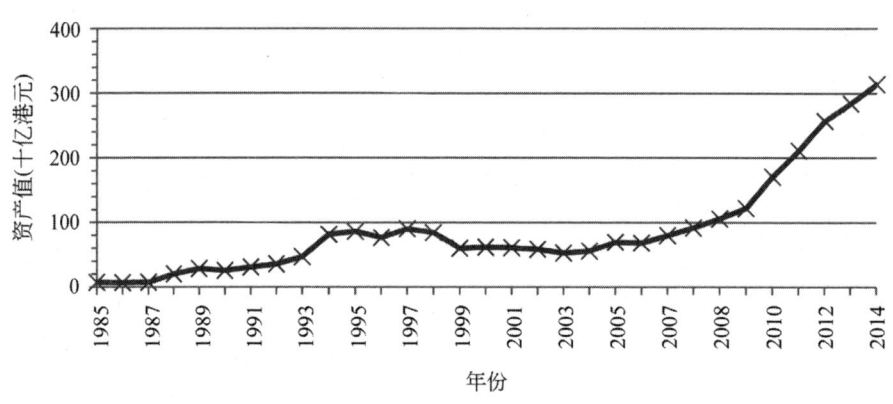

注：个别年份有缺。

图 6-4　1985—2014 年九龙仓的总资产变化

资料来源：《九龙仓集团有限公司：年报》，各年。

的 3 141.11 亿港元，30 年间总资产值上升了 41.9 倍（见图 6-4），表现同样十分突出，两者均清楚地说明吴光正接掌和分家后会德丰和九龙仓，并没有出现资产大幅蒸发的问题。

图 6-5 及图 6-6 是 1985—2013 年会德丰和"九龙仓"的营业利润和企业总体的税前、税后盈利的历年变化，表现同样相当亮丽。

第六章
冲破传统的发展与传承：航运地产并举的包玉刚家族

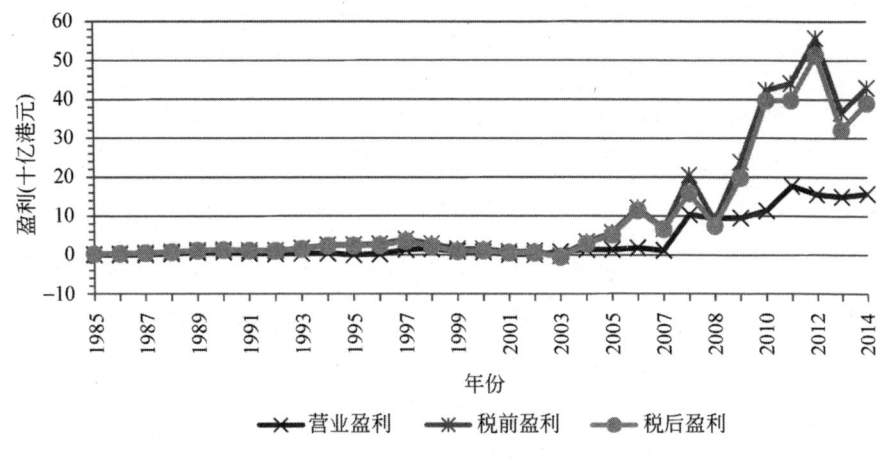

注：个别年份有缺。

图 6-5 1985—2013 年会德丰税前、税后盈利的变化

数据来源：《会德丰有限公司：年报》，各年。

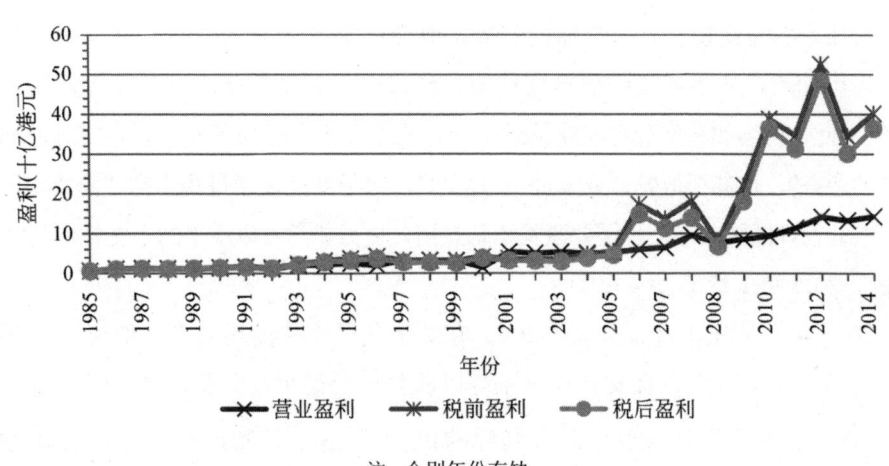

注：个别年份有缺。

图 6-6 1985—2013 年九龙仓税前、税后盈利的变化

数据来源：《九龙仓集团有限公司：年报》，各年。

会德丰方面，1985 年营业利润只有 0.08 亿港元，税前、税后的盈利则分别为 2.53 亿港元及 2.30 亿港元。这表明，企业其他方面——如资产升值及附属公司贡献等，大幅高于企业自身经营中的盈利。到了 2003 年，营业盈利为 8.21 亿港元，但税前和税后盈利则分别录得 1.91 亿港元及 5.05 亿港元的亏损，反映出企业资产贬值及附属公司蒙受亏损。到了2014年，企业的经营额为157.29亿港元，税前、税后的盈利则为429.84亿港元及389.69亿港元，税前、税后盈利大幅高于经营盈利的原因，同样与资产大幅升值和附属公司贡献巨大有关，而30年间的税后盈利表现则上升了近168.4倍（见图6-5）。

"九龙仓"方面，1986年（1985年缺失）的营业利润为10.54亿港元，税前、税后盈利则分别为11.65亿港元和10.18亿港元。之后的20年间变化不大，但自2004年起则增长迅速，到了2014年盈利达143.83亿港元，税前和税后盈利则为401.54亿港元和364.24亿港元（见图6-6）。也就是说，在过去的30年间，无论是会德丰还是"九龙仓"，其盈利均十分突出。当然，在1985—2004年约20年间表现较为平稳，2004年后才增长急速，原因当然与整体经济——尤其物业市场一枝独秀有关。总而言之，吴光正接班后的会德丰和"九龙仓"，其发展比岳父执掌时还要突出。

值得注意的是，吴光正与岳父一样，在企业巅峰之时安排儿子全面接班，尽管他的年龄仍不算老，健康也是极佳。2013年，吴光正向传媒公开表示，已计划让儿子接班，并首次谈及有关交棒的安排。他说："从未见过一个人像岳父般眼界开阔、思考深入，从不错过任何重要细节。他善于将问题简化，同时兼有蓝图在心中。"为此，他会如岳父般将家族及财产分开处理，让自己的子女"各自打理原属于自己的业务"，他甚至形容"分家是一门艺术"，而子女在接班过程中则"需要学习如何与专业管理团队共事，也需要激发团队热情，更需要学习以谦卑的态度处事"（《大公报》，2013年1月11日：A05）。

2015年，吴光正宣布全面引退[①]。在那个父子交棒的场合上，他说出以下这番心底话："1982年，（岳父）包玉刚委以我领导会德丰及九龙仓之重任，当时我才36岁。我希望吴宗权也可以有同样的机会。"基于吴光正及早安排接班的思考，"不能急，也不能慢"——安排接班要及早，但接班过程却要有耐性，让接班人全面了解和适应，并要给予充分支持。吴光正扼要地指出了及早安排子女接班的重要性。（《经济日报》，2015年2月17日：A03）

---

① 坊间传闻，吴光正及早引退是为了在2017年竞选"特首"铺路——他在1996年曾参与竞逐香港特区首任行政长官。可惜，当年他与董建华"拗手瓜"（掰手腕）时败北，所以此次在商业经营上的"急流勇退"，引人疑窦，有卷土重来之意。此点尤其可以作为政商关系极为紧密的佐证，并可作为"富不过三代"的反证，显示出如果用心经营，家族企业的发展空间无可限量。

第六章
冲破传统的发展与传承：航运地产并举的包玉刚家族

吴光正这次安排接班及分家的过程，有多个突出方面，值得内地家族学习：

（1）很早安排儿子实习和接班，自己尽早抽身而退，给儿子更大的独立自主空间。

（2）及早"分家"——零售业务连卡佛交给次女吴宗恩打理，上市地产业务交给儿子，金融投资等交给长女吴宗明，原则与岳父无异，即以公司及业务为单位，并非财产或股权上的均分。

（3）培养儿子健康阳光的形象，吴宗权不但热爱运动，为人正派爽朗，还曾因拯救海中遇溺老人不张扬而得到传媒及社会的高度评价。他谦逊有礼，给社会大众的印象极佳，这些都有利于他在接班后赢取公司上下的支持。

（4）吴光正全退后，忠厚旧臣吴天海出任"九龙仓"主席一职，同时挑选多位老臣辅助，让儿子有充足的学习适应期，确保接班过程顺利。

（5）吴光正虽然全退，但无论健康状况、人脉网络、社会地位等仍如日中天，作为接班过程的最大后台、保险或支持。当然，除非迫不得已，吴光正应不会再出山。

吴宗权接班下的会德丰集团，2014年市值为3 399.16亿港元，控股两家旗舰企业——香港的"九龙仓"（2014年市值为3 141.11亿港元）和新加坡的会德丰地产（2014年市值为39.18亿新加坡元，即约227.63亿港元），都是香港和亚洲极具影响力的大型企业。会德丰和新加坡会德丰地产均属地产发展及地产投资的企业，而"九龙仓"则是综合多元化企业，例如，香港和内地的地产投资和发展、电讯与科技、运输与物流，以及酒店业务等（见图6-7）。

相对而言，有关包陪丽/渡伸一郎夫妇与包陪慧/郑维健两人（已离异，但后者应仍代为打理投资）的资料较为缺乏，但这并不表示他们在分家后想当然地走向没落，而是仍能"以钱生钱"，令身家不断增长。当然，他们身家的变化免不了如苏海文夫妇与吴光正夫妇般，受到社会及经济发展的起落所左右。例如，2002年，香港传媒曾做专题报道——《分家竞跑十一年，包家女婿原地踏步》，意指包玉刚4名女婿的表现均没取得突破，但没有指出，当时是香港经济和投资市场的低潮期，其评论有失偏颇可见一斑。

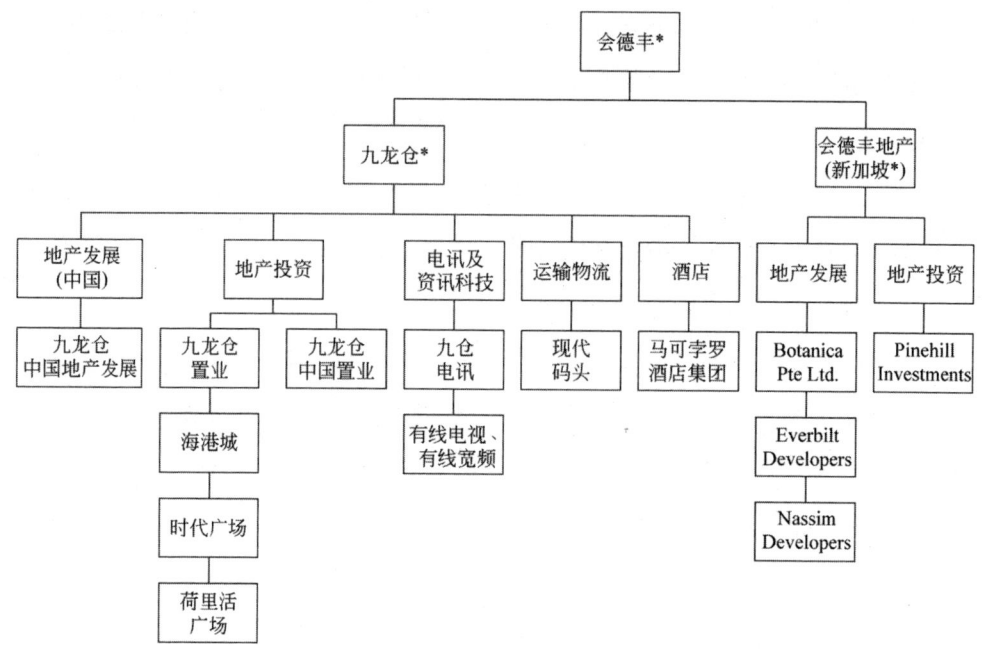

图 6-7 吴光正、包陪容家族掌控的会德丰集团的结构和业务

注：* 上市公司（不包括海外企业）。

数据来源：《会德丰有限公司：年报》，2013；《九龙仓集团有限公司：年报》，2013。

事实上，在该报道中提及，包陪丽与夫婿的投资，就算在经济低潮期也是相当突出的。例如：

(1) 1997 年以 2.3 亿港元购入喇沙利道地皮；

(2) 1997 年以约 3 亿港元购入南湾坊地皮；

(3) 1998 年以 1.4 亿港元购入港岛西摩星岭道地皮；

(4) 2000 年以 1.6 亿港元购入港岛山顶地利根德里誉皇居顶楼复式单位。

除此之外，报道又提及包陪丽与夫婿拥有的康世集团"在日本代理欧洲名车，如法拉利、玛莎拉蒂、宾利等高档汽车，同时还代理私人飞机……前年 (2001) 营业额有 13 亿多。在日本有员工 600 多人"（黄丽裳，2002：33-34）。即使仅计算香港的物业投资，到今天也已翻了多倍，夫妇的身家财富不断膨胀，实非夸大之言。

由于包陪慧和郑维健获分配的是金融投资业务，而企业又没上市，坊间对其知之甚少。尽管如此，前文提及的报道指出，2002年包陪慧家族信托基金以1.6亿港元的价格从时任财经事务局长唐英年手中购入石澳道23号大屋，而深水湾道77号的包玉刚生前居住大宅，亦属包陪慧所有，单是这两个物业今日的价值已是数十亿港元，显示出就算是包陪慧不用亲力亲为地经营企业，同样可以分享丰厚成果，其身家财富亦不逊色于三位胞姐。

顺带一提，在包玉刚的4位女婿中，吴光正与郑维健与岳父一样热心于政治，二人不但担任不少社会公职，也积极参与回归后的香港政治。例如，吴光正曾参加首届特区行政长官选举，与同样出身航运家族的董建华一争长短；郑维健在董建华任"特首"期间，曾是"特首"的首席智囊，担任中央政策组（Central Policy Unit）首席顾问，之后出任多项公职。以上各项举动显示出就算是政治上的参与，二代亦不比一代弱。

总而言之，自分家及第二代接班以来，包玉刚的儿孙们并没败坏各自的家业，反而在各个领域顺势而行，不断突破。当然，也有部分业务因环境转变而被淘汰，但并不影响大局，还可保存实力和成功传承给第三代，可见家族企业并非全如坊间所讲的"富不过三代"，而是能够屡创高峰。诚然，单个（单一女儿）的财力或社会影响力未如包玉刚时鼎盛，但如果4人合在一起，则明显是有过之而无不及。

八、结　语

如果我们细看不少家族企业案例，无论是新鸿基地产的郭得胜家族、利丰集团的冯国经家族，甚至是镛记酒家的甘穗辉家族，以及本章深入探讨的包玉刚家族，不难看到，家族企业既有充满发展动力、创新精神的一面，亦有灵活变通、适应社会转变的一面，实在不应妄自菲薄。

换个角度来说，一直在西方世界奉为圭臬的所有权与控制权"两权分离"企业，在交由非家族职业经理人领导时也会遇到层出不穷的问题，让不少百年企业如雷曼兄弟、贝尔斯登、通用汽车及美林证券等不是关门大吉，便是身受重伤。这进一步说明将一代创立的基业交给非家族经理人，以为便能"长远健康发展"，只是一厢情愿而已。

更为中肯地说，家族企业虽有不少弊端，但也有独特的优势；反之，去家族化虽有一定好处，但也有致命缺点。所谓"打铁还需自身硬"，上一代应明白其中的规律，积极培养具有使命感的下一代接班，才能推动家族企业的不断发展，给予家族最好的保障。

参考文献

BW Group Limited. No year. "BW Group", http：//www. bw-ventures. com/about-us/bw-group *Newsweek*. 1976. "King of the Sea", pp. 3-10，6 March 1976.

Hutcheon, R. 1990. *First Sea Lord：The Life and Work of Sir Y. K. Pao*. Hong Kong：The Chinese University Press.

Wheelock Properties（Singapore），Annual Report，various years.

《九龙仓集团有限公司：年报》，各年。

《会德丰有限公司：年报》，各年。

《大公报》，各年。

包陪庆：《包玉刚：我的爸爸》，香港，商务印书馆，2008。

庄凯勋：《环球航运家包玉刚》，载庄凯勋（编）：《环球航运家包玉刚》，1～27页，北京，海洋出版社，1986。

董兆裕：《我与二哥》，见金董建平、郑会欣（编）：《董浩云的世界》，306～307页，北京，生活•读书•新知三联书店，2007。

黄丽裳：《分家竞跑十一年，包家女婿原地踏步》，载《壹周刊》，2002年4月25日，116～122页。

第七章

婚姻联盟与家业繁衍：董建华的航运世家

为了生存、发展和延续，人类社会组成了各种强弱不一的制度和关系网络，有些以血缘为纲纪，有些以地缘为主轴，有些则以业缘为核心。在人类历史上极为悠久的婚姻制度，所建立起来的网络，可以跨越血缘、地缘和业缘的不同界域，具有更强韧力、更大弹性，影响力更为巨大、效果更佳，所以常常为子孙众多的世家大族所使用，以提升本身家族的人力资本、社会资本和产业资本，使家族世代传承。

董氏航运家族开拓于第一代（顾宗瑞），壮大于第二代（董浩云、顾国敏、顾国华及顾国和），在第三代（董建华、董建成）的领导下克服困难后扬名天下，目前则由第三及第四代经营拓展。其在两岸三地乃至世界政商界的地位和影响力，在众多航运家族中可谓无出其右。正是婚姻联盟赋予了这个中国航运家族强大的韧力，即使在战乱时期，仍能保持对商业机遇的高度敏感，在逆境中找到生机。

20世纪90年代中期，因应香港回归的重大历史转变，有意问鼎香港特别行政区首任行政长官（以下简称"特首"）的各方人选，摩拳擦掌、各展所长，短兵相接、此起彼伏。竞争者中以罗德丞、李福善、杨铁梁、吴光正和董建华5人最为突出——他们的家族都是财雄势大，政商人脉网络无远弗届。罗德丞和杨铁梁来自买办家族；李福善和杨铁梁为资深法官；吴光正、董建华和李福兆来自航运世家；罗德丞和李福兆为"富三代"，杨铁梁、吴光正和董建华为"富二代"，可谓旗鼓相当。

第一阶段的竞争结果是，罗德丞和李福兆先"坠马"，无法"入闸"参与竞逐，背后原因据说是政治后盾不足；只有吴光正、杨铁梁和董建华3人正式以"特首"候选人身份参与竞夺，最后则是吴光正与杨铁梁败北，董建华大热胜出，写下董氏家族在香港历史上浓彩重墨的一笔[①]。

[①] 吴光正已辞去在家族上市企业的职务，传言他计划卷土重来，参选第五届"特首"。此说虽被吴光正否认，他表示，"对'特首'职位没有一丁点儿兴趣"，但他仍具有高度的政治影响力。这进一步说明香港的世家大族，甚少有坊间所说的"富不过三代"的情况，而是仍然稳踞社会上层。坊间说法言过其实，值得商榷。

第七章
婚姻联盟与家业繁衍：董建华的航运世家

单从那次问鼎"特首"人士的家族背景来看，所谓"富不过三代"，颇为一厢情愿。根据深入研究的资料，世家大族凭其人力、财力和社会影响力，不断积累财富、强化社会地位，甚至"商而优则仕"，走上政坛，使得家族企业和财富可以长久传承、互相强化，家族传承的坚韧比我们预期还要强。本章以董建华航运家族的联姻网络为案例，说明世家大族如何利用政商或社会关系网络，以巩固实力、分摊风险，从而维持家业和社会地位的历久弥新、不断壮大。

一、 婚姻联盟的缔造与扩张

为了生存、发展和延续，人类社会组成了各种强弱不一的制度和关系网络，有些以血缘为纲纪，有些以地缘为主轴，有些则以业缘为核心。在人类历史上极为悠久的婚姻制度，所建立起来的网络，可以跨越血缘、地缘和业缘的不同界域，具有更强韧力、更大弹性，影响力更为巨大、效果更佳，所以常常为子孙众多的世家大族所使用，以提升本身家族的人力资本、社会资本和产业资本，使家族世代传承。

在中国的历史上，通过婚姻联盟以建立稳固政经及社会网络者，实在为数不少，有些更是至今仍为人津津乐道。例如，战国时代的秦国和晋国，为了抗衡外敌，便通过相互通婚建立起保护屏障，即民间常说的缔结"秦晋之好"；著名的"王昭君和番"也是汉元帝采用婚盟方法，将王昭君赐给匈奴君长为妃，以达到"抚边睦邻"的政治目的；雄才伟略的唐太宗李世民，则将文成公主外嫁给吐蕃松赞干布，以拉拢吐蕃的归顺；蒙古统治横跨欧亚的庞大帝国，亦曾利用王室与不同部族及贵族通婚的策略，建立互相支持、祸福共享的联盟关系。换言之，婚姻结盟自古以来一直被统治阶层视作建立政治网络的重要工具。

统治阶层如此，民间也是如此。农村社会有一种十分普遍的现象，友好村庄之间以互通婚姻来结成非正式的联盟，以强化互信、互助的关系，来对抗敌对村庄的侵犯或威胁。一些世家大族之间通过婚姻结盟来建立关系，以巩固彼此的社会地位和经济利益，同样十分常见。北京大学社会学家潘光旦指出，通婚是两个家族的结盟,是家族扩张和建立社会网络的重要工具。在华人社会,有关婚姻联盟如何发挥效果,进而巩固家族企业的研究,其实并不多见,反而在西方学术界谈论得比较多,这与华人社会强调人脉关系和社会网络的情况并不相称。

欧洲有关王室及贵族之间婚姻联盟的研究为数不少。欧洲联姻的主要原因,一方面是欧洲王室的血统优越感极强,一直有族内通婚以保持纯正血统的传统观念,所以产生不少近亲繁衍的先天性疾病;另一方面,则是为了通过缔结联盟实现抵抗外敌的"外交战略",因为欧洲城邦林立、战火频仍,而最能取得互信、强化各方命运共同体的有效方法,就是融合血缘关系的婚姻联盟。

如果聚焦于英国王室的通婚便很容易发现,不同年代的英国王室与欧洲大陆王室之间,通婚数不胜数。例如,19世纪,英国在位时间最长的维多利亚女王和德意志萨科堡与哥达(Saxe-Coburg and Gotha)城邦的王子阿伯特(Albert,由于全名很长,只用英文首名,下同)结为夫妻,强化了英国与德意志王室的关系。

维多利亚女王所生的9名子女,长大后成为英国王室向外扩张的重要部分。例如,和父亲一样叫阿伯特(Albert,日后成为英国国王爱德华七世,Edward VII)的王子,迎娶丹麦王室公主亚力山德拉(Alexandra);二女雅德丽(Adelaide)嫁给德意志和普鲁士国王腓特烈三世(King of Frederick III);三女雅丽斯(Alice)下嫁德意志贵族希斯大公爵(Grand Duke of Hesse)刘易斯四世(Louis IV);四子阿发德(Alfred)娶俄罗斯大公爵之女玛丽(Marie);五女夏莲娜(Helena)下嫁德意志城邦苏益格荷尔斯泰因(Schleswig-Holstein)王子克里斯安(Christian);六女雷尔斯(Louise)嫁给英国贵族亚皆老公爵(Duke of Argyll)约翰(John);七子阿瑟(Arthur)娶普鲁士公爵之女雷尔斯(Louise);八子利奥普(Leopold)娶了德意志华德克与派蒙(Waldeck and Pyrmont)城邦公主夏莲娜(Helena);九女碧翠丝(Beatrice)嫁给德意志毕腾堡城邦(Battenberg)王子亨利(Henry)。大英王室与欧洲大陆的王公显贵通过联姻建立了紧密的关系。维多利亚女王的内外孙们又以同样方式在欧洲王室贵族间通婚,使其婚姻网络得以进一步扩张——维多利亚女王被冠以"欧洲祖母"的

第七章
婚姻联盟与家业繁衍：董建华的航运世家

称号。

进一步的研究发现，不但王室之间经常采用通婚缔结坚固联盟，贵族及巨富世家也有样学样。例如，薛连（M. Zeitlin）和烈杰夫（R. E. Ratcliff）指出，利用相互通婚的方法，贵族及巨富世家们不但可以建立紧密的互助互利机制，还可以产生连带的相互忠诚和相互责任，从而壮大了他们的经济利益的基础，实现上层阶级的内部团结。

董武夫（William Domhoff）的研究显示，统治阶层会采用各种方法，强化自身对经济资源的控制，巩固社会名誉及地位、政治地位及影响力，而婚姻联盟则是其中一个重要方法。薄考域（Stephen D. Berkowitz）认为通过通婚，世家大族之间的共用资本（包括经济、文化和社会资本）可大大提高，不但对商业活动有所帮助，对政治活动也有裨益。

沙宾（David Sabean）指出，婚盟关系不但有助于家族的经济利益，还可代代相传，不断强化，影响深远。他认为：

> 婚姻作为一种门户之间建立联盟的方法，自18世纪起便是学术界研究的对象。最近有更多的研究显示，世家大族之间的亲戚关系，仍不停透过相互通婚的方法，延续和强化下去。整个（婚盟）制度看似松散，但内里却暗示着控制权在亲族组织（kin group）内不停循环和流通。（Sabeam, 1976: 101）

史葛（John Scott）和祈芙莲（Catherine Griff）认为，世家大族通过婚盟关系，大大强化了商业利益。他们认为：

> 透过数代人的相互联婚，查南（Channon）家族、林朗-培迪（Lennox-Boyd）家族和咸-谭-布（Hamilton-Temple-Blackwood）家族，与建力斯（Guinness）家族、艾维伯爵（Lord Iveagh）家族，建立起一个深层次的亲族经济组织（kinecon group）。该组织在1976年前控制了英国酿酒公司18.98％股权和过半数的公司董事职位。另一相类似的亲族经济组织是马莎百货（Marks & Spencer）。从最初开始，马氏（Marks）家族和薛氏（Sieff）家族便以互相通婚的形式紧密地结合在一起。这两个家族的后人再

与撒查（Sacher）家族、邦地（Blond）家族、苏士文（Susman）家族和古德文（Goodman）家族等通婚。在1964年之前，这些世家大族在马莎百货内维持着绝大多数的控股权。到了1976年后，他们的控股权已被摊薄至只有1.6%。虽则如此，他们仍可以透过婚盟关系控制董事会内过半数的席位。(Scott and Griff，1984：23)

很明显，在讲求阶级、身份和地位的欧洲社会，以婚姻结盟而建立起来的家族网络，对保障家族的经济利益、政治利益以及社会地位，有着明显而直接的作用。事实上，在深入研究香港的华人世家大族后，我们发现，不少家族的崛兴历程有很多共同之处，而他们建立社会网络的手法也大同小异。在华人社会，以通婚方式拓展社会网络，古往今来都十分普遍。各个零星散落的家族，便可以结成一张千丝万缕、纵横交织、盘根错节的社会网络——何东家族和李石朋家族便是香港世家大族中的重要案例。我们将在本章中以航运世家的案例，说明婚姻联盟的重要效用和具体操作，并作详细分析。

二、中国航运世家：诞生、成长与扩展

欧洲不少海洋国家的航运家族历史悠久、影响巨大，而中国的海岸线尽管绵长，但民营航运业的发展历史其实较短。这其中的重要原因，一方面，与中国以农立国、渔民地位低下有关，鲜有大家族愿投身其中；另一方面，则与近代中国国力薄弱有关，长期遭受欧日强国欺凌，丧失航运主权，海洋利益由外国航运巨头瓜分。

19世纪中叶，欧洲人凭借船坚炮利打开中国大门，迫使清政府开埠通商，航运业渐趋吃重，民间航运公司开始涌现。只是由于资本及技术等限制，规模很小。何东家族曾经营香港至南洋的航线，李石朋家族曾经营香港至广州航线，陈焕荣家族曾经营汕头至香港和南洋航线，而宁波的李也亭和叶澄衷则经营苏浙沪及京津航线等，成为中国早期从事航运生意的民间企业家。

洋务运动期间，航运成为重点推动的发展项目。1872年，李鸿章主持创办

第七章
婚姻联盟与家业繁衍：董建华的航运世家

了首家规模宏大的"官督商办"航运公司——轮船招商公司，在雄厚资本的支持下与英资怡和航运和太古航运等直接竞争。但民间资本创立的航运公司毕竟势单力弱，发展空间有限。

尽管竞争环境极为不利，但因跨地域的物流与人流不断提升，民间航运公司刻苦耐劳、敢想敢拼、经营灵活，仍有一定的生存和发展空间。董建华航运世家就是在这样的大环境下诞生的，日后虽然受到内外政局冲击，但始终能化险为夷、发展壮大，成为世界航运业的奇葩。

董建华航运世家的发展历史，要从其外祖父顾宗瑞的传奇说起。顾宗瑞1886年农历十二月初五出生于宁波镇海（今北仑），长大成人后只身前赴上海谋求更大发展。在经历打工岁月的原始资本、经验和人脉的积累后，顾宗瑞成家立室，妻子周翠玉先后生下三女（顾丽珍、顾荣珍、顾善珍）四子（顾彭庚、顾国敏、顾国华、顾国和，其中顾彭庚早夭）。而他于年届30岁的1915年，因应当年的进出口贸易手续繁多的商机，创立了泰昌祥报关行，代客办理各种货物出入口报关、验货和缴税等业务。

到了20世纪20年代中期，顾宗瑞自建船队，成立了泰昌祥轮船行，经营上海一带的航运业务，后拓展至长江中、上游各埠。1926年，顾宗瑞与赵吉斋、赵美斋、赵承斋等人合伙，组建了上海泰昌祥轮船行，由顾宗瑞任总经理。公司创办初期，资本额共计4 800两白银，业务除了运输，亦开展船舶代理、揽货、出租等业务。1936年，公司资本才增至法币2万元。

顾宗瑞的航运事业自创立起，一直发展得相当迅速，资本滚存日多，添购3艘二手汽船，向长江流域一带的贸易提供货轮运输服务。泰昌祥轮船主要行走于长江口一带，提供客、货运输。由于船队扩展迅速，很快便扩展至更远的区域，例如，往来于上海与天津之间的水域。6名子女长大后，更是通过婚姻联盟的安排，壮大家族力量，开拓航运生意。

1931年，顾宗瑞斥资购置两艘新船，成立永安轮船行、永亨轮船行两家子公司，此举既标志着顾宗瑞开始以独立船东的身份经营船运事业，也标志着泰昌祥以航运作为核心业务的扩展。抗战前，顾氏在上海拥有外滩天文台附近的码头一处；在宁波拥有码头和仓库各一处；在海门拥有仓库一处。这些设施均是租地出资自建的，显示出那时的泰昌祥已拥有一定财力了。

凭着顾宗瑞的精明干练，泰昌祥的业务蒸蒸日上，但说起对家族长远发展影响更大的，却是他在那时决定将长女嫁给一位名叫董浩云（又名董兆荣）的青年才俊。原来，顾宗瑞育有三女三子，长女顾丽珍于他决定自行创业那年（1915年）出生，到20世纪30年代已亭亭玉立。那时顾宗瑞因开拓天津航线的关系，与任职于天津航业的董浩云相识。他对这位来自宁波定海的青年十分欣赏，有意招他为婿，并通过好友充当月老，促成婚事。长女与董浩云于1932年订婚，翌年正式结为夫妇，日后不但诞下了董建华、董建成等子女，更书写了家族在航运界的传奇。更为重要的是，1933年顾、董两家的婚姻，不但攸关一对年轻人的幸福和子孙后代的繁衍，更关乎两个家族航运事业的快速发展。这实在是双赢联姻，不仅实现了一段美满姻缘，更成就了一番航运传奇。

董浩云年纪轻轻就已有过人表现，获得顾宗瑞青睐。生于1912年9月28日的董浩云，年方16岁便已踏足社会，在其兄董兆丰的引荐下加入位于上海的日本国际运输公司，后转职金城银行旗下的天津航业公司，在处理与天津英租界及津海关港务部的码头地皮事宜中一战成名，享誉上海。

董浩云成为顾宗瑞长婿后，人脉和商业网络进一步扩张，事业更为进取。有两项举动强化了他在航运界的名声和地位：其一是1936年协助处理天津大沽口因严寒天气引致河面及海面结冰，令轮船被困一事，泰昌祥轮船得以成功脱险；其二是因应民国政府交通部制定航业政策，促成业界合作，草拟《整理全国航业方案》提交政府，为行业的发展奠下重要基础。

董浩云事业真正的里程碑，则是1940年在上海宣告成立的中国航运信托公司（1941年再向香港政府注册）。他从此自立门户，开拓航运业生意的重要一步。公司成立时原始注册资本为25万元，分为5 000股，其中董浩云只有200股，顾丽珍拥有1 185股——没有工作的顾丽珍之所以有财力认购那么多的股份，显然与父亲顾宗瑞有关。

董浩云在事业不断取得突破的同时，岳父顾宗瑞的生意也蒸蒸日上。除了经

第七章
婚姻联盟与家业繁衍：董建华的航运世家

营泰昌祥轮船行，顾宗瑞还与儿子顾国敏于1941年年底太平洋战争爆发前，创立了威利航业①（即日后的万利航运公司），以机帆船为主力，经营上海沿海附近的货运生意，在战火连天的时期也取得了不错发展。更为重要的是，顾宗瑞航运家族的网络进一步扩大，自长女出嫁后，次女顾荣珍和三女顾善珍承父母之命，嫁得如意郎君，两人丈夫同样从事航运业。

顾荣珍的丈夫朱世庆为浙江镇海人，1918年生，曾任职英国怡隆公司（George Shaw）上海分公司，后来与董浩云共事，参与中国航运信托公司的创立。之后则自立门户，创办威利轮船公司和益寿航运公司等，背后同样有岳父扶持的助力。

顾善珍丈夫张翊栋的舅父是上海大昌煤行老板（人称煤炭大王）徐贵生。徐氏曾任日本山下煤炭公司（Yamashita）买办，曾染指轮船航运生意，与顾宗瑞颇有私交。1941年，徐贵生与顾宗瑞联合多位船东（例如，天津航业的叶绪耕、泰康船业公司的伍德邻和中贸银行的汪少鹤等）购入一艘载重达5 000吨的巴拿马型轮船Ramona（雷梦娜）。张翊栋在成为顾宗瑞乘龙快婿前，已在经营航运生意，打理中国商船公司业务。也就是说，对于整个家族而言，除了顾宗瑞父子的泰昌祥和威利航运公司，还有3位女婿的中国航运信托公司、益寿航运公司和中国商船公司。到了20世纪40年代，以顾宗瑞为首的中国航运家族已经逐步壮大成为航运界举足轻重的力量。

三、战火连天时的攻守进退

1937年7月7日，董浩云长子董建华出生，那天恰为抗日战争爆发。战争不但给家族带来灾难，更让企业的发展遭到巨大破坏，并改变了前进方向。虽然我们通常认为"倾巢之下，安有完卵"，但对于触角敏锐、敢于冒险的企业家而言，

---

① 有关此公司的说法的另一版本是，顾宗瑞二女婿朱世庆参与其中。由于早年的船公司不少并非由单一家族拥有，而是往往由数个或十数个股东合伙兴办，所以朱世庆参与其中并不出奇。

所谓"富贵险中求",战争年代同样有另辟财源、开疆扩土的机会。顾宗瑞航运家族的走向,展示了不同层面的遭遇和造化。

为了防止日军沿江长驱直进、入侵中华大地,国民党政府决定在长江各要塞设置阻塞线,并宣布征用全国各地船运公司的轮船和趸船等,沉塞港口航道,防止日军乘水路进犯内陆。这一消极抵抗计策首先选定的沉船阻塞线,是地势险要、航道狭窄的江阴口岸,之后扩展至马当防线。

在大敌当前、国家存亡之际,包括泰昌祥在内的不少中国民营轮船公司,相继献出了自己的船舶。据《上海长江航运志》记载,泰昌祥的永升轮在1937年12月13日被国民政府征用,并于12月20日被击沉于马当。然而,马当阻塞未能阻止日军进攻。1938年秋,武汉告急,国民党政府又大量征收民间船只,在宜昌江面充作封锁线。顾宗瑞的永亨轮于6月被征用,并在开往宜昌途中搁浅,后被拆毁,钢铁用作军事材料。这使得顾宗瑞刚建立的事业遭受了巨大打击。战争中上海成为"孤岛"之时,虽然航运业异常兴旺,但泰昌祥却只有悬挂英国旗的永敏轮、利群轮和江苏轮仍在营运,错失了大好发展机会。

刚踏上创业之路、家财未丰的董浩云,则损失不多。他目光锐利地看到那些航运公司因名下轮船被国家征用而"名存实亡",以低廉价钱购入股份,跃升成为那些公司的老板。这个举动使他在抗战胜利后从政府赔偿中获得了丰厚回报。董浩云的舅仔(顾丽珍长弟)顾国敏这样说:

> 在世界大战期间,原由朱秀庭经营的寿康轮船公司船只被击沉,公司已无资产,但浩云却看中时机,以较低的价格购入该公司的股票。大振是另一间船公司,董浩云也买了该公司的股份。战后当讨论到船只的赔偿问题时,浩云便有权获得赔偿,因此后来便成为复兴航业公司的股东之一。

(顾国敏,2007:274)

在顾国敏眼中,懂得"利用每一个时机成就事业"的董浩云,即使在战乱时期,仍能保持对商业机遇的高度敏感,在逆境中寻找生机。事实上,当日军侵略中国及亚洲各国时,具有灵活变通能力的企业家,能够攻守兼备,取得突破或是减少损失。

第七章
婚姻联盟与家业繁衍：董建华的航运世家

战火不断蔓延之时，不少大型轮船被日军侵占（包括雷梦娜轮），严重地影响了交通运输能力，但市场对物资调动与运输的需求却又极为迫切，所以运输收费节节上升。当然，那时炮火不绝、燃料高昂、风险极高，吃去不少利润。尽管如此，主要轮船已被政府征收的顾宗瑞父子，想出了以一种俗称"蹦蹦船"（因旧式机动马达声太大而得名）的机帆船（一种体形较小并以帆船配备机动马达的船只），航行于长江沿岸，生意畅旺。由于蹦蹦船体形较小，运输量不大，可以避免"将所有鸡蛋放在同一篮子里"的风险。不久后，由于石油及燃煤供应短缺，顾国敏与船长想出了以木柴代替燃煤的方法，既可降低成本，又能克服战时石油、燃煤缺乏的问题。这些创新极大地推动了家族企业的发展，几乎成为垄断生意。

1942年，顾宗瑞针对当时上海金融流转不畅、融资极为困难的问题，与友人共同创立了瑞华银行。由并无经营银行经验的顾国敏担任副总经理，主持业务。然而，由于那时营商环境波谲云诡，金融秩序变化多端，加上顾氏父子对银行业务并不熟识，经营上出现严重亏损。顾宗瑞父子毅然决定壮士断臂，1944年将所有瑞华银行股份转售给盐业银行，"止蚀离场"。

无论是顾宗瑞父子，抑或是董浩云，在战火连天的动荡岁月中，虽然面对着极大的危难，却总能凭借锐利目光，持盈保泰，减少损失，甚至在某些层面取得突破。战争中的营商环境对于某些企业家而言，并不像普通人想象般死气沉沉，而是同样存在一定的生存空间。顾宗瑞父子与其女婿们在抗战时期仍然打拼开拓，抗战胜利后更能捷足先登、趁势而起。

对中国航运业而言，抗战胜利后的发展空间，吊诡地可以用"黄金时期"形容——主要原因是自鸦片战争之后，因签订不平等条约而丧失百年的航运主权，中国政府终于彻底收回，让民营航运公司获得了千载难逢的发展机会。在此之前，受到不平等条约的制约，轮船公司设立、船舶检验、颁发证照、考检船员、管理港务，以及沿海沿江航行工事的设立修理等，均由外资巨企执掌；就连海关大权亦由洋人一手独揽——中国的航海主权旁落，完全掌握在财雄势大的外国航运公司之手。收回航运主权后，民间航运公司过去长期被压抑的潜力得以爆发，如井喷般发展起来。仅3年时间，全国商船数目由总载重吨位不满8万吨，急速增加至1948年10月月底的3 830艘商船、总载重吨位为116万吨的历史高峰。

顾宗瑞父子在战时的艰苦环境中仍能维持业务，对行业状况十分了解，抗战胜利后迅速崛起。单是1945年，顾宗瑞已可迅速筹集资金，以泰昌祥名义买进永耀轮，扩展业务。翌年，更先后买进泰生轮、永舟轮、镇海轮和新江苏轮合共4艘货轮，加上战时因挂了英国旗而没被政府征用的永敏轮、利群轮和江苏轮，以及多艘蹦蹦船，航运实力其实已相当充沛，在民营航运公司中不容低估。

我们可以通过档案资料观察泰昌祥在抗战胜利后的急速发展。顾宗瑞向上海市社会局提出申请，将家族控股的泰昌祥轮船行与永亨轮船行及永安轮船行合并，创设泰昌祥轮船行有限公司，总公司设于上海江西中路十四弄B六号，并在宁波、温州、天津等地设立办事处。复业后的泰昌祥，额定资本为2亿元（1946年6月登记时的币值），实收资本为2亿元。公司的主营业务是"专营客货运输"；次要业务为"兼营代客报关、运输等"。

新公司的股东和投资额分配如下：顾宗瑞占5 000万元、顾国敏占3 000万元、顾国华占3 000万元、周玉记占2 000万元、李行记占2 000万元、顾建舟占2 000万元。他们全是顾氏家族成员，除了顾氏父子，还有顾宗瑞太太周翠玉和大媳妇李行健①，以及才三四岁的长孙顾建舟。总经理是顾宗瑞，经理为顾国敏，副经理为顾国华，业务主任为卢锡恩，总务主任为陈康荣，会计主任为张顾秉衡，稽核主任为干容庵，还有两名顾问——中国航运公司总经理董浩云和宁波商会会长周大烈。

从上述登记来看，年纪尚轻的三子顾国和没有出现在公司中，这或许因为那时他正在黄埔军校接受军事训练。在员工登记栏中，分为"船上"和"岸上"两个组别，前者达93人，后者则有31人，总共聘用职工的人数达124人。换言之，复业后泰昌祥的组织规模已更上一个台阶。

---

① 受资料所限，我们不知李行健何时下嫁顾国敏，李行健娘家是否从事航运业，是否来自大家族，资料同样极缺，所以了解不多。

第七章
婚姻联盟与家业繁衍：董建华的航运世家

进一步数据显示，复业之初，泰昌祥开办了三条航线：航行于上海、宁波、温州、厦门、香港、广州等的南洋线，航行于秦皇岛、大连、天津等的北洋线，以及航行于南通、镇江、南京、汉口等的长江线。当时百废待兴，航运业十分繁荣。例如，江苏轮、永敏轮分别行驶沪涌线及沪浔线，每月可带来高达 6 000 万元的盈余。自 1946 年 10 月泰昌祥复业以来，货运收入达法币 3.8 亿元，客运收入达 3.66 亿元。

与泰昌祥同步复业的，还有一家叫"兴利行"的轮船公司，创办人是顾国敏。不过这是一家很小的船公司，只有一艘载重为 100 吨的小船而已。此公司日后与泰昌祥一样，在 1949 年宣告停业。此外，顾国敏还在"新泰昌轮船行"兼任经理之职，只是由于资料缺乏，我们不清楚这家公司是否亦由顾宗瑞所开办，或与泰昌祥有什么关系。

泰昌祥复业 1 年后，顾宗瑞把江苏轮从公司中划出去，另设"江苏轮船有限公司"。由于江苏轮日后发展颇为曲折，因而让我们作出深入一点的介绍。章程显示，该公司主营业务为轮船运输，资本总额为国币 10 亿元。与泰昌祥不同的是，股东名单多了几人，包括顾国和、董浩云、董兆丰、董建华和顾长发等，顾宗瑞及董浩云担任执行董事，顾宗瑞兼任总经理。

值得注意的是，在这家新成立的公司中，青年时被顾宗瑞送往黄埔军校接受训练的三子顾国和，名字虽然出现在名单上，却仍注明由顾宗瑞为代表，显示他那时仍留在广东，尚未回到上海。顾长发又名顾邱，是顾宗瑞的亲戚。江苏轮原是顾宗瑞与人合伙购入，改组后便基本上变成顾氏的家族公司了。

在设立江苏轮船有限公司后，顾宗瑞于 1947 年 7 月 28 日向上海市社会局提出正式登记申请。同年 8 月 6 日，经上海市社会局局长吴开先核实后批准，"仰即依法申请设立登记可也"。1948 年 2 月 9 日，经国民政府经济部长陈启天批准，正式开展业务，成为家族在航运业上的一股重要力量。

相对于岳父在战后的大展拳脚，在政治上有卓越表现的董浩云，其生意和事业在战后的急速发展，更为引人注目——他获得了国民政府的信任，负责战后轮船与航线收复工作，经常奔走于英、美、日之间。这一重要工作令他的政商人脉网络大幅扩大,由他主导或牵头的项目大量增加。

在众多工作中最为重要的是,董浩云以船主身份牵头创立的复兴航业公司。创立复兴航业后,他出任董事兼总经理一职(顾宗瑞则任董事),代表民营船东向政府追讨战时遭征收船只的赔偿,轰动业界,奠定了他在航运业上的领导地位。真正令董浩云的航运业实力获得大幅提升的重要举动,则是他成功购得英国船主摩勒公司(Moller & Co.)在华所有轮船一事。

抗战胜利后,由于废除了不平等条约,外国商船不再享有特权,于是纷纷变卖手上船只,结束在华业务,英国船主摩勒公司则可谓首当其冲。由于摩勒公司老板与顾宗瑞合作多年,关系深厚,双方磋商,洽谈合作,其中的方案据说是摩勒将其轮船(共7艘)转售给泰昌祥,而大家在经营上则分享利润——成本和利益各占一半,购船款项则在生意有钱赚后才分期支付。

然而,泰昌祥与摩勒公司进行私下协议时半路杀出个程咬金,此人便是董浩云。摩勒公司最终决定以暗标的方式出售手中轮船,而董浩云因看好中国航运业的发展,提出了比顾宗瑞更有吸引力的条件,最后成为摩勒公司轮船的买家。"1947—1848年,董浩云向摩勒公司买下七艘船,大部分是分期付款方式支付",可见商场上的竞争"认钱不认人"。正因董浩云能在那个重要时刻成功吸纳了摩勒公司的7艘轮船,加上战后先后购入的多艘轮船,包括慈航、慈云、天龙、天平和天行等,航运实力已经大幅飙升,甚至超过了岳父的泰昌祥。

受研究资料所限,顾宗瑞另外两名女婿在这段时间的发展所知不多,但我们推测其发展应当不错。例如,在抗战胜利之初的1946年4月,上海轮船业公会恢复会务、召开会员大会时,顾宗瑞联同3位女婿出席,他本人曾在会议上提出了恢复航运业和会务的看法,并在该会理监事的选举中获推举为候补理事,翌年成为监事。

顾宗瑞与女婿董浩云在战后"黄金时期"施展浑身解数开拓业务,不断取得突破,解放战争却爆发,烽火重燃。战争给刚迈出发展脚步的航运企业家再次带来巨大挑战。战火爆发之初,主要集中于华北平原一带,对海上运输生意打击不大,甚至有刺激作用,所以顾宗瑞和董浩云等仍紧锣密鼓地增加投资、发展业务。然而，随着战火加剧，国民党败局已定，不少航运家族不得不思考进退、选择去留。

值得注意的是，国民党已作出了撤退台湾的准备，急需大量轮船运输财宝、物资、军政要员及家属等，包括顾宗瑞拥有的江苏轮在内的不少民营轮船被国民党征用。资料显示，江苏轮于1949年4月被国民党强行开走，由宁波开往舟山，在该岛接载民众、军人及物资，然后开往台湾，从此一去不返，而顾家之后也没有获得国民党政府任何赔偿。顾宗瑞家族亦在江苏轮离去不久，举家离开上海，踏足一个完全陌生的地方——香港，展开新的生活。

四、移居香港，东山再起

成功的企业家必有洞烛先机的锐利目光，既能别具慧眼地看到某些机会，在他人仍举棋不定时抢先迈出脚步，又能比一般人更早地察觉到某些危机。20世纪40年代末，中国政局的急速转变，可说是对企业家的重要考验，而顾宗瑞父子和其女婿们的不同应变之道，则十分清晰地展示了他们之间不同程度的企业家精神。

华北地区战局胜负已分，董浩云作出由上海移居香港的重要决定。早在10年前，由于筹划在香港发展业务，他已在九龙塘购入大宅，所以当政局出现巨变之时，他即在1948年11月27日将妻儿由上海接到那里生活。顾宗瑞夫妇已过花甲之年，不舍得一生在上海打拼下来的事业，只想继续留在上海，但儿子顾国敏则认为世事难料，最后成功劝服两老于1949年5月乘坐最后一班民航客机离沪赴港。顾宗瑞另外两个女儿及女婿，则在其后察觉到发展不易之后，才决定离沪到港，与顾宗瑞团聚。

在那个政局波谲云诡的年代，很多人对前景并不了解，而他们一念之间的去留决定，不但影响他们本身的人生际遇，也关系到家族子孙后代的命运。在历史的十字路口作出的艰难抉择，影响极为深远。

当时仍属英国殖民地的香港，无论政治环境、经济规模、社会制度，乃至语言、气候和生活习惯等，与上海无疑颇有差距。这给顾宗瑞等新移民带来不少困难，但最终安顿下来。站稳脚跟后，顾宗瑞获得了东山再起的机会：抗战时期被日军掠走的雷梦娜轮，被以美国为首的联军接收，在完成维修工程后，可按赔偿办法在收回维修费的情况下物归原主。董浩云因与驻日美国高级将领交往密切，最终促成雷梦娜轮物归原主，由日本开到中国香港。正如前述，雷梦娜轮由多位股东合资购入，应该如何处理变得颇为微妙，而大家最终得出的共同决定是，以暗标的方法进行竞投，价高者得。

在雷梦娜轮投标之前，有人放出烟幕弹，表示不想继续经营航运业，但暗地里却想尽方法；有人私下联合，希望排除对手。顾宗瑞虽然热切希望投得雷梦娜轮，但他心知那时的财力有限，就算投得该船，也没钱支付。为此，他派遣儿子顾国敏与当时的英资洋行会德丰的马登家族私下接触，在获得对方首肯愿意给予贷款后，才底气十足地参与投标，最终成功击退对手，成为雷梦娜轮的唯一主人。

投得雷梦娜轮后，顾宗瑞成立香港万利轮船公司（Valles Steamship Limited），并将雷梦娜轮易名为"万利轮"，作为旗舰东山再起。翌年，航运业出现复苏势头，万利再购入两艘二手船——爱丽斯轮和万隆轮，1951年又购入两艘二手船——生达轮和银洲轮。至此，顾宗瑞家族终于在香港航运业中奠定了重要基础。

顾宗瑞在香港航运业站稳脚跟的同时，他的女婿们也有了新突破。1949年，二女婿朱世庆一家转到台湾，担任"中国航运公司"总经理，继续经营益寿轮船公司，日后在台湾上市，成为首家在股票市场挂牌的民营航运公司。三女婿张翊栋一家则留在香港，从事与航运相关的生意。这两名女婿的事业和生意似乎没有突出发展，有关他们的资料或记录亦不多。

相对而言，董浩云在香港的发展最为突出，这与两大原因有关：一方面，董浩云对香港早有接触和了解，抗战之初多次踏足，1948年年底将全家转到香港生活，所以对香港的发展空间与优势把握得更精准；另一方面，在奔走过程中，他明显地观察到不同层面的竞争优势——尤其对中国大陆与台湾的发展方向有深

第七章
婚姻联盟与家业繁衍：董建华的航运世家

刻了解。

正因如此，在20世纪50年代初，当不同航运翘楚投奔两岸不同阵营时，他对各种游说不为所动，决定将家族的根留在香港。1952年，他在香港另行注册成立金山轮船公司，走上第三条航运业的道路。这为董浩云日后的事业发展带来了重大突破，在香港历史上创造了传奇。

让我们先回到顾宗瑞的姻亲联盟。1951年，东山再起的顾宗瑞为三子顾国和完婚，三媳妇名叫水文梅。水家祖籍宁波镇海小港，与顾家祖籍大碶近在咫尺。据说，水家也做航运，拥有自己的船队和公司，发迹时间较顾家稍晚，知名度也远没顾家大。然而，"宁波人是大家庭制度的拥护者，乡党的观念非常强烈。只要一个人在一处地方成功，立刻一家、一族、朋友、亲戚，甚至同乡，都闻风而来，不数年间，就成了一大群。他们因为寄居客地，怕被土著欺侮，从保护同乡之谊下，团结起来"（吴健熙、承载，2001：168），此点则可作为顾宗瑞着意建立婚姻联盟的一个脚注。

三子完婚七年后的1958年，顾宗瑞宣布为次子顾国华完婚，二媳妇名叫张肇澜，她的父亲张明为是昔日上海有名的"纸头大王"，后移居日本，从事地产生意。顾宗瑞早就认识张明为的父亲张佩珍①，大家不但是同乡好友，也是生意伙伴。顾、张两家世交亲上加亲，顾宗瑞夫妇倍加欢喜。顾宗瑞与女婿和媳妇外家之间，建立起了以姻亲为骨干的互相支持、彼此关照的坚实网络。

除了上述核心家族成员掌管不同航运公司外，其他家族成员不少也在航运或相关公司中任职，强化了家族在航运界的地位。例如，董浩云胞兄董兆丰（1908年生）早年曾服务于通成公司、美亚保险公司，后来从事仓储、驳船等业务，1952年赴港创办海宁保险公司、亚洲船壳保险联营公司；董浩云胞弟董兆裕，

---

① 张佩珍为宁波镇海庄市河湾张人，生于1890年，小顾宗瑞4岁，两人出身和创业经历完全相仿。张佩珍16岁到上海，就在洋行打工，在1920年创设张佩珍纸行。1930年在沪创办海洲贸易公司，经营国际贸易公司，经营国际贸易业务，是闻名上海的纸业巨擘，与顾宗瑞常有交往。1949年上海解放，张佩珍留在上海。1952年移居苏州，1968年6月1日在当地病逝，享年79岁。

抗战胜利后被董浩云派往广州，创立中国航运信托的分公司，1949年移居香港，日后出任香港邮船公司经理，1971年自立门户，"成为拥有散装柏油船的独立船东"（郑会掀，2004：25）；张翊栋胞弟张翊梁，长期任职于金山轮船公司，主要管理物料供应事务。此外，还有前文提及的顾邱等，显示出近代中国这个航运家族的枝繁叶茂，不断发展。

无论是一家一族，还是一门生意、一个企业，在变幻无常、政局动荡的社会，难以保持屹立不倒。顾宗瑞领导的航运家族在中国历史的重大转折时期，显然难以独善其身。他们能够在变局中先人一步，察觉到危险背后的机遇，甚至能够动用各种人脉关系与社会资本以趋吉避凶，自然成为他们有别于其他家族或企业的关键，在困难面前化险为夷，不断发展，独领风骚。

五、在自由港中扬帆出海

"长江后浪推前浪。"20世纪60年代，曾经叱咤上海滩的顾宗瑞因年纪老迈退下前线，1972年5月28日去世（其妻周翠玉则于1974年4月9日去世）。他的儿子和女婿们则在人生舞台上大展拳脚。董浩云的表现最为突出，青出于蓝、更进一步，为家族在航运界乃至政界写下了浓彩重墨的一笔。

先说万利轮船在顾国敏三兄弟带领下的发展状况。针对世界航运业从20世纪50年代起逐步走向兴盛，顾国敏等先后购入银湖轮、银月轮、银峰轮及银堡轮等多艘二手轮，壮大实力，赚取可观利润，使得家族财富不断膨胀。1955年，针对日本航运市场巨大的发展空间，顾家在日本创立了同和公司，进军航运代理、船舶及轮船维修与保养等业务，而顾国和更是成为拓展日本生意的主力。到了60年代中期，万利轮船经过10多年的不断发展，实力日壮，逐步淘汰吨位较少的二手旧船，开始订购载重更大的新船，提升企业的竞争力。

随着第一艘新造轮船银森轮投入服务，万利轮船的生意发展更上另一台阶。多艘新造轮船（如银翼轮、银瑞轮、银丰轮及银联轮等）先后扬帆出海，标志着家族企业在三兄弟的同心协力打拼下，一步一个脚印地稳步前进。与行业的突飞

第七章
婚姻联盟与家业繁衍：董建华的航运世家

猛进相比，万利轮船的发展略显保守，其中的主要原因在于，顾宗瑞在上海创立一生的事业在政权更替时近乎"清袋"，这让家族刻骨铭心，不敢或不愿过于进取，从而错过了20世纪六七十年代航运业急速发展的黄金机会，一度失去了航运界的领导地位。

相对而言，政权更替之时，董浩云刚走上事业之路，身家财富及生意规模并不算十分巨大，损失并不严重，所以没有岳父瞻前顾后的阴影。正因如此，董浩云在20世纪六七十年代一直相当进取，除了对台湾的"中国航运公司"和复兴航业，以及对香港的金山轮船公司不断增加投资，购入新船、取代旧船，甚至在海外开辟航线与分公司。1955年创立Associate Maritime Industries Inc. 及在1960年创立Hong Kong Export Line Limited。1961年，董浩云组建了日后蜚声中外的东方海外航业公司，对家族日后的发展影响尤其巨大，奠定了在世界航运界的名声、地位和成就，书写了家族更为耀目的传奇。

从各种档案中推测，东方海外航业创建之初，董浩云尚未完全想通应该如何发展及整合家族掌控的不同业务。随着生意不断扩张，到了1964年，董浩云参透了发展方向与策略，将东方海外在香港注册为有限公司，进行业务重组，注入优质业务与轮船，希望将其打造为家族控股的旗舰。经过多年发展，东方海外于1967年进行改组，易名为"东方海外货柜航业"（即今日简称的"东方海外"或英文"OOCL"），凸显出本身专注于远洋货柜运输的市场定位。

那时虽然香港一度发生动乱，影响了各行各业的发展，但暴风雨过后迎来了另一番欣欣向荣的景象。东方海外发展迅速、不断前进，新建投入运营的轮船如太平洋卫士号、星加坡号、星洲优胜号、大西洋慈爱号、大西洋先锋号、东方统帅号、东方万岁号及东方海员号等，更是一艘接一艘[①]。1973年，董浩云趁香港股票市场热火朝天之际将东方海外上市，4月6日正式挂牌，融资4.8亿港元，成为香港第一家上市的定期班轮和货柜轮船公司，将家族的事业与名声推上了新

---

① 1972年1月9日，东方海外名下的伊丽莎白皇后号在装修期间在香港海面全船着火，大火燃烧了24小时后沉没，这一意外轰动中外社会，给董浩云带来不少打击。虽则如此，董浩云仍能沉着应对，带领企业不断发展。

的高峰。

东方海外上市后,香港股市爆发一次大型股灾,给不少投资者带来巨大损失,但对于刚从股票市场中吸纳大量资本的东方海外而言,则可谓分毫无损,反而携巨资趁着市场低潮"择肥而噬",进行收购合并。20 世纪 70 年代发生的中东战争与石油危机,给全球航运业带来了前所未见的沉重打击,东方海外自然也不能幸免。但是,董浩云仍凭借远见卓识、过人才干与人脉网络,驾驶东方海外这艘实力雄厚、稳占鳌头的巨型航运企业乘风破浪,不断向前。

最能说明发展业绩的就是东方海外船舶总吨位(综合运载力)的跃升:由 1974 年的 542 万吨,上升至 1977 年的 797 万吨,1980 年则超过了 1 000 万吨①。1980 年,家族旗下拥有的轮船已多达 120 艘。尽管遇到风浪起落,董浩云已经建立起庞大的航运帝国,建立了远比岳父顾宗瑞光辉耀目的成就。

对于董浩云一脉的发展,20 世纪六七十年代,他的身家财富不断膨胀,但论及影响的深远,却是董氏对子女的培养,以及利用婚姻联盟的策略,进一步落实促进了家业的繁衍。董浩云与顾丽珍育有两子三女:长子董建华娶赵洪娉,赵洪娉的父亲赵卓如在香港经营建筑及地产生意,虽不是地产巨擘,亦家财丰厚。次子董建成娶温子华,温子华的祖父是大名鼎鼎的温应星,早年毕业于美国西点军校,回国后曾任清华大学校长、上海公安局局长和财政部税警总团中将团长等要职;温子华的父亲温陵熊同样颇有名气,他是工程专业的留美博士,曾任职于美国多家大型公司;温子华的叔父温哈熊曾任国民党联勤总司令、陆军上将,而温哈熊的妻子洪娟则为国民大会秘书长洪兰友之女。

董浩云长女董建平嫁金乐琦,金乐琦的父亲金维贤曾任职于美国中国银行,后从事保险业;金乐琦祖父金润泉曾任大清银行浙江分行行长;而金乐琦的外祖父史久鳌是中国银行元老。次女董小平嫁彭荫刚,彭荫刚父亲彭孟辑为国民党高级将领,二级上将,曾任陆军总司令、参谋总长及驻外大使;彭荫刚曾为中航伟

---

① "世界船王" 包玉刚在 20 世纪 70 年代末的 "弃船登陆" 高峰期前,拥有船舶的总吨位为 2 100 万吨。若以此数据作比较,则董浩云的航运实力与包玉刚相比仍有很大一段距离。弹丸之地的香港,当时拥有两个打入 "世界十大船王" 之列的人物,实在可以说是一个奇迹。

联集团董事长、国民党运营部主委、海基会董事。幼女董亦平嫁刘广斌，刘广斌的父亲刘攻芸曾任国民政府"中央银行总裁"、"财政部部长"。

相对于岳父顾宗瑞一代对子女婚姻的安排，董浩云子女们的姻亲明显有多项不同：①大多来头不小，反映董浩云更为注重门当户对，也说明那时他的身家财富及社会地位更高；②不少姻亲为当时的党政军高层，政商关系十分深厚；③亲家们并非集中于航运界，反而较多从事银行、保险、建筑、地产等，显示其婚姻联盟及人脉网络更为"多元化"。尽管董浩云在子女婚姻联盟上的安排与岳父略有不同，但两者同样发挥了重大作用，促进家业繁衍、延续辉煌，为家族的进一步发展壮大奠定了坚实基础。

六、渡过难关后再创辉煌

20世纪80年代对顾、董两家来说是一个重要转折时期。对于董浩云而言，1980年，斥巨资兴建了当时全世界最大的油轮"东方巨人号"，然而，世界航运业因第二次石油危机的爆发而陷入了衰退。在70年代中期不断扩张船队的东方海外，没有像"世界船王"包玉刚那样作出"弃船登陆"的彻底转型，而只是减少新船数量，仍然继续扩张，因而遭遇了严重打击。正如包玉刚所说，"一艘没有收入的船只，与其说是资本，不如说是负债"，因为停泊在海港、租不出去的船只，不但没有收入，反而会因停泊、维修等开支带来沉重的负担。

面对世界航运业市场急速萎缩的危机，董浩云不但没有及时收紧投资，反而一如既往地维持扩张策略，使得企业的营运开支居高不下，债务日渐沉重。这个问题给董浩云带来了巨大压力，促使他四处奔走，寻找解决方法。1982年4月15日凌晨时分，一直事务繁重的董浩云在九龙塘住宅中突然心脏病发，家人将他送往养和医院急救无效去世，终年70岁。

董浩云去世后，两子董建华和董建成临危受命，立即披甲上阵，正式接班。世界航运业持续低迷，东方海外生意一落千丈，亏损严重，债务问题更加尖锐。

东方海外的债务在 1985 年的高峰期,据说曾高达 200 亿港元之巨[①],已经濒临破产的边缘。对于当时的严峻财务挑战,董建华日后回忆时这样说:

> "东方海外"是世界名气甚大的跨国航运公司,面临破产,要财政、业务重整,不成功便要结束,又担心、又忧虑,亦很沮丧……朋友跟我说:"放弃,算了吧!"我说:"不行!公司有大批员工,对社会、银行有责任。"所以我振作起来。(《环球时报》,2005 年 4 月 4 日)

然而,在那个前景不明、风雨飘摇的年代,高达数百亿元的债务,不是任何人想振作便可轻易振作起来的,也没有其他财团或富豪有那种财力可以轻易协助其振作起来。董建华能够力挽狂澜,如神话般振作起来的贵人,则是略带神秘色彩的"红色资本家"霍英东。霍英东同意伸出援手,向东方海外注资,同时又牵线搭桥让东方海外成功获得汇丰银行的信贷,进行债务重组,成功化险为夷,奇迹般地由谷底翻身,转亏为盈。

让人琢磨不透的是,董浩云家族一直与台湾国民党当局关系密切,例如,董浩云生前曾获蒋介石及蒋经国接见,董家的复兴航业和"中国航运公司"均扎根于台湾,而亲家中又有不少来自国民党军政高层;但在 20 世纪 80 年代的危急关头,反而寻求来自内地的强力支持。董建华日后又能在芸芸香港精英中脱颖而出,担任香港回归后的首届"特首"。坊间传言虽多,但多属人云亦云,不能尽信,我们现在也不能断言其中的原因,但人脉网络的社会资本是其中绝对不容低估的关键因素。

走出破产阴影而重新上路的东方海外,逐步恢复元气,业务日渐起色。董建华获选为香港"特首"后,东方海外的领导大权交到其弟董建成手中,进入 21 世纪之后有了突出表现,我们以盈利、营业收入和净资产等数据来作详细说明。

图 7-1 是东方海外 1979—2014 年间税前、税后盈利的走势。我们可以看出,

[①] 《南方都市报》2005 年 3 月 11 日估计,当时董建华名下的债务估计为 28 亿美元,即 250 亿港元。当然,董建华名下与东方海外财务报表的数据并不能等同,但无论如何,负债总数不轻是不争的事实。

1979—1990年,企业盈利并不突出,1985年及1986年更出现严重亏损——所以便有了前文提及的重大债务危机。进入20世纪90年代后,在世界航运业复苏的带动下,企业开始录得可观盈利。进入21世纪,更出现了盈利骤升急跌的情况,例如在2002—2004年间,税后盈利大幅急升,由2002年的4.04亿港元上升至2003年的25.68亿港元和2004年的52.30亿港元,但2005年后大幅急跌,2009年更出现了近30亿港元的亏损,翌年又反弹至盈利67.84亿港元的历史纪录(图7-1),反映企业盈利在全球化时代的巨大波动。

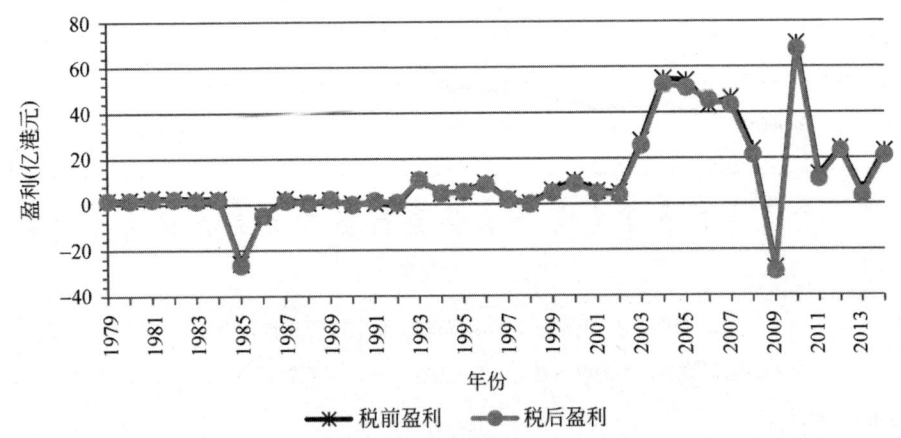

图7-1 1979—2014年东方海外税前及税后的盈利①

注：自1986年起，东方海外的财务报表以美元显示。此图所列数据的单位为港元，汇率为7.8港元兑1美元。

数据来源：《东方海外货柜航业有限公司年报》，《东方海外实业有限公司年报》，《东方海外(国际)有限公司年报》，各年。

我们再来看东方海外1992—2014年间的营业收入(见图7-2)。1992年之后,营业收入一直稳定上扬,进入21世纪后增幅尤其巨大。1992年,东方海外的营业收入为100.40亿港元,到2000年已增长至186.83亿港元。1992—2000年的8年间,年均增长率为9.6%。2008年更大幅上升至510.52亿港元,即

---

① 为了更好地反映经营业务的变化,"东方海外"的名称出现多次变化,早前将东方海外航运公司改为东方海外货柜航业有限公司,1982年12月28日又易名为"东方海外实业",1992年7月再易名为"东方海外(国际)有限公司"。

2000—2008 年的 8 年间，年均增长率为 21.7%。2009 年受全球金融海啸的打击，全球经济进入寒冬，国际贸易急降，东方海外的营业收入急速回落，然后在翌年出现显著反弹，之后数年间则基本上持平发展。2014 年，东方海外的营业收入只维持在 508.7 亿港元，与 2008 年相当，可见在 2008—2014 年的前后 7 年间变化不大。

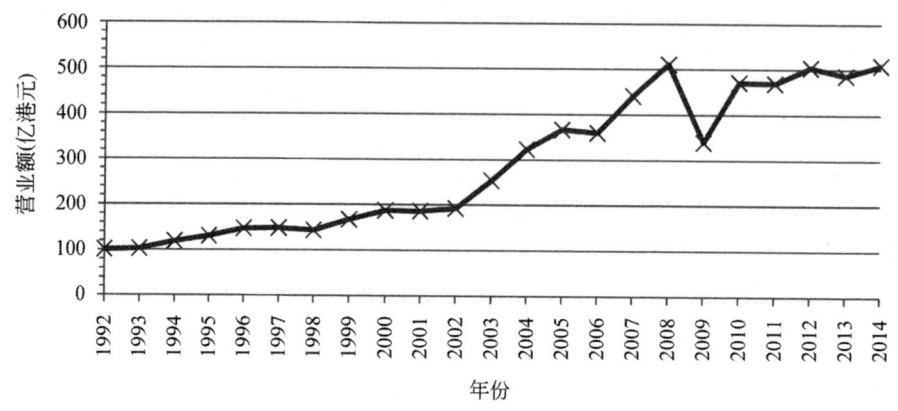

图 7-2　1979—2014 年东方海外的营业收入

注：自 1986 年起，东方海外的财务报表以美元显示。此图所列数据的单位为港元，汇率为 7.8 港元兑 1 美元。

数据来源：《东方海外货柜航业有限公司年报》，《东方海外实业有限公司年报》，《东方海外（国际）有限公司年报》，各年。

如果我们细看东方海外的净资产（股东权益，即总资产－总负债）历年数据则会发现，公司虽然拥有庞大船队，但在 21 世纪之前，净资产只是维持在较低的水平。例如，1979 年净资产为 6.72 亿港元，之后稳步上升，1985 年因债台高筑出现了资不抵债的局面，然后在外力支持下成功重组债务，实现净资产的稳定增长。到了 1996 年——董建华已确定可出任香港"特首"之时，东方海外的净资产才突破了 50 亿港元，2003—2004 年间急速突破 100 亿港元，2010 年更急升至 435.20 亿港元。最近数年，其净资产又掉头回落，2014 年只维持在 361.51 亿港元的水平（见图 7-3）。

尽管东方海外的盈利、营业收入、净资产等财务数据与香港不少著名企业（尤其地产企业）相比明显逊色，但是，我们不能忽略东方海外在国际贸易中的

第七章
婚姻联盟与家业繁衍：董建华的航运世家

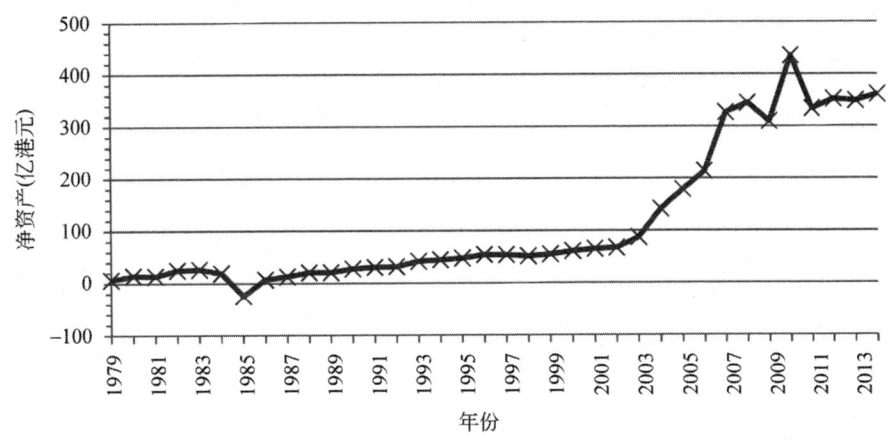

图 7-3　1992—2014 年东方海外的净资产

注：自 1986 年起，东方海外的财务报表以美元显示，此图所列数据的单位为港元，汇率为 7.8 港元兑 1 美元。

数据来源：《东方海外货柜航业有限公司年报》《东方海外实业有限公司年报》《东方海外（国际）有限公司年报》，各年。

重要地位，在全球 145 个国家和地区设有办事处，与无数政府及巨型企业关系密切。进入 21 世纪之前，东方海外的净资产尽管并不丰厚，增长步伐也颇为缓慢，但企业及家族却能够在两岸三地乃至国际社会占据重要地位，发挥巨大影响力，这其中的人脉网络及社会关系则是不容低估的重要元素。董建华当年能够成功解决公司的债务危机，又能出任香港回归后的首届"特首"，家族的社会资本居功至伟。

相对于董浩云一脉在 21 世纪后再创辉煌，顾国敏三兄弟也在 20 世纪 80 年代走到了重要关头，必须作出重大抉择。顾国敏、顾国华与顾国和三兄弟自父母去世后，早已各自成家立室，与不少家族类似出现内部矛盾，最后决定分家。1983 年，长兄顾国敏决定继续经营万利轮船，并安排儿子顾建舟逐步接掌业务，而两位胞弟顾国华和顾国和则决定合在一起，继续发展日本的同和公司，同时另起炉灶，在香港重新注册"泰昌祥"航运公司（简称 TCC 或香港泰昌祥），继续经营航运生意，力图恢复父亲昔日在航运业的光辉。

顾氏三兄弟分家之后，综合力量虽因"三分天下"而削弱，但发展势头反而比分家之前更强劲，令不少人大感意外，也从侧面反映出"分家不利家业传承"这一论断并不全面。万利轮船的表现颇为亮眼，香港泰昌祥的业务同样蒸蒸日上。那时的世界航运业仍处于低潮，但两家一直偏向保守，不愿过度举债，则可以说是传统民间智慧"小心驶得万年船"的有力写照。这与董浩云的经营哲学截然不同，所以他们旗下企业的发展路径体现了各自不同的特质。

1991年，顾国和突然去世，虽然给家族带来了打击，但公司业务没有受到影响。香港泰昌祥在顾国华和儿子顾建刚的悉心打理下，一直保持充沛的发展动力。顾国敏于20世纪90年代将万利轮船的管理大权交给儿子顾建舟，自己则退居幕后。在顾建舟领导下的万利轮船，不但每年获得可观的业绩增长，船队数目逐步增加，企业的实力也得到明显提升。

进入21世纪，科技日新月异，轮船承载量及航行速度突飞猛进，全球化步伐急速前进，地域界线逐渐消失，资本、货物、服务及劳动力等变得更为流动，各行各业都出现了极为激烈的竞争，航运业尤甚，使得船东们不得不在激烈的竞争环境中寻找出路。航运业此时的重大趋势，与过去"以强并弱"或"以大吃小"有所不同，而是"强强合并"或"巨头联盟"，巨型航运公司之间彼此合并或组成联盟，形成市场上的寡头垄断，进一步挤压中小型航运公司的生存空间。

顾家第二代掌舵人顾国华和顾国敏分别于2005年及2010年去世，顾家第三代掌舵人顾建舟和顾建刚开始面对前所未见的竞争局面，必须思考在全球化时代如何维持竞争力。新一代顾氏家族掌门人需要重新思考和认真处理的问题，包括是否应该调整过去一直强调的"小而美"，为控制风险不追求扩张速度等经营哲学。

如果研究万利轮船和香港泰昌祥船队的组合（见表7-1），则不难看出两者的市场焦点，如能合并则将产生巨大的"协同效应"。简单来说，万利轮船在2014年共拥有12艘轮船，全部挂香港船旗，主要从事石油等湿货运输，干散货运输较少，运载吨位亦相对较小。香港泰昌祥在2014年拥有13艘轮船，部分挂香港船旗，部分挂新加坡船旗，主要从事干散货运输，石油等湿货运输较少，运载吨位则相对较大。顾氏家族第三代在深入思考后，是决定将两家合并以增强竞争力，还是宁可继续单打独斗，也要保留弹性和自主性，我们拭目以待。

第七章 婚姻联盟与家业繁衍：董建华的航运世家

表 7-1　2014 年万利轮船、香港泰昌祥和中国航运旗下轮船的资料

船公司	类型	船　　名	建造年份	船旗	载重吨位（吨）
万利轮船	散装货轮	MV SILVER PHOENIX	2006	中国香港	74 759
		MV SILVER DRAGON	2006	中国香港	74 748
	油轮	MT SEABORNE	2003	中国香港	106 300
		MT SEANOSTRUM	2002	中国香港	107 000
		MT SEAHERITAGE	2005	中国香港	109 229
		MT SEAPACIS	2005	中国香港	105 747
		MT SEASENATOR	2007	中国香港	105 715
		MT SEAVOYAGER	2008	中国香港	109 229
		MT SEARANGER	2009	中国香港	109 229
		MT SEAFRONTIER	2011	中国香港	45 480
		MT SEAMERIDIAN	2011	中国香港	50 310
		MT SEACLIPPER	2013	中国香港	48 544
泰昌祥	散装货轮	CSK Grandeur（瑞威）	2000	新加坡	170 170
		CSK Radiance（瑞荣）	2001	中国香港	169 606
		KWK Exemplar（和胜）	2001	新加坡	169 624
		CSK Glory（瑞华）	2002	新加坡	173 044
		CSK Fortune（祥瑞）	2003	中国香港	175 525
		KWK Providence（和泰）	2004	新加坡	175 531
		CSK Beilu（瑞仑）	1999	新加坡	172 561
		KWK Legacy（和光）	2011	中国香港	179 693
		CSK Brilliance（瑞明）	2011	中国香港	179 942
		CSK Longevity（瑞昌）	2014	新加坡	77 102
	油轮	CSK Valiant（瑞勇）	2003	中国香港	106 700
		CSK Shelton（瑞森）	2005	新加坡	105 000
		KHK Vision（华见）	2007	新加坡	305 749

续表

船公司	类型	船　　名	建造年份	船旗	载重吨位（吨）
中国航运	油轮	Beihai NB	2015	中国香港	180 000
		Beihai NB	2016	中国香港	180 000
		SWS NB	2016	新加坡	208 000
	散装货轮	中华和平	2005	中国香港	174 413
		中华富进	2006	中国香港	174 322
		中华荣耀	2009	中国香港	177 856
		中华光辉	2011	中国香港	203 028
		中华鸿运	2012	中国香港	203 028
		中华先锋	2012	中国香港	206 079
		中华伟运	2013	新加坡	206 061

数据来源：万利轮船有限公司；香港泰昌祥集团；"中国航运股份有限公司"。

我们再来看看 20 世纪 50 年代转到台湾的"中国航运公司"。"中国航运"虽然没有东方海外名气大，在过去超过半个世纪的发展过程中同样历尽波折，但仍能克服困难，在激烈的市场竞争中不断前进。现时，这家公司由董浩云的女婿彭荫刚担任主席，拥有 10 艘轮船，大部分挂中国香港船旗，小部分挂新加坡船旗，主要从事干散货运输，也有一定比例的石油等湿货运输，而轮船承载吨位也比万利轮船和香港泰昌祥略大（见表 7-1），可见其市场定位与东方海外颇为不同。这家公司未来是仍然维持单打独斗的格局，还是寻求与东方海外或万利轮船等合并，或者是大家组成联盟，则必须由现在的家族领导深思细虑后作出决定。

概括而言，开拓于第一代（顾宗瑞），壮大于第二代（董浩云、顾国敏、顾国华及顾国和），在第三代（董建华、董建成）的领导下克服困难后扬名天下，目前则在第三代及第四代经营拓展之中的中国航运家族，以总承载吨位或轮船数目而言，尽管未必居于世界航运界的数一数二位置，但其在两岸三地，乃至世界政商界的地位和影响力，在众多航运家族中可谓无出其右。自 20 世纪 80 年代起，其地位更是达到顶峰①。

这个航运家族走过的路，不但见证了历史变迁和社会进步，同时也折射出家族企业的强大韧劲。当然，在进入 21 世纪以后，这种以家族血脉为本的企业，似乎碰到了前所未见的巨大挑战，这不但是摆在家族企业领导者面前的重要问题，也是学术界未来必须深入探讨的课题。

七、从优生学到优势学：婚姻联盟策略的运用和思考

人类社会的不断前进，必然需要血脉延续、代代相传，而男女之间以婚姻形式结合，繁衍后代，长久以来被认为是文明社会最普遍、最可靠且最稳定的社会关系选择。正因如此，如何挑选结婚对象，以促进子孙繁衍，维持或提升社会、经济及政治地位等，长期以来成为中外社会高度关注的问题，而主要角度则可分为"优生学"与"优势学"两大类。

所谓"优生学"，是指以血统的优劣为标准；所谓"优势学"，则是指以个人或家族的社会、经济及政治地位的高低为标准。前者反映出本文开始时提及的欧洲王室与贵族通婚，认为与具有优良血统者结合，才能诞生优良血统的下一代；后者反映在中国传统文化所强调的门当户对的观念方面，以及注重婚姻的"父母之命，媒妁之言"的做法。无论是基于"优生学"，还是基于"优势学"，婚姻都被视为左右整个家族命运的大事，嫁娶的主角反而成为被摆布的棋子，一般而言没有自主决定权。

更具体地说，无论是出于希望生育聪明、健壮后代的考虑，还是出于希望维持或保护家族长远利益的考虑，婚姻均扮演着无可替代的角色，发挥着超乎常人

---

① 举例说，创立于 1957 年的香港船东会——一个被视为香港船主俱乐部的组织，截至 2007 年的半个世纪期间，共有 25 任主席（每两年一任），其中 8 位由顾氏家族及董氏家族的代表出任，之后的 2009—2011 年及 2013—2015 年，再有两位顾氏家族成员（顾建刚和顾建新）担任该会主席，可见即便到了今天的香港，仍没有其他任何一个航运家族可望其项背，反映出该家族在香港航运界的超然地位。

想象的重要作用，长期以来受到中外社会的共同重视。不但关系着家族的血脉繁衍，更是吸纳人力资本与强化社会资本的重要举措，促使家族不断向前发展。

从另一个角度来看，一个家族不管有多么财雄势大，总会存在某些短板——不是缺乏拥有企业家精神的创业人才，就是缺乏政治人才，也可能缺乏法律或医学等专业人才。通过子女与不同家族或专业人士的婚姻，家族就能吸纳相关人才，弥补本身不足，同时为专业人才的发展提供更为有利的条件。例如，顾宗瑞当年看中董浩云，就是认为其人才出众，不仅具有企业家精神，而且有将帅之才，所以主动提出要把女儿许配给他，日后的发展更证明了他的独具慧眼。事实上，本身并无丰厚家底的董浩云，有了岳父的财力和社会网络做后盾，自然如鱼得水，充分发挥自身才干，取得了卓越成就。通过婚姻结合，家族之间或家族与人才之间，可以取长补短、相得益彰，使各方实力得到进一步壮大。

值得指出的是，进入新时代后，我们一直以为，传统社会那种遵循"父母之命，媒妁之言"的包办婚姻，以及"门当户对"的观念，在讲求浪漫爱情、自由恋爱和个人选择的开放型现代社会中，已经全然消失了，并一厢情愿地相信，自由婚姻可以打破门第观念，带动社会流动，从而加强不同阶层的融合。但是，从顾宗瑞、董浩云家族，乃至中外社会其他无数世家大族子女通婚的现象中，我们可清晰而实际地看到，"门当户对"这种做法并没消失。有学者在研究后发现，主要原因在于世家大族的生活和社交圈子重叠，彼此接触的机会较多，所以容易产生感情，最后便结成秦晋之好。

西方进一步研究发现，世家大族的子女们在选择伴侣之前，也会事先考虑对方的经济及社会背景。毕尔腾（J. A. Brittain）曾经清楚地指出："（世家大族的）儿女们在挑选配偶时，很多时候会选择那些（或他们的父母）经济地位与自己父母的地位相当的……婚姻选择的结果只是让不平等持续下去。"（Brittain, 1977：124）可见，就算是富有自由主义与浪漫主义的西方社会，上层社会"强强结合"，从而巩固其利益或地位的情况仍然相当普遍。平民百姓的"灰姑娘"嫁给王子，或是贫贱乞丐要娶得公主的故事，大多只是童话的题材而已。

在现代社会，由于世家大族的父母在财产继承和分配多寡这些问题上，拥有更大的决定权,他们对子女选择伴侣仍有巨大的影响力。例如,顾宗瑞次子顾国华与张肇澜的结合,据说便是董浩云居间拉线,充当"红娘"将他们拉在一起的;又如,董浩云在促成次女董小平与彭孟辑儿子彭荫刚的结合一事上,曾多次或明或暗地鼓励他们交往。

我们进一步细看这个航运家族其他成员的婚姻,例如,朱世庆的女儿朱蓓芳嫁给陈祖表,陈氏祖籍宁波,生于上海,为香港注册土木工程师,香港大学工程学院院士,在土木工程界颇有名望,所以两人的结合当属门当户对。又如,朱世庆的另一个女儿朱培蒂嫁给蔡文颖,蔡氏乃著名美籍华裔雕塑家。还有,张翊栋女儿张培华嫁给王奕凯,王氏乃著名建筑师。再如,顾宗瑞长孙顾建舟迎娶张存安,张存安的父亲为张仁滔,他是台湾"物资局局长"暨台湾"中华贸易开发公司"总经理。

以上这些案例传达了一项清晰的信息,世家大族相互通婚,或是挑选专业人才以补充本身不足的现象,并非自然而然发生的事。这些家族为了强化彼此交往的网络,会刻意培育某种关系,而子女的婚姻则变成他们强化这些联盟关系的强有力工具。这个中国航运家族创业于顾宗瑞,壮大于董浩云和顾国敏等,又在董建华、董建成、顾建舟和顾建刚这一代不断调整战略、延续传奇。在不断发展、应对挑战的过程中,反映出婚姻联盟构建的社会资本,在不同层面上发挥出相当的效果,不容小觑。

八、结　语

对东南亚华人社会素有研究的 Omohundro,在深入考察华人社会的婚姻嫁娶后,得出这样的结论:当男女两家的子女将要结婚前,他们的家人会事前就对方的家庭背景进行调查,如学历、性格、存款和债务等。这些调查对于一对恋人最终能否结合,以及日后两家能否进行商业合作,是一种极为重要的依据。简言之,子女们的婚姻大事并非任由他们自由恋爱、自行决定,父母的影响力仍然极为巨大,甚至主导了一段婚姻的成败去留——这也是世家大族普遍存在通婚的核心原因所在。

正因如此，不论过去或现在，也不论这些姻缘是否由父母直接主导或是间接安排，这些关系已清晰地告诉我们一个事实：上流社会及世家大族间，其实总会按其所需，配合其发展状况，编织起一个让外人难以轻易进入的网络，并利用这种网络发挥巨大威力。经典小说《红楼梦》中有这样一句传颂千古的话："一损皆损、一荣皆荣"。世家大族之间那种相互依赖、相互保护的人脉及社会网络，正是他们经历数代而不坠的重要原因所在。

参考文献

Berkowitz, S. D. 1976. *The Dynamics of Elite Structure*, Ph. D. thesis, Brandeis University.

Brittain, J. A. 1977. *The Inheritance of Economic Status*. Washington: The Brookings Institution.

Domhoff, W. 1975. "Social clubs, policy-planning groups, and corporations: A network study of ruling class cohesiveness", *Critical Sociology*, April 1975, Vol. 5, pp. 171-184.

Omohundro, J. T. 1983. "Social Network and Business Success for the Philippine Chinese," in L. Lim & P. Gosling (ed.) *The Chinese in South East Asia: Ethnicity and Economic Activity*, Vol. 1, pp. 65—85. Singapore: Maruzen Asia.

Sabean, D. 1976. "Aspects of kinship behavior and property in rural Western Europe before 1800," in Goody, J. Thirsk, J. & Thompson, E. P. (eds.) *Family and Inheritance—Rural Society in Western Europe*, 1200—1800, pp. 98-112. London: Cambridge University Press.

Scott, J. and Griff, C. 1984. Directors of Industry: The British Corporate Network: 1904—1976, Cambridge: Polity Press.

Zeitlin, M. and Ratcliff, R. E. 1975. "Research methods for the analysis of the internal structure of dominant classes," American Research Review, Vol. 10, No. 3, pp. 5-61.

《环球时报》,各年。

《南方都市报》,各年。

《东方海外货柜航业有限公司:年报》,各年。

《东方海外实业有限公司:年报》,各年。

《东方海外(国际)有限公司:年报》,各年。

万利轮船有限公司,公司网站。

香港泰昌祥集团,公司网站。

"中国航运股份有限公司",公司网站。

吴健熙、承载:《四明公所的厝柜问题》,载朱金龙(编):《殡葬文化研究》,168页,上海,上海书店出版社,2001。

顾国敏:《我的姐夫董浩云》,见郑会欣、董建平(编):《董浩云的世界》,273~275页,北京,生活·读书·新知三联书店,2007。

郑会欣:《董浩云日记》(三册),香港,中文大学出版社,2004。

第八章

社会资本的制高点：东亚银行的控股权争夺战

东亚银行创立时的股权相对分散，有意争取"话语权"的各家创行股东，就需要各出奇谋，而社会资本（即人脉关系、社会名声和社会地位等）则是掌控东亚银行不可或缺的关键。面对美国对冲基金和华人实力家族来势汹汹的股权争夺战，能够应对的武器不仅是庞大的资金实力，还有李国宝家族经营多年的政商网络。

家族企业扩张时，家族对企业的控制权难免因股权稀释而遭到削弱，对公司的掌控愈发困难。社会资本能够助力维持家族对企业的主导权。华人对企业的控股权尤为重视，会采用多种方法巩固或强化家族控制，避免大权旁落。社会资本的存在，能够弥补产业资本和金融资本的不足，相辅相成，保障家族的利益和财富不为他人所夺。

香港《明报》2015年6月6日报道，美国大牌对冲基金 Elliott Capital 早前入禀香港法院，质疑由李国宝家族掌控的东亚银行董事局，2014年9月配售2.22亿股东亚银行股份给日本三井住友银行，使得三井住友银行成为东亚银行的最大单一股东。该基金认为这种集中配股的做法，目的仅为巩固李国宝家族的控制权，对中小股东不公平，因此要求法院颁令，命东亚银行披露相关文件。法院在初步聆讯后指东亚银行董事局"处理配股过程欠佳"，批准了 Elliot Capital 的申请，可向东亚银行查阅文件。

配股前，东亚银行大股东依次为西班牙的 Caixa Bank S. A.、郭令灿家族的国浩集团（Guoco Group）、日本三井住友银行（Sumitomo Mitsui Banking Corp.）、李国宝及 Elliott Capital，他们的持股比例分别为18.77%、14.21%、9.74%、3.24%及2.40%。配股后，主要股东的持股比例转变为17.17%、13.00%、17.43%、2.97%和2.19%（见表8-1）。也就是说，新配股份悉数落入三井住友银行手中，使其持股量大幅增加，而其他股东的控股权则被摊薄，改变了各方的权力（股权）分布，争执随即爆发。对于法院的判决，市场推测这将是控股权争夺战的前哨战，认为"双方日后或须法庭再见"（《明报》，2015年6月6日）。东亚银行的控股权最终花落谁家仍未可知，重大"战事"还在后头。

表 8-1　东亚银行 2014 年 9 月配股前后控股权变化

主　要　股　东	配股前持股比例（％）	配股后持股比例（％）
Caixa Bank S. A.	18.77	17.17
国浩集团	14.21	13.00
三井住友银行	9.74	17.43
李国宝	3.24	2.97
Elliot Capital	2.40	2.19

数据来源：《明报》，2015 年 6 月 6 日，B1 页。

一、东亚银行控股权多番争夺的思考

对香港金融史稍有了解的人都会知道，东亚银行为大约一个世纪之前，由多个新崛起的华商家族创立的华资银行，参考香港首家由洋人商业精英家族创立的现代银行——汇丰银行的模式，标榜采用西方的组织、经营和管理方式。东亚银行由一大帮实力相当、财富与社会地位不相伯仲的商业精英家族共同合股创立，因此股权颇为分散，各股东的持股比例相差无几，并不像日后的大多数华资银行——如恒生银行、廖创兴银行和永隆银行等[①]，属于单一家族掌控。

正因东亚银行的股权相对分散，诸多股东都有意争做"话事人"，便各出奇谋。而社会资本（即人脉关系、社会名望和社会地位等）的积累，则一直被视为远较产业资本和金融资本更具威力的因素，在争夺东亚银行控制权过程中尤为不可或缺。东亚银行创立之初由庞伟廷（年资辈分最高）出任董事局主席，日后由周寿臣、简东浦、简悦强、李福和、李国宝等相继接任（见表 8-2），他们都是香

---

① 令人唏嘘的是，不少华资家族银行日后均落入外人之手，逐渐"去家族化"。例如，恒生银行于 1965 年遭遇挤提，后来控股权落入汇丰银行手中，本来的大股东林炳炎家族失去了控股权，银行从此褪去了家族色彩。廖宝珊家族的廖创兴银行和伍宜孙家族的永隆银行，则在最近卖盘：前者先是易名为"创兴银行"，将"廖"的姓氏除掉，实行"去家族化"，然后高价而沽，卖给越秀集团，家族退出银行业；后者同样最终决定高价而沽，将家族控股权悉数卖出，退出银行业，令永隆银行变成了招商银行的一员。换言之，创兴银行和永隆银行自此亦褪去了家族色彩，而香港的家族银行亦"买少见少"了。

港举足轻重的显赫人物。历任行政总裁（CEO）同样拥有深厚的人脉关系网络，可见社会资本在争取东亚银行控制权过程中具有不容低估的力量。

表 8-2　东亚银行主席及行政总裁（1919 年至今）

主　席	任　期	在任年数	行政总裁*	任　期	在任年数
庞伟廷	1919—1925	6	简东浦	1919—1963	44
周寿臣	1925—1959	34	冯秉芬	1964—1969	5
简东蒲	1959—1963	4	简悦庆	1970—1972	2
简悦强	1964—1984	20	李福和	1972—1976	4
李福和	1984—1997	13	简悦隆	1977—1981	4
李国宝	1997 至今	—	李国宝	1981 至今	—

注：* 1986 年前称为总经理。

数据来源：郑宏泰、黄绍伦，2014：149

事实上，如果我们仔细看表 8-1，应该会好奇地问：①李国宝家族只拥有东亚银行不足 3% 的股权，东亚银行可以称为家族银行吗？②除机构投资者外，郭令灿家族拥有 13.00% 的股份，尚不能掌控东亚银行，为何只持有 2.97% 股权的李国宝家族能够紧紧地掌控银行呢？

第一个问题的答案是，除了李国宝之外，李氏不同家族分支的成员手握不少股份，但已知的部分最多不过两成左右，所以仅从持股量来看，东亚银行实在说不上是家族银行。但是，如果考虑到李氏家族对东亚银行管理权及监察权的全面掌握，则不会反对东亚银行拥有家族控制的判断，这同时回答了第二个问题——表面上看持股较少的李氏家族，反而能将郭令灿家族排除在管理核心之外。东亚银行年报为我们提供了相关的数据证明。

2014 年的《东亚银行年报》显示，李国宝本人担任银行的董事局主席及行政总裁；董事局 3 名执行董事为李国宝及 2 名儿子（李民桥和李民斌）；7 名非执行董事中，4 名为李国宝家族成员（李国章、李国星、李国仕和李福全）；8 名独立非执行董事中，没有李氏家族成员；高级管理人员应有 5 人，即 1 名行政总裁和 4 名副总裁，其中 3 人为李国宝父子（即行政总裁李国宝和 2 名副总裁李民桥和李民斌)。即整个董事局 20 个席位中，7 人为李氏家族成员，但李国宝和李国章则身兼两职——前者为董事局主席兼行政总裁，后者为副主席兼非执行董事——李氏家族实际上占了 9 席，接近半数（见表 8-3）。

表 8-3　2014 年东亚银行董事局及高层管理成员

主席/副主席	执行董事	非执行董事	独立非执行董事
李国宝*	李国宝*	李国章*	黄子欣
李国章*	李民桥*	李国星*	黄颂显
	李民斌*	李国仕*	罗友礼
		李福全*	邱继炳
		李泽楷	骆锦明
		李家杰	杜惠恺
		Isidro Faine Casas	郭孔演
			张建标

注：* 李国宝家族成员。

资料来源：《东亚银行年报》，2014：54。

正因如此，银行年报中主席兼行政总裁李国宝在个人介绍的最后有这样一段声明："李爵士是李国章教授之胞兄、李福全先生之堂侄、李国星先生及李国仕先生之堂兄、李民桥先生及李民斌先生之父亲。"在其他李氏家族董事局成员中，当然亦有与其他家族成员关系之间的声明。例如，在李民桥及李民斌的个人介绍中，则有李国宝爵士是李民桥先生和李民斌先生的父亲。李福全先生是李民桥先生和李民斌先生的堂叔公。李国章教授是李民桥先生和李民斌先生的叔父。李国星先生和李国仕先生是李民桥先生和李民斌先生的堂叔父的声明（《东亚银行年报：2014》，2014：35 及 50-51）。这些声明反映了李氏家族掌控东亚银行的实质。

进一步来看，整个高级管理层由 5 人组成，其中 3 人为李氏家族成员（见表 8-4）。由此可见，无论是经营管理或监察审计，李国宝家族均紧紧地掌控着东亚银行。至于能够获得李国宝垂青，进入董事局（或是给予"面子"，愿意支持配合者），则均是来自香港显赫家族的成员，凸显了李氏家族与其他公司董事家族之间命运共同体的一面。

表 8-4　2014 年东亚银行高层管理团队

行政总裁	副总裁兼执行董事	副总裁兼部门主管
李国宝*	李民桥*	李继昌（投资总监）
	李民斌*	唐汉城（营运总监）

注：*李国宝家族成员。

资料来源：《东亚银行年报》，2014：54。

但是，从不同资料中我们发现，郭令灿家族其实大有来头，并非只是被动的财务投资者。相反，郭令灿家族其实一直被称为"过江猛龙"，这个发迹于马来西亚和新加坡的家族，控股的道亨银行和隆丰投资曾在香港上市，精通金融财技。进一步的数据表明，进入 21 世纪之后，郭令灿已察觉到李国宝家族以小控大、全面掌握东亚银行的核心问题，觊觎其控股权而暗中吸纳东亚银行股票，于 2008 年全球金融海啸之时突然公开宣布：家族旗舰公司国浩集团已经持有东亚银行近 10% 股份。这个消息不但震惊市场，也令李国宝家族措手不及。

大型上市公司的控股权之争总是略带神秘，既高深莫测，又祸福难料。2008 年 9 月 23 日，对于大部分企业而言只是平淡无奇的一天，但对于东亚银行来说却非同寻常。当日有传言，东亚银行财务不稳，数以千计的储户蜂拥至东亚银行各分行，轮候排队，提取存款。此事的起因是东亚银行在庆祝"90 岁诞辰"之时，竟然传出"李国宝因投资衍生工具蒙受巨额损失"的负面传闻。再加上此前银行股价受到连串不利消息拖累，已由 2007 年 12 月 7 日每股 61 港元的高位，大幅下跌至 2008 年 9 月中旬的 22 港元。香港特区政府为避免事态蔓延、重演 20 世纪 60 年代银行挤兑风波，果断采取措施、稳定民心，而坊间对东亚银行的流言蜚语亦因此渐渐消散。（《明报》，2008 年 9 月 24 日~26 日）

然而，东亚银行的股价并未因为挤提的流言被戳破而掉头回升。大约两星期后，美国投行巨头贝尔斯登突然倒闭后，历史悠久的美国投行巨擘雷曼兄弟宣布破产，震惊世界，并引发了席卷全球的"金融海啸"，包括香港在内的全球金融市场受到巨大冲击。元气未复的东亚银行自然备受考验，深受打击，股价进一步

第八章
社会资本的制高点：东亚银行的控股权争夺战

跌至 9 月 28 日的 13.2 港元低谷。

就在 2008 年 11 月 11 日，一向在社会上表现低调，且富有神秘色彩的郭令灿家族，终于因为已经持有东亚银行超过 5％的股权，须按香港证券交易所规定公开披露，因而引起市场关注。市场已明确获知这个重要事实——郭令灿旗下的国浩集团，趁东亚银行股价疲弱之时，不断增持，一跃成为继西班牙 Caixa Bank S. A. 和三井住友银行之后的第三大单一股东，大有威胁李国宝家族对东亚银行控股权的势头。消息传出后，市场流言纷纷，其中的一种猜想是，东亚银行将被国浩集团收购，李国宝家族将被吃掉，而李、郭两家的背景、财富实力以及人脉关系等，亦因此成为大小传媒专题报道的焦点。

郭令灿家族来势汹汹，并没在 5％的控股比例上止步，而是一如所料地不断增持。面对这次控股权的挑战，李国宝在传媒前表现得轻松自信，声称如果有需要，家族会持续购入东亚银行股份，又指香港巨头如李嘉诚和李兆基等会给予有力的支持，暗示本身的财力虽然并不强大，但后台则极为强硬，所以不会担心家族失去对东亚银行的控股权。

对此，新加坡《星洲日报》颇为认同李国宝家族人脉网络极为深厚的特点，指出由于李国宝"家族掌握庞大政商网络"，所以应该"可以阻挡郭令灿"的狙击，并精辟地提到，决定这次股权争夺战成败的，"绝非庞大的收购资金，而是李国宝家族经营多年的政商网络"。该报作出了如下概括："香港商圈的老朋友，例如'超人'长江集团的李嘉诚、'香港股神'恒基兆业的李兆基、新鸿基地产副主席郭炳江，甚至迁居香港多年的大马首富郭鹤年，都不会在李国宝要求援手时袖手旁观。"(《星洲日报》，2009 年 11 月 21 日)

李国宝与郭令灿两家的东亚银行股权争夺战，犹如现实版的电视剧，民众自然可以隔岸观火，品评得失。然而，《星洲日报》的扼要分析，引出社会学中有关人脉、声誉及社会网络的理论，这是家族掌门人在思考企业和家族发展时不可不察的问题。值得我们深思的是，东亚银行的控股权自成立以来就有或明或暗的争夺，而决定经营大权花落谁家的最重要因素，同样不是金钱财富，而是人脉及社会关系——后者长期以来成为股权争夺战的制高点，乃兵家必争之地。

二、社会资本：股权争夺的重中之重

在学术界，有关人脉、声誉及社会关系这些无形的东西，中外各有不同名称，却毫无例外地认定其中不容低估的力量，主导重大决定，我们称之为"社会资本"，即一种建立在互利互信基础上的人脉、声誉与社会关系的资本。社会资本视角可以帮助我们更为清晰地理解东亚银行的创办、发展、转型以及控股权争夺等历程，更有助于了解李国宝家族为何能以小控大，一直牢牢地掌控经营权。东亚银行的发展和蜕变，凸显了社会资本所发挥的力量，见证了银行走过的近百年风雨。

说起"资本"，我们通常会想到现金、股票、债券、房地产等经济资本（economic capital）。生产力（经济资本）决定生产关系，从而塑造了社会、政治关系。然而，个人性格、领导能力等人力资本（human capital），人脉关系、个人诚信、社会信誉等社会资本（social capital），以及社会地位和文化习惯等文化资本（cultural capital），同样可以影响个人在社会中的行为，左右竞争的胜败，支配重要的决定。文化资本及社会资本等尽管难以观测量度，但是对于日常事务、人际交往，组织结构等，均有十分重大而深远的影响。

虽然学术界目前对社会资本和文化资本等尚未达成一致定义，但对这些资本解释力度的重要性毋庸置疑。我们认为，社会资本泛指那些建立于社会个体身上的可信赖度、可影响力和可动员力等要素，而这些要素积累的高低，可以解决问题、争取胜算、发挥影响。

以科斯为代表的西方经济学家起初认为，私有产权促使现代资本主义的兴起，是社会繁荣的基石，但随着时日变迁、体制变异，后世经济学家在思考同样的问题时，不可不重新审视这套理论，并批评私有产权与利伯维尔场的缺失和不足——其中的佼佼者当属威廉姆森。他质疑利伯维尔场并非解决社会、经济问题的灵丹妙药，并指出如果存在巨大的交易成本和营商风险，那么市场机制很可能失效。要根除市场机制的"先天缺陷"，诸如行业协会、宗亲会、监管团体等制

第八章
社会资本的制高点：东亚银行的控股权争夺战

度安排，就显得很有必要，而这正是类似机构在各个国家普遍存在的原因。

毫无疑问，威廉姆森的观点确实将利伯维尔场理论向前推进了一大步。可是，我们必须要问，如果制度安排比利伯维尔场更能解决社会、经济问题，那么社会中为何仍然存在人脉关系？显然，社会大众着力营建社会资本，是由于某些问题无法由利伯维尔场及制度安排解决。

我们要面对的一个有趣的问题是，为何社会资本不但在中国内地被广泛应用，更在中国台湾、中国香港地区和新加坡等华人社会受到广泛重视，在海外不同华人社区中亦常常可以发现踪影，在世界上有华人的地方普遍存在。

辛亥革命前，封建朝廷为了防止民间资本累积，形成抗衡力量，均刻意限制商业活动，将商人排在四民之末，贬抑商家的社会地位，而习读儒经、金榜登科、晋身官场则成为跻身上流社会的唯一途径。19~20世纪，西方列强船坚炮利迫使清廷打开国门，与洋人通商贸易，华人有机会出洋谋生定居。当时，对华人——尤其是海外华人而言，创业营商不再被视为"末等"，反而能够供养高堂妻小，甚至成为社会的"人中龙凤"。

家族企业应如何运用社会资本的论述寥若晨星，更少有学术论著对社会资本在家族企业中所发挥的重要角色进行一针见血的深刻论述。通过本章的案例我们即可得知，社会资本能够维持家族对企业的主导权，减少家族失去控制权的不安与忧虑，从而确保业务持续增长。

人际关系网络能够帮助企业获得资金、扩充业务、摒除阻力，甚至能够为公司争取到关键的生产要素。对于企业家而言，社会资本的作用还在于使家族牢牢掌控公司，代代相传，令企业有稳定的管理层，可以专心经营业务、赚取利润、扩充规模。简言之，社会资本的功能弥补了利伯维尔场和制度安排的缺失，保证企业家苦心经营的一切不会付诸东流。社会资本能用来保障企业家在社会或企业中的利益。

企业家通常使用三种策略来编织关系网络：①以家族为本，如任命家族成员为董事局成员、与友好而重要的商业伙伴缔结姻亲等；②以企业为本，如"连锁董事"，任命对方公司的董事为我方公司的董事，同时委派我方公司的董事出任对方公司的董事，以促进企业之间的合纵连横；③以社会为本，如培养家族成员或企业可信赖的董事出任政府公职，参与公共事务，影响政府政策。

我们不禁要问：企业家如何积累、运用人脉关系，以达到更好的利益保障呢？社会资本又如何在增强企业竞争力和巩固家族控制权这两方面，弥补利伯维尔场及制度安排不足的呢？

在图8-1中，家族的结构是圆形的，企业的组织是三角形的（顶层为高层管理，底层为基层员工）。圆形在三角形之上，表示家族对企业的掌控。圆形与三角形的重叠越多，表示家族成员在管理层的占比越多。在第一阶段：①第一代创始人担任企业掌舵人；②不少家族成员参与企业经营管理；③家族的股份占比较多。

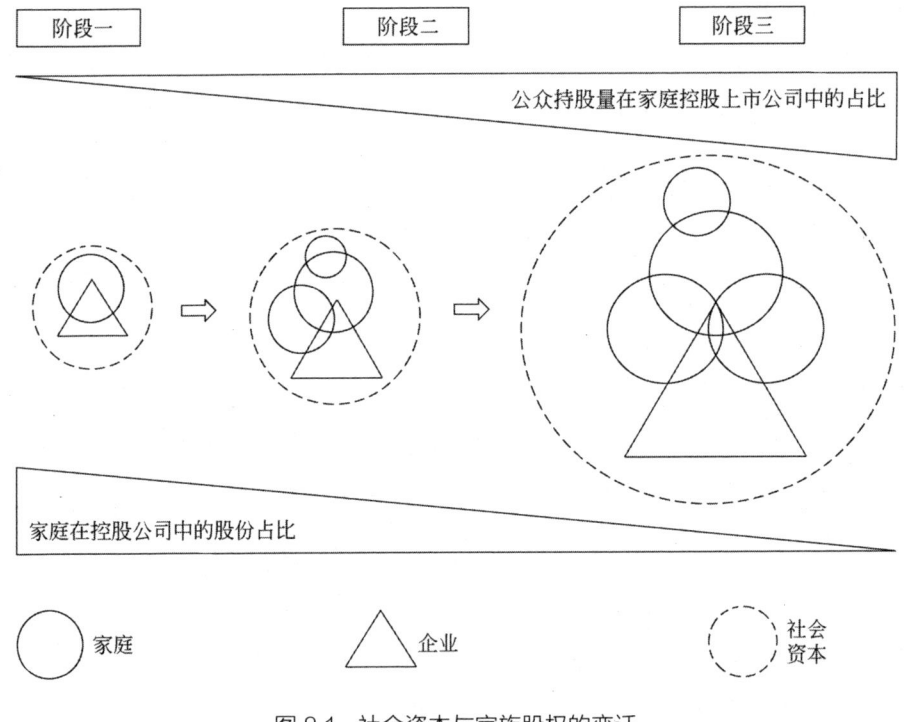

图8-1 社会资本与家族股权的变迁

此时公司大部分管理层岗位由家族成员担任，所以家族牢牢地控制着企业。随着企业规模日渐扩大、业务逐渐扩张，第一代家族成员分身不暇，需要更多自

第八章
社会资本的制高点：东亚银行的控股权争夺战

己人参与运营，因此任命子女或其他亲属出任公司董事及高管，协助营运公司，并在管理层内缔结血缘亲属网（web of kinship）。但当企业规模持续扩大、业务继续扩张时，吸纳更多非家族股东加入，使得创始家族对公司的控制权开始减弱，甚至部分家族成员出售了企业的股权。董事局除了继续吸纳其他家族成员加入公司之外，同时延揽忠心耿耿的"老臣子"加入管理层或董事局，协助管理公司业务。他们也可能邀请生意伙伴出任公司董事，使企业之间的合作更为紧密，有利于开拓商机。至此，家族对企业的管控进入了第二阶段（见图8-1）。

其实，家族企业与商业盟友之间长久的合作关系，会使家族之间的往来愈趋频繁，甚至会在交往多年的情谊之上缔结姻亲，成为亲家。联姻能够增加家族之间、企业之间的互信，利用控股家族的姻亲关系，有效运用经济资本和人力资本，达到减低风险、提高回报的商业目标。学者 Zeitlin 和 Ratcliff 指出，家族之间的通婚，不但是紧密交往和互信的结果，而且更有可能是为了缔结相互的道义和忠诚（reciprocal obligations and loyalties），以支撑控股家族的经济基础。显然，通过姻亲关系来营建社会资本后，创始家族已不再是企业的唯一股东，甚至可能不再是大股东。但是，他们能够通过联姻关系，达到控制整个企业的目的。

如果企业继续做大做强，尤其是家族企业上市之后，创始家族的财富水涨船高，开始跻身豪门大族，更有利于人脉和社会关系的发展（此时家族企业已进入第三阶段，见图8-1）。而家族与其他家族之间建立更紧密、更周全、更完善的关系，将进一步保障家族在社会中的地位、利益和影响力。必须指出的是，在进入这个阶段之后，家族成员会更加积极地参与公益慈善事务，建立良好的家族声誉，或者投身政界、参与政府决策，而声名显赫的家族成员，则会获邀出任其他大企业的董事职务，同时他们亦会邀请其他大企业的家族代表参与自己的家族生意，以加强彼此之间的合作。

毫不含糊地说，企业的发展必然导致家族股权不断被摊薄，企业上市后尤其明显。为了确保家族的控制权，需要利用股份以外的机制强化控制力，社会资本则是重中之重。如果创始家族失去姻亲和政商关系等社会资本的支持，他们根本无法以少数股权掌握偌大的企业集团。反过来说，正是因为他们能够利用姻亲和政商关系等社会资本,加上自身的经济资本和人力资本,才能对社会、政治施加影响力,并使他们对家族企业拥有固若金汤的控制,使竞争对手难以染指。

总而言之,由于利伯维尔场和制度安排的不足,当家族企业规模扩张时,家族对企业的控制权将遭到削弱,家族对公司的掌控将越发困难。社会资本的作用就在于维持家族对企业的主导权。如果我们仔细研究社会资本,就会理解它如何影响企业的结构、运作和发展。当利伯维尔场和制度安排出现局限性时,它如何成为企业和家族发挥信任、忠诚和声誉的保证。随着家族企业规模的不断扩充,家族对企业的掌控方式也会不断演变,尤其是当家族企业上市后,控制方式也将随之发生变化。通过社会资本掌控家族企业的最好案例,莫过于东亚银行。

三、 东亚银行的筹建与发展:历程和特质

很少有人知道东亚银行名字的来源。东亚银行的创立是以汇丰银行为蓝本的。汇丰银行是由一帮从事香港、上海与海外贸易的洋商领袖,鉴于解决融资困难而创办,所以英名名称为 Hong Kong and Shanghai Banking Corporation(直译为"香港上海银行公司")。东亚银行则是由一帮从事东亚地区(日本、朝鲜、中国台湾、越南、新加坡、马来亚、印度尼西亚和泰国等)贸易的华商精英,同样基于贸易融资目的而设,所以便命名为东亚银行。

东亚银行于 1918 年 11 月 14 日注册,1919 年 1 月 4 日正式开业。参与创建的华商精英来自于那些对西方商业及文化有一定了解,且已在香港站稳脚跟的豪门大族或商界翘楚。他们"不但了解现代银行业务,而且明白当代华人企业的需要"。到了 1921 年,东亚银行需要筹集新的资金以扩充业务,因此再吸纳 5 名巨商,增加资本,使股东人数由原来的 9 名增加至 14 名,他们都获赠"永久董事"名衔。熟悉银行运作的简东浦出任总经理、[①] 年轻有为的李子方出任经理,财力雄厚的庞伟廷出任董事局主席。香港大佬周寿臣自 1925 年起出任主席,不久即

---

① 1986 年后称为行政总裁。

第八章
社会资本的制高点：东亚银行的控股权争夺战

身兼港英当局的"两局"议员，并获英国王室赐封爵士头衔，一时风头无两——东亚银行也成为当时华资银行的龙头。

本地商绅之所以创办东亚银行，是由于当时"有仿外国银行组合者，然遗神取貌，已悖布泉之义"。为扭转洋资银行垄断香港金融市场、榨取国人财富的局面，他们"参以外国银行之精神"，以"剌取良法"为宗旨（冼玉仪，1994：15），遵循严谨流程组建银行。创行之初即采用现代会计审核制度及顾客服务方式。就此而论，东亚银行开始时就是一家现代化商业银行，而不是传统的家族企业或由几个家族共同经营的传统企业。

尤其需要指出的是，虽然东亚银行是"参以外国银行之精神"为营运宗旨，但在企业治理方面，却是有意无意区别洋资银行，并没有将所有权和管理权截然分开。即使如此，东亚银行的经营业绩却并不比"银行一哥"汇丰银行逊色。无论是吸纳公众存款，还是银行在世界各地的分行数量，均持续增加。其他主要财务指标，如存贷比率、资产回报率、股本回报率、派息率等皆稳步增长。自20世纪30年代起，东亚银行便成为香港最具影响力的华资银行。

1937年抗日战争爆发，战事旷日持久，神州烽烟四起。东亚银行在香港沦陷之后，损失十分严重。银行在中国内地、香港及其他地方的大部分资产，不是毁于战火，便是被日军夺走。在战争年代，银行的日常业务根本无法展开。

战后东亚银行立刻恢复营运，以重拾昔日光辉。可是，国共内战爆发，终使国民党败走台湾。20世纪50年代的朝鲜战争，令联合国对新成立的中华人民共和国实施贸易禁运，香港经济因此大受打击，东亚银行亦未能幸免。面对风云变幻的社会、经济和政治时局，银行不得不关闭内地大部分支行，并重组香港和海外的业务。

对香港和东亚银行而言，20世纪50年代可谓发展的转折点。当时，香港的经济产业正由转口贸易逐步转型至制造业。东亚银行不但顺应时势，调整经营策略，取得业绩增长，而且开始了管理传承的部署。当时不少创行董事年事已高，须退下一线，将银行生意交予年轻而富有经验的子侄。然而，就在传承部署接近完成之际，1965年一场横扫全港的银行挤提危机爆发，令众多华资银行深受打击。虽然东亚银行在这场挤兑风潮中稳如泰山，但其营运策略却因此而变得更加保守。

1984年，中、英两国就香港问题经过多次谈判，终于达成协议签署了《中英联合声明》。虽然香港的"高度自治权"在"一国两制"框架下得以实现，但身为东亚银行创行家族之一的简东浦家族却对香港前景感到悲观，准备撤离香港。简悦强不但辞去行政、立法两局议员职务，更因悉售家族持有的东亚银行股权而辞任银行主席，其他简氏第二代子侄亦逐步退出管理层。

与简悦强家族不同，同为创行家族的李国宝家族，却对香港的未来感到乐观。他们趁简悦强家族撤退之时，在股票市场中增持东亚银行股权，顺理成章地接任银行的董事局主席和总经理。无论风云怎样变化，东亚银行一直坚持以香港为注册地。1997年香港回归之后，东亚银行更强调"扎根香港"，并有志"连接中国与世界"，担任桥梁的角色（冼玉仪，1994）。

与众多在港洋资银行相比，东亚银行倾向于以自身实力扩充实现有机增长，而非通过兼并收购扩大规模。稳健的发展战略并没有影响到东亚银行的经营业绩。1981年全年盈利仅为8 810万港元，但到了2000年和2009年，则分别跃升至18.87亿港元及26.38亿港元。雇员人数由1981年的1 381人，增加至2000年的5 095人和2009年的10 540人。分行数目由1981年的37间本地分行，增加至2000年的100间，2009年增加至90间分行外加50间显卓理财中心。海外分行更由1981年的2间，跃升至2000年的35间和2009年的115间（28间在中国内地，6间在海外，3间在东南亚）。东亚银行过去20年的业绩表现令人十分瞩目。

东亚银行自成立以来，经历过无数风雨。然而，东亚银行能够屹立不倒，在于其管理层能够在重重考验之中，施展浑身解数，化危为机，帮助银行渡过数之不尽的困厄。虽然，东亚银行曾在招股书中宣称，"参以外国银行之精神"，并在众多营运手法方面，模仿如汇丰银行等香港洋资银行，但在最重要的企业治理制度上，却与洋人的做法截然不同。纵使同在香港的经济环境和政治时局下，恪守同样的银行法规和公司条例，汇丰银行与东亚银行的命运却是同途殊归，前者成就"环球金融巨擘",而后者则领衔"本土家族银行"。

四、"两权分离"的挑战:文化比较视角

如果我们针对东亚银行与汇丰银行的公司治理制度进一步比较分析,尤其针对所有权与经营权两权问题,就能发现其中的重要差异。东亚银行与汇丰银行是华、洋两帮商业精英按照各自不同的商业需求创立的银行,主要目的在于支持他们的商业开拓,而东亚银行更在创立时开宗明义地表示,学习西方现代化的经营方法。然而,由于不同的文化和社会心理,他们又选择了最能保障家族利益,或者说最能反映他们自身文化基因的方法。欧美公司治理中积极提倡的所有权与经营权"两权分离",一直未能在东亚银行真正落实。

为了形象化地说明"两权分离"理论,我们仍采用前文提及的家族控股权为圆形、企业组织为三角形的模型(见图8-2)。从理论上说,如果家族完全掌控了公司的管理层,那么其图形应是圆形与三角形重叠(见图8-2 A),这种状况我们可称之为所有权与经营权高度集中;如果只有部分家族成员进入公司高管层,那么就是圆形重叠(占据)了三角形的顶端,重叠愈多,表示在管理层中所占的席位愈多(见图8-2 B),我们可称之为经营权的局部授权;如果没有控股家族成员进入管理层,即圆形和三角形分开,没有重叠(见图8-2 C),这种情况即西方管理学所说的所有权与经营权分离。

如果我们细看汇丰银行和东亚银行的公司治理演变,则不难发现,两家银行创立之初,管理层均由创办家族所掌握。当然,由于两者均属于大型企业,从未出现圆形与三角形完全重叠的情况(所有权与经营权高度集中),但是银行创立初期,圆形与三角形则出现了较多重叠。

随着时间推移,汇丰银行创办家族对银行的控制力逐步减弱,圆形与三角形的重叠越来越少;到后来更出现了圆形与三角形近乎没有重叠的状况(即所有权与经营权分离)。在汇丰银行的公司治理中,控股家族逐步退出公司经营,改为全面授权非家族职业经理人进行管理。

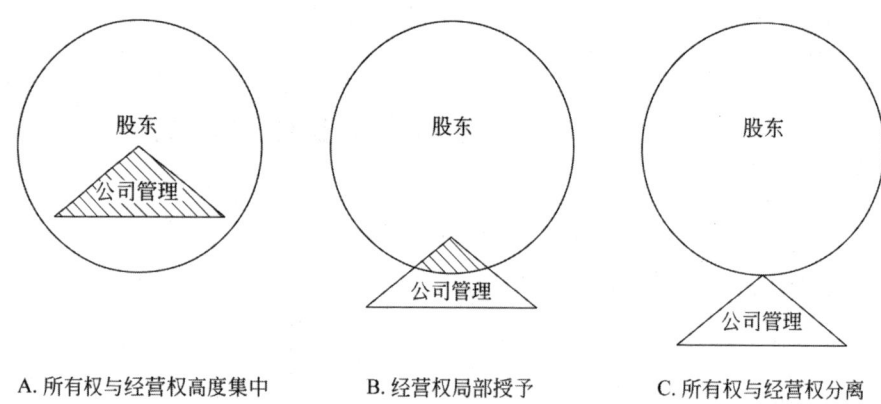

图 8-2　所有权与经营权：模型和演变

资料来源：Zheng and Ho，2012。

然而，如果我们细看东亚银行的所有权与经营权演变，则会发现，自创办至今的近百年中，主要股东家族仍然紧握经营权——虽然不同专业层面的非家族职业经理人被吸纳到高管层中。即东亚银行一直只维持在局部授权的程度。这家效仿汇丰银行创立的银行，在相同的外部环境下成长的银行，因为创办股东的文化基因不同，采用了不同的公司治理模式——汇丰银行已经全面落实了所有权与经营权的分离，东亚银行则至今仍停留在局部授权阶段。

更加突出的区别是，随着汇丰银行的不断壮大成长，股权结构逐步由十多位合伙家族控制，发展成为一家股权极其分散的银行，没有任何的单一股东能够拥有控股权（一般而言以 20％ 为标准）（见图 8-3　A），股权的分散进一步促进了所有权与经营权的分离。相比较而言，东亚银行的股权结构却随着银行的壮大，不断集中到部分创办家族手中，由原来的十多位创办家族演变成只由其中三个家族联合掌控，到后来更变成只由单一家族掌控（见图 8-3　B）。

必须指出的是，像东亚银行这样的股权变化形态，在其他香港华人合股企业中屡见不鲜：永业企业蜕变为新鸿基企业，再发展成新鸿基地产；新世界集团由多位合伙人创立，后来演变成郑裕彤家族独大；信德企业原来同样由多位合伙人共同经营，后来演变为由何鸿燊家族掌控等，均是典型案例。其中的共同之处是，控股权随着企业的发展，不是越来越分散，而是越来越集中，导致了所有权

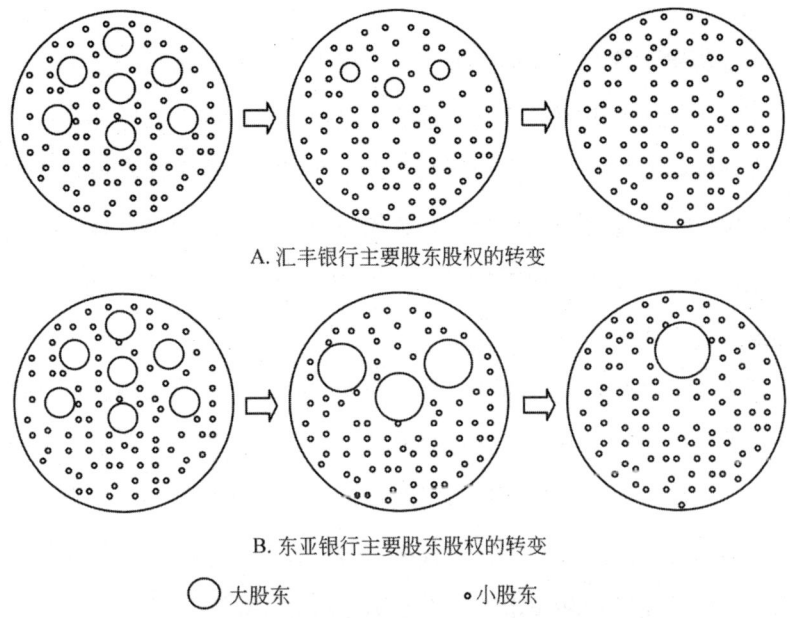

图 8-3 股权变化——汇丰银行与东亚银行的主要股东

数据来源:Zheng and Ho,2012。

与经营权无法分离,更为牢固地掌握在单一大股东的手中。

在同样的经济环境中,受到相同的监管,东亚银行的股权结构却走上了与汇丰银行截然不同的道路。这种现象一方面反映了中、西方文化基因的差异;另一方面凸显了华洋商业社会对控制权的不同情结。中国人对企业的控制权特别重视,采用种种不同方法以巩固或强化家族控制,以免落入他人手中。而社会资本的运用则是战略上的制高点,属于经济资本或人力资本之外的制胜之道,在深谋远虑的家族看来,更是"国之大事,存亡之道,死生之地,不可不察也"。

五、社会资本中的婚姻联盟:荣辱与共

如果只是简单回顾东亚银行的发展史,我们确实难以理解为何社会资本必不可少,其存在是何等的普遍。但是,如果我们细心分析"筹建现代华资银行"的理念从孕育到落实的过程,以及日后股权转变的特质,我们就会对社会资本如此

广泛地存在于东亚银行发展的每个阶段，感到赞叹和惊奇。

根据香港历史学者冼玉仪的研究，最先提出创办华资银行想法的人应该是简东浦。简东浦生于买办世家，其父乃横滨正金银行的买办。简氏在建立家族经营的传统银号之前，曾任职于神户银行及万国宝通银行。简东浦在银行业积累了丰富的实务经验后，怀抱创业家精神，有意创办一家现代化的华资银行，但是缺乏足够的资金。当时，简氏所面对的情况，就像一个发明家，只有新产品的构想，但未能筹措资金，亦缺乏政商网络的支持。

为了解决这个难题，简东浦开始寻求朋友和商业伙伴的支持。在众多支持者之中，来自香港的世家大族——李石朋家族的李冠春、李子方兄弟，以及曾为大清留美幼童、任职于清朝廷数十年的周寿臣，尤其值得重视。

李氏兄弟出身于豪门大族，其家族在中国、日本、印尼等地均有大量投资和人脉网络，尤其是在船务和大米贸易方面实力超群。李氏兄弟一直寻找机会拓展业务，以带动家族发展和产业升级。李氏家族对简东浦创立银行的提议，给予了大力支持。

如果说李氏家族为简东浦提供了资金援助，那么周寿臣可谓在社会、政治方面居功至伟。周氏早年为清廷派送到美国的留学幼童，学成归国效力于朝廷逾30载。港英当局看中周寿臣的资历，1919年邀请退休返港的周寿臣加入市政局（Urban Council），1921年延揽进入立法会（Legislative Council）。1926年，周寿臣获得英国皇室亲授爵士勋衔，并晋身行政局（Executive Council），进入港英当局的权力核心。周氏身为香港华人，所获得的权力和礼遇，在当时而言可谓"位极华民"（郑宏泰、周振威，2007）。

总而言之，如果简东浦无法获得资金和人脉网络的支持，那么筹建现代华资银行的提议根本无法实行。简氏充分运用其人脉网络，取得李氏兄弟的资金援助与周寿臣的社会、政治人脉，方能最终实现自己的构想。在这个背景下，简东浦出任东亚银行首位总经理。他上任后改变传统银号的营商手法，引入西方制度，将东亚银行建设成为现代华资银行——简氏本人亦因而被誉为"中国出色的银行家"，并被香港当局委任为太平绅士。

第八章
社会资本的制高点：东亚银行的控股权争夺战

顺带一提，简东浦在位 44 年中，李子方担任经理之职，为简东浦之副手，而时任立法会议员的周寿臣则在庞伟廷去世后，出任董事局主席一职。李、周二君出掌银行要职长达 34 年，而连同简东浦，3 人皆任职至逝世为止。

在家族企业研究领域里，学者 Redding 和 Hamilton 均认为中国民营家族企业的发展，建基于亲密的特殊关系，而非冷峻的法律合约条文或官方监管制度。因此，在开拓商机或面对社会、政治危机之时，华人企业家尤其重视运用其人脉交往和政商关系，确保对家族企业的掌控权。

我们可以清楚地看到，在东亚银行成立过程中社会资本所起到的关键作用。虽然东亚银行以现代商业银行自居，但其本质上仍有家族企业（几个家族共同经营）的特色——这是因为东亚银行是由一众志同道合、彼此间十分稔熟的商绅所创。诚然，随着东亚银行的规模不断扩充，各创行董事运用其人脉网络，确保对银行的控制权，进而为家族带来可观的财富回报，社会地位也愈加显贵。

东亚银行在香港站稳阵脚后，营运规模和市场份额逐渐增长，部分创行家族开始感觉到，如果未能为其家族寻找稳定而长远的盟友，则他们在董事局的主导权可能一朝倾覆。事实上，无论在 20 世纪 30 年代，东亚创行家族之间的联姻，还是在战后促成的政治联系，皆是编织更完善、紧密的人际关系网，实为投资社会资本之举。

正如我们在第七章董浩云家族案例中提及的，婚姻联盟是缔结社会资本的重要方式。东亚银行的创行家族十分认同这种做法，用以巩固社会网络。在东亚银行开业 10 年后，创办人之一的李冠春即促成了胞弟李作忠迎娶另一创行股东莫晴江的掌上明珠莫如玉，从而使两个创行家族（李冠春家族及莫晴江家族）结成亲家，以婚盟加深双方关系。

随后，股东家族联姻陆续出现。20 世纪 20 年代末，李冠春之女李如珠许配给东亚银行总出纳周志南之孙周孝亮（周寿臣的侄孙），令李氏家族与银行另一创行家族——周寿臣家族缔结姻亲。1933 年，同属东亚创行股东的冯平山家族可谓双喜临门，冯平山的双胞胎儿子分别迎娶了创行股东两个家族的女儿——冯秉芬迎娶简东浦之女简笑娴为妻，冯秉华与李子方之女李惠贤结成夫妇。换言之，冯秉华、冯秉芬两兄弟的婚姻，使简、李、冯3家的关系更为密切，使得东亚银行董事局在往后数十年间，出现"三家主导"（tri-families dominant）的局面。

东亚银行创行家族并非只有这几段联姻关系。深入研究就会发现，东亚银行创行家族与香港其他世家大族之间的联姻，远比我们想象的复杂。例如，20世纪30年代，简东浦之子简悦庆便与利希慎家族的利舜贤共偕连理。利舜贤的兄长就是后来身兼行政、立法两局议员职务的利铭泽，而利铭泽则借助妹夫的关系，在50年代加入东亚银行担任董事。

再如，李冠春之妹李月嫦嫁给永安百货创办人郭泉之子郭琳褒，并诞下儿子郭志权。郭志权在哈佛大学博士毕业，与李树培之女李婉群结成夫妻。香港顶级医院——养和医院的创始人，就是出身自医学世家的李树培及其兄长李树芬。顺带一提，李树芬之女李芙蓉，是郭琳褒之弟、郭琳弼的太太，而李树培的夫人，正是香港首位华人女性立法会议员李曹秀群。

此外，李冠春之子李福树的妻子，是胡熙堂的千金胡宝琼，而胡熙堂之子胡百全，则为资深律师，并曾出任立法会议员。李福树之弟李福兆，则与英美烟草公司独家代理商劳勉农的女儿劳晓华结为夫妇。李冠春之孙、李福树之子李国宝，则迎娶潘锦溪之女潘金翠为妻，而香港零售百货巨商潘迪生，就是潘锦溪之子。

如果我们重新聚焦于创行董事李子方身上，则会发现更多联姻关系。李子方的夫人是邓秀馨，而邓父是有利银行（Mercantile Bank）的买办。李氏的银行实务知识，大部分来自其岳父。由于其子李福泰的妻子是台湾前"行政院长"俞鸿钧的女儿，因此李家与国民党的关系可谓十分密切。李子方的另一位儿子李福述，在港英时代曾任民政司及行政、立法两局官守议员。李福述之子李国能，是香港特区政府首任终审法院首席法官，其妻胡慕英的父亲胡兆炽，是"地产三剑侠"郭得胜（新鸿基地产创办人）、李兆基（恒基兆业地产创办人）、冯景禧（新鸿基银行创办人）[①] 的师父暨法律顾问。

[①] 今富邦银行。值得指出的是，由于郭得胜、李兆基和冯景禧当年创立了"新鸿基"，此名字在"分家"后仍为各人沿用，所以很容易引起外界误会，其实新鸿基金融或新鸿基银行等，与新鸿基地产已再没有任何关系。

总而言之，家族之间相互通婚，不但能够开拓人际网络，投资社会资本，而且能够巩固家族对企业的控制权。李冠春、简东浦、冯平山、周寿臣四大创行家族之间的姻亲关系，以及与香港其他豪门望族的婚姻联盟，不仅可以确保他们对东亚银行的主导权，也能够维持各大家族从20世纪20年代以来至今历久不衰的社会、政治地位。这与海外学者针对欧洲家族研究指出，世家大族依靠联姻通婚和企业合作，使财富得以世代相传的观点，可谓不谋而合。

六、 社会资本中的政商关系：股权更迭的考验

财富和权力是一对孪生兄弟，两者难以分离——财富能够带来权力，而权力亦能带来财富。以东亚银行为例，创行董事在银行成立之初，即已开始寻求政治上的支持。从邀请周寿臣出任创行董事，到后来公推其担任银行主席一职，已可见一斑。虽然我们并无确实的证据指出，周寿臣曾为东亚银行带来政治利益，但周氏对于香港政局的巨大影响力，绝对不容小觑。

事实上，李子方之所以能够继周寿臣之后，在1939年成为立法会议员，就是得益于周寿臣的大力引荐。可惜李子方的任期由于香港沦陷而于1941年终止。战后，港英当局有限度开放政权，以吸纳华人精英参与管治，一众华商才得以跻身政界。

随着东亚银行的不断扩张，银行越来越多的董事参政议政，甚至进入殖民政府以及随后特区政府的权力核心。东亚银行的历任董事，如罗文锦、冯秉芬、简悦强、李福树、李福和、利铭泽、李国宝等，皆获政府任命为行政、立法两局议员。由此可见，东亚银行的地位几乎可以媲美汇丰银行。因为在香港的历史上，只有汇丰银行（香港殖民时期的准中央银行）的历任董事才可以从无间断地跻身行政、立法两局。

除了政坛上的影响力，如果我们细致研究东亚银行董事局的历史，会发现两大重要特点。

其一，大部分董事的在任时间均以数十年计，如黄润棠（59年）、李冠春

(47年)、简东浦（44年）、周寿臣（40年）等。此现象与美国社会学者Allen的研究结果十分吻合。他指出，在美国，职业经理人主导的企业中，管理层的任期平均接近9年，而在家族企业中，家族成员的任期平均逾17年。华人家族企业的董事及高管，平均任职时间可以更长。

其二，董事职务在家族中的传承，包括父传子、兄传弟、舅传甥、叔伯传侄等多种形式。譬如，冯平山因健康恶化而辞职，其职务由儿子冯秉华继承；数年后，冯秉华决定移民美国，职务由其弟冯秉芬担任。其他创行家族的董事职权依照"子承父业"的模式来传承，如简东浦传子简悦强，李冠春传子李福树，李子方传子李福和，黄润棠传子黄颂显，黄铸臣则传子黄中南等。

此外，有研究显示，东亚银行的董事积极参与东华三院、保良局等慈善机构的事务，如出任"总理"等高层职务，筹募善款，甚至慷慨解囊，为鳏寡孤独、贫苦大众赠医施药。通过林林总总的社会公益活动，各位董事的芳名深深刻印在本地慈善事业史上，而其家族的社会地位和声望亦得到显著提升。

如果我们只从商业角度来看东亚银行的发展史，就会忽略创行家族之间的婚姻联盟关系，以及其在社会慈善和政治事务方面的足印。相反，如果我们能够从各创行家族的人脉关系网络来看，便会找到关键而深入的因素，解释为何即使简东浦家族的财力不及当时的香港首富，亦能够倡议并成功建立东亚银行。以此为视角，我们就能够更深入理解，为何简家、李家、冯家等主要创行家族能够凭借少数持股，世世代代掌控银行。更重要的是，我们会得悉银行如何能够面对社会、经济、政治的种种冲击，安然无恙。

虽然东亚银行创行家族建立了环环相扣的婚姻联盟，以确保对银行的控制权，但此等"婚盟"关系并非牢不可破。20世纪80年代，中国政府决定收回香港，引发了关于香港前途问题的"信心危机"。这场空前的动荡，将简、李、冯3家关系中最薄弱的环节彻底暴露出来，最终使3家分道扬镳，从此改变了东亚银行股权和董事的分布。

故事要从简悦强说起。身为行政局议员的简悦强曾陪同港督麦理浩（Murray McLehose）到访北京拜会邓小平。简悦强在会面中获悉中国政府恢复

第八章
社会资本的制高点：东亚银行的控股权争夺战

对香港行使主权的坚定立场。然而，麦理浩等人返回香港后，面对公众时只传达邓小平所说的"请投资者放心"，所以社会大众对顶层政局的发展态势知之甚少。

鉴于中国政府即将收回香港，简悦强为免公务繁忙，遂辞去行政局议员的职务。当然，"公务繁忙"很可能只是辞任的托词，更主要的原因应当是，简氏认为香港回归中国后，营商环境将发生翻天覆地的变化。简悦强家族在中国内地人脉甚少，对香港在 1997 年后的社会、经济、政治发展缺乏信心。因此，简悦强趁价格较好之时，将家族持有的东亚银行股权变卖套现，准备撤离香港。

1984 年，中英两国就香港的前途问题进行多次谈判，达成最终协议，签署《中英联合声明》。同年，简悦强宣布辞任东亚银行主席，而简家其他家族成员亦随后退出董事局。与简悦强家族不同，李国宝家族选择留守香港，并收购简家部分股权，李家成员因此填补简氏在董事局的空缺，接掌东亚银行。

1986 年，东亚银行的管理层再次出现震荡。原来，香港股票市场受到"信心危机"拖累，股价暴跌，令冯秉芬家族损失惨重。为了调动资金，方便周转，冯秉芬打算收购华人置业。当时，华人置业负债甚少，又坐拥大量现金，可谓优质资产，而李家（当时是李福树当家）那时是华人置业的主要股东。冯秉芬此举无疑损害了李福树家族的利益，因此李、冯两家的亲密关系不复当年。

据秦家骢的研究，李、简两家关系其实早在 1958 年就已经出现裂痕，起因与上文提及李、冯两家的故事一样，乃是由于股权转移之前，其他控股家族并未知悉有关决定。股份买卖之所以如此重要，是因为董事局的平衡可能因此打破，进而影响其他控股家族的利益。1958 年，在东亚银行的股东周年大会上，有人对股权转让一事公开提出质疑，并要求进行内部调查。可惜，相关报告文件未能获得进一步披露，有关纠纷似乎已经私下解决。我们对此案的来龙去脉虽然所知不多，但可以清楚地看到，各控股家族之间以互信和忠诚为基础的关系已经受到挑战，开始动摇了。也就是说，社会资本亦非无坚不摧，而是同样存在弱点——互信和忠诚是社会资本的核心所在，值得重视。

当"信心危机"在香港社会爆发之时，各大企业纷纷从香港迁册海外，股票市场出现大幅波动。由于简悦强曾陪同港督拜见邓小平，他很可能是首位知道中国即将"收回香港"的本土商绅,加上简家看淡香港的前景,悉售家族持有的东亚银行股权,难免令人猜测简氏家族趁"众人皆醉我独醒"之时,将手上的股票善价而沽,套现获利。所以,简家变卖东亚银行的股权,与冯秉芬增持华人置业的股份一样,改变了董事局内的"势力平衡",引发其他股东家族的不满。

虽然对东亚银行各大股东家族就股权变动的实际安排,我们所知甚少,但有两点是十分清晰的:①在 20 世纪 80 年代中期,东亚银行主要控股家族之间环环相扣的亲密关系已经瓦解;②随着冯秉芬家族悉售东亚银行股权,而李国宝家族接盘,并委任李氏家族成员出任董事职务,银行董事局内的权力结构,由以往简、李、冯 3 家主导的局面变为李氏一家掌控。

分析东亚银行 2009 年的年报,我们可以看到李氏家族在银行内的权力分布:①李国宝出任银行的主席兼行政总裁;②8 名执行董事中有 4 名来自李家;③5 名高层管理人员之中李氏家族占 3 名;④李氏家族在银行的总持股比例从表面看不超过 15%。

问题是,自 20 世纪 80 年代中期以来,东亚银行的主席和行政总裁均由李氏家族成员担任。当东亚银行的管理大权落入李氏一族的手中,银行要采取什么样的发展策略,才能令李氏的主导地位可保无虞?李家如何面对香港社会的"信心危机"?李氏家族在 20 世纪 90 年代采取的策略,如何为 2009 年的敌意收购埋下伏线?更有趣的是,在这次东亚银行的攻防战中,李家又运用何种制胜武器击退入侵者,稳坐东亚银行的"江山"?

七、社会资本中的连锁董事:合纵连横的绸缪

对于家族企业而言,融资扩张与维持家族控制权,是个两难的选择。筹集资金的最快途径就是将公司上市,获得低廉的资金,发展大型项目,只是这样将无可避免地降低家族在公司的持股比例。对此,其中一种补救办法就是"连锁董事"(interlocking directorship),一种以人脉关系为基础、用以加强家族控制权的策略。

第八章
社会资本的制高点：东亚银行的控股权争夺战

以东亚银行为例，纵使李国宝家族决定留守香港，增持简、冯两家部分股权，但李家还是清楚地知道分散风险的重要性，避免将所有鸡蛋放在同一个篮子里。虽然东亚银行在成立之初已是上市公司，但公众持股量十分稀少，大部分股份仍然控制在几个创行家族的手中。直至20世纪90年代，由于需要将部分家产投资于欧洲和美国，李国宝家族才逐渐减持在银行的股份，逐步提升公众投资者的持股量。对李家而言，向公众出售银行股权可谓一举两得：一方面，银行能够利用公众资金，扩充规模，实现国际化，业绩获得持续增长；另一方面，李家能够减低投资风险，避免家产过度集中于银行业。

由于东亚银行在资金运用上采取了更为积极进取的策略，加上香港经济产业由制造业转型至金融业，银行业务兴旺蓬勃，东亚银行的业绩迅速增长。鉴于中国已成为东亚银行持续发展的重要动力，李氏家族于是想方设法，在家族持股比例大幅下降的情况下，加强对银行的控制权，与其他企业互置董事，建构"攻守同盟"。

细读东亚银行历年年报，有三点值得我们注意。第一，李氏家族仅持有少量股权，便能够牢牢掌控市值数以千亿元的银行，必须掌握有力的工具才能确保权力的延续。例如，1998年、2003年及2008年，李氏家族申报的股份权益（只限那些在银行中担任董事的成员及直系亲属，即配偶、父母及子女）分别只有7.72%、8.74%和8.14%。纵使李氏家族有大量的权益未申报（例如，没有担任银行董事的非直系亲属），其持股比例也不太可能超过已申报权益的两倍。即使是已申报权益的两倍或以上，李氏家族成员的总持股量也只占银行全部股份的少数。基于这种情况，为保证家族对银行的控制权，与其他友好的股东组成战略联盟，合纵连横，互相扶持，就显得十分必要。

第二，在李国宝主政期间，东亚银行延揽不少身家丰厚、影响巨大的本港及海外华人富豪进入董事局，包括李兆基（后来退任，由儿子李家杰继任）、郭炳江（郭得胜之子，后因行贿罪成入狱而辞去职位，尚未填补）、杜惠恺（郑裕彤女婿）、李泽楷（李嘉诚之子）、郭孔演（嘉里集团创办人郭鹤年之子）、何佐芝（何东私生子，商业电台创办人，早前去世，尚未填补）、蒙民伟（信兴集团创办人，早前去世，尚未填补)、罗友礼（维他奶国际创办人罗桂祥之子）及邱继炳（马来西亚富商）等，而这些富商为回报李家的信任，不但邀请李家子弟（尤其是李国宝）加入其掌控的企业，亦会要求旗下的公司使用东亚银行的服务。显然，透过互派董事这种"你中有我、我中有你"的方法，李国宝家族成功地为东亚银行与其他香港重要企业建立起战略联盟。

第三，每位李氏家族成员的持股比例只有1‰~2‰，很少有超过3‰的，这可能与中国传统"诸子均分"继承制度下的"分家"安排有关。另一个值得深思的问题是，如果李氏家族后代成员不能团结一心，而是一盘散沙，那么每人只能如个人投资者一样沦为小股东，对银行管理毫无影响力可言；如果李氏家族数代成员众志成城，家族就能获得掌控权，进而确保更为巨大的家族利益。这对于其他家族而言，无疑极具参考价值和重要启示。

尽管如此，李氏家族的持股比例仅占少数已属不争事实，因此家族在经济资本以外，必须依靠社会资本来保持在董事局的主导地位。东亚银行连年获得巨额盈余，负债甚少，为股东带来了丰厚的回报，可谓"摇钱树"。① 这一方面表明李氏家族雄厚的社会资本促进了银行发展；另一方面也难免引起外人觊觎垂涎。尽管持股甚多的郭令灿家族并没有受邀进入董事局，但由于连年获得丰厚分红，也安然维持财务投资者的地位。

本章开头提及的东亚银行"股权攻防战"，在郭令灿家族披露已增持超过5％股权的消息传出后，有记者就银行股权数据查询香港交易所，发现李氏家族的持股比例为14.12％、西班牙上市公司 Criteria CaixaCorp 为 9.04％、国浩集团及郭氏本人为 8.01％、中银香港为 4.94％，其余 63.89％则由公众持有。外界分析，Criteria CaixaCorp 与中银香港很可能是李氏家族的"同盟军"，捍卫李家在银行内的主导地位。

---

① 2014年，东亚银行的经营收入为 182.32 亿港元，总资产为 7 958.91 亿港元，存款总额达 5 925.82 亿港元，股东权益总额则达 734.44 亿港元，各种财政指标均清楚地显示，东亚银行财政稳健、盈利能力强，属于不可多得的优质银行，所以标准普尔对东亚银行的长期信贷评级为 A 级，穆迪对该银行的长期存款评级则为 A2。

跟进报道指出，Criteria CaixaCorp 的代表 Faine Casas Isidro 于 2009 年获邀加入银行董事局，而李国宝也同时出任对方公司董事。国浩集团及郭令灿虽身为东亚银行第三大股东，却被拒诸董事局门外。就郭氏之谋，李国宝对记者表示自己所知甚少，并透露李氏家族上下必会同心同德、一致对外，又如前文提及，李国宝认为城中富豪如李嘉诚、李兆基等均会全力支持。

这场东亚银行控股权的"攻防战"，一度成为香港热门话题，而讨论的焦点则围绕几个问题：①李氏家族是否会一致对外，捍卫家业？②谁会助李氏家族一臂之力？③郭令灿会否善罢甘休？

有人估计，郭令灿家族在达到目的之前，是不会偃旗息鼓的；也有人认为，李国宝家族的人脉关系是制胜武器，会帮助李国宝家族稳坐东亚银行的江山；甚至有人觉得李、郭两家会最终化敌为友，共掌东亚银行。当然，这些想法只是猜测而已，世事往往出乎众人所料。社会资本虽然无处不在，影响力无远弗届，但是互信和忠诚乃是人性脆弱之处，环环相扣的人脉关系网络亦非固若金汤、牢不可破。

八、结　　语

我们从社会资本与家族控股权的角度来看东亚银行近百年的起落发展历程，会发现如下几点结论：

首先，东亚银行虽然效仿汇丰银行的现代化经营模式，"参以外国银行之精神"，在营运层面上应用了西方管理制度，但在所有权和经营权层面，却并非如欧美一样将两者截然分开，而是保持了中国的传统做法，始终由控股家族成员出任管理层。显然，思想观念和行为举止颇为洋化的东亚银行创行家族，仍受到中国传统文化的影响，对家族控制和血脉传承非常重视，尽力避免"家产易姓、外人主导"——这一再反映了中国文化的内在基因，值得日后深入研究。

其次，随着东亚银行的不断发展，部分不太进取的创行家族慢慢退出权力核心，沦为普通股东，而少数相对进取的创行家族则逐渐壮大、强化，并长年主导银行董事局。20世纪二三十年代的初创和成长期,董事局由12个创行家族共同掌管;但经历20世纪30—80年代近半个世纪的不断发展,权力结构由"众星拱月"的局面变为简、李、冯3个家族鼎足而立的格局;到了80年代中期以后,则由"三家鼎立"变为李氏家族"一姓天下"。在这个演变过程中,既反映出各创行家族对银行的主掌大权存在激烈的明争暗斗,"一山不容二虎",同时亦折射出中国文化强调血脉至上,"鸟大离巢、家大必分"的特质。

最后,东亚银行的股权争夺战引发更值得我们深思的问题是,各创行董事的持股份额,取决于投入的经济资本,因此各人的股权大致均等,但是社会资本则不然。因为,社会资本的多寡,有否用心经营,成效如何,将直接决定该人(或该家族)在银行的实际主导权,而通过婚姻联盟、政商关系和连锁董事等方法,为家族巩固人脉关系网,便能牢牢掌握董事局。相反,没有着力投资于社会资本的家族,则难免在激烈竞争中逐渐退出权力核心。换言之,社会资本的作用是弥补经济资本的不足,相辅相成,保障经济资本所创造的财富和利益,不为他人所夺。在人际关系中,如果出现某些原因或变故,使得彼此失去互信和忠诚,那么人脉就从"资本"转变成为"负债"。

近年来受到连番重大冲击的李国宝家族仍能紧紧掌控东亚银行,而郭令灿家族即使控股权不断提升,但仍未进入董事局——这种情势既印证了社会资本的威力,同时亦反映出李国宝家族在建立社会资本方面确有过人之处。

参考文献

Hamilton, G. G., (ed.) 1996. *Asian Business Networks*. Berlin: Walter de Gruyter.

Redding, G., 1990. *The Spirit of Chinese Capitalism*. New York: De Gruyter.

Zeitlin, M. and Ratcliff, R. E. 1975. "Research methods for the analysis of the internal structure of dominant classes: the case of landlords and capitalists in Chile",

Latin American Research Review, Vol. 10, No. 3, pp. 5~61.

Zheng, V. and T. M. Ho. 2012. "Contrasting the evolution of corporate governance: A Hong Kong and Shanghai Banking Corporation vis-à-vis Bank of East Asia Limited Analysis", *Asian Pacific Business Review*, 18（3）：407—423.

《明报》，各年。

《星洲日报》，各年。

《东亚银行：年报》，各年。

冼玉仪：《与香港并肩迈进：东亚银行1919—1994》，香港，东亚银行，1994。

郑宏泰、周振威：《香港大老：周寿臣》，香港，三联书店（香港）有限公司，2007。

郑宏泰、黄绍伦：《商城记：香港家族企业纵横谈》，香港，中华书局（香港）有限公司，2014。

第九章

**榕树式家族企业：
掌控 10 家上市公司的罗鹰石家族**

在日本，因为单子独享、血脉次之，家族企业如竹子般笔直向上成长——业务高度集中，一人独占，由头到尾单干生长，很少出现多名家族成员互相竞争的情况，所以可以传承数代至十数代。在中国，因为"诸子均分"、重视血脉，家族企业如榕树般——业务既有集中，也有分散，呈现多元混杂、叶茂枝繁的情况。子孙倾向于自立门户、另起炉灶，有如榕树分枝有很多气根，榕树可以一树成林，所以中国家族企业在不断扩张与多元化过程中，呈现出"榕树式家族企业"。

香港罗鹰石家族的发展特质和扩散模式，可视作"榕树式家族企业"最具代表性的案例。"鹰君系"第一代到第二代全面接班经历了长达1/4世纪。现时"鹰君系""世纪系"和"瑞安系"第二代到第三代的接班安排，大约始于20世纪末，家族对接班安排十分重视，而传承过程也极为漫长。

在中国家族企业的众多说法中，"富不过三代"最常被引述，而日本家族企业经历百年乃至千年还能历久常青、长寿不衰，常引起不少中国家族企业的好奇和艳羡，争相探讨如何学习。日本长寿企业比比皆是，例如，名扬日本的法师酒店（Hoshi Ryokan），据说创办于718年，至今仍为温泉爱好者的最爱；酿制清酒的须藤本家（SudoHonke），据说创立于1141年，仍然长盛不衰；历史悠久的酱油皇牌龟甲万（Kikkoman），据说创立于17世纪初，至今仍是不少日本家庭饭桌上佐餐酱料的首选。

统计数据显示，全日本约有124万家企业，其中100年以上的大约有2万家，200年以上的约有1 200家，300年以上的约有400家，500年以上的约有30家，1 000年以上的有7家。据《中企网》引述韩国银行2008年5月14日发表的《日本企业长寿的秘密及启示》报告，日本拥有3 146家历史超过200年的企业，高居全球首位。尽管这两个统计数据略有出入，但基本方向一致——日本长寿企业为数甚多，领先全球。

这些长寿企业中，接近九成企业的员工人数不超过300人，绝大多数以家族为经营单位，行业主要集中于食品、料理、酿酒、制药等传统行业。由此可见，

第九章
榕树式家族企业：掌控 10 家上市公司的罗鹰石家族

虽然日本百年企业为数不少，备受世界瞩目，但这些长寿企业却大多属于技艺传承，业务单一，规模较小。

舩桥晴雄曾归纳出日本企业长寿最为突出的三项原因：①地理条件特殊；②历史中形成的思想和宗教观；③经营观和企业观。

所谓地理条件特殊，是指日本为自成一系的岛国，身处太平洋一隅，地理上有海洋的天然屏障，免受外族入侵，只要自然环境许可，就能长期按自身条件的强弱优劣顺势生长，不被外力摧残折断。

所谓历史中形成的思想和宗教观，是指价值观兼收并蓄，共存共荣。由于没有一神教的排他性，或者血债血还的宗教战争，加上万世一系的天皇制度，免遭政治动荡之苦，珍视和谐、宽容为重，给企业的长治久安、持续发展创造了良好的环境。

所谓经营观和企业观，是指日本人对经营有一份坚持与执着：他们认为发展企业的目的不仅是赚钱，还要重视社会的意义和责任。日本家族对所有权也有特别的看法，他们认为企业不应只强调家族所有这一面，还应照顾员工和顾客利益，这使得企业成为家族和员工长期共同成就的载体，鞠躬尽瘁，贡献所长。

学者们还分析了日本企业长存不衰的其他因素——重视发展本业，不贸然进行多元化扩张，经营保守稳健，具有工匠精神，坚持诚信经营，代际传承能超越血缘关系等。学者 Goto 指出，雄厚的社会资本、系统的家族宪法以及家族成员的全心投入等，也是日本家族企业历久弥新的原因。

日本特殊的岛国地理条件、历史前进轨迹、社会结构及文化积淀，与中国大陆的山川地理、历史进程与文化特质差别巨大。日本皇朝的万世一系（即单一皇朝自古延续至今），与中国皇朝频繁更迭相比，就已经是天壤之别了。集中在家族继承制度上，我们更能清晰地看到，日本家族企业之所以相对长寿，与其文化基因和家族制度有关——中、日虽然同属父系社会，重男轻女，但两者在家族理想、家族关系和代际延续等问题上，有着截然不同的传统。

首先，在家族理想方面，中国文化强调孝道，以血脉为核心，排除非血亲者，强调子孙血脉在事业上力争上游、光宗耀祖，成家立室后开枝散叶、多子多福,子孙数目越多表示家族越兴旺、越有福气。如果没有子嗣,则被视为最大不孝或不幸——因为这样会"绝后",使得家族失去延续,祖宗失去供奉,失去长存不朽的依托。因此,中国文化可视作"血脉至上"的民族,将延续血脉放到至高无上的位置上,所以钱穆说:"儿女的生命里保留了父母生命之传统,子孙的生命里便保留了祖先生命之传统。"意思是说,在中国文化里,血脉延续本身就是家族长存不朽最直接的表达。

相对而言,日本文化虽然也有孝道之说,但侧重子孙世代对祖父世代的感恩和供养义务。在日本人眼中,最能保证子孙世代对祖父世代感恩和供养义务的,就在于家名或家业能否长存不断,而并非是否有血脉子孙,所以日本人既不崇尚多子多福,也不把"绝后"问题看得如中国那样严重,只视"一姬两太郎"(一女两子)为理想子女的数目,将血脉置于家名家业之后。其背后的哲学,与视个体生命短暂、家名家业长远保持的信念有关,选择以个体融入组织的途径作为不朽的努力,可视作"家业至上"文化。他们最担心的问题其实是"绝家"——即失去了赖以生存的基础(家业的丧失),而并非如中国文化般的"绝后",因为他们认为,即使没血脉,只要家业尚存,就可以由养子或婿养子弥补,从而可以避过"绝家"的问题。

在家族关系方面,中国家族的关系以血脉为主轴,只是这种关系具有纵向和横向两种。纵向是指祖、父、子、孙的关系,这种关系有相互依从的权利与责任,即祖、父对子、孙有照顾的责任,而子、孙对祖、父有尽孝的责任;横向是指同辈兄弟姐妹之间的关系,这种关系基本上是平等的,这点表现在继承权利上尤其明显,加上多子多福观念下兄弟数目一般较多,从而使得横向的关系十分复杂。兄弟之间不但有彼此扶持的一面,同时也有彼此竞争的另一面。

日本家族关系以家业、家名为主轴,所反映的自然只有纵向的祖、父、子、孙关系。为了保障家业家名长存不断,祖、父必须确保继承过程中家业不被削弱,而子、孙在继承后同样必须确保家业不减,从而才能维持对祖、父的供养和照顾。由于同辈兄弟之间没有责任与权利,加上没有像中国文化中对多子多福的追求,兄弟数目一般不多,所以较少有横向发展的关系,而这种关系不会太复杂，较少出现扶持与竞争同时共存的情况。

在代际延续方面，"血脉至上"的中国采取了"诸子均分"制度；而"家业至上"的日本则采取了单子继承制度。前者在于确保血脉不绝，只要是同一血脉，均可分享祖、父财产；后者则在于确保家业长存，所以注重谁最有能力确保家业不减、家名不断。

所谓"诸子均分"制度，即同一血脉的兄弟（子孙），对祖、父的财产具有均等分享的权利，而拟血脉关系（例如，养子、女婿），则一般不能享有相同地位与权利，所以财产必然伴随代际传承发生分散，而且兄弟数目越多分得越散。所谓单子继承制度，即只有一子能够继承祖、父的所有财产，所以如果有多个儿子，就选择才能最强的那一个；如果只有一个儿子，则由其继承；如果该子平庸，则可考虑由女婿继承；如果女婿亦不成，则可考虑由养子继承。在日本家族的代际传承中，只有一人独享家业，不会出现财产被摊薄的现象。

综合来看，中国的传承模式是择血脉而传，既会出现兄弟矛盾与竞争的问题，又会产生越分越散的问题，更会出现良莠不齐、子孙平庸问题。同时在纵向与横向两个层面发展，既有父传子的纵向一面，也有诸子分家后各自发展的横向一面。日本的传承模式是择优而传，既不会出现兄弟矛盾与竞争的问题，也不会产生越分越散的问题，而且能挑选最具才能者继承，发展势头只有纵向的一个层面，即只有祖、父传给子、孙。

正因中国采取"诸子均分"的继承制度，而日本则采取"单子独享"的继承制度，不同的社会行为、企业形态清楚地展示出：①中国有家产及企业不断分裂的问题，日本的家产及企业可长期高度集中；②中国诸子之间竞争激烈，不少人会另起炉灶、自立门户，日本则是单子独享，其他儿子或是成为其他家族的养子，或是进入别人的企业打工，儿子间的竞争并不激烈；③由于重视血脉的关系，在中国养子或女婿的地位不高、信任不强，但在日本，由于血脉并非最重要的考虑，养子及女婿亦可继承企业，所以其地位不低、信任不弱。

更为重要的是，在日本，因为"单子独享"、血脉次之，家族企业的成长便会如竹子般——企业资源或业务高度集中，一人独占，甚少分枝，由头到尾单干生长，较少出现多名家族成员互相竞争的情况，所以可以传承数代至十数代。但必须指出的是，由于血脉并非日本文化中最重视的部分，日本企业因而会出现"外壳非常坚硬，内容却空空的，没有血缘内涵"（陈其南、邱淑如，1984）的现象。

相对而言，在中国，因为"诸子均分"、重视血脉，家族企业的成长便会如榕树般——企业资源或业务既有集中，也有分散，没法一人独占，所以呈现多元混杂、叶茂枝繁的情况。扼要地说，则是不同子孙既有相互竞争的一面，也有相互扶持的一面，子孙倾向于自立门户、另起炉灶的情况有如榕树分枝有很多气根，想生长为树干一样。当气根接触到地面土壤，便会长成树干，支持本身枝干的生长，则有如不同子孙最终在条件许可下自立门户。树干纵横交错，则显示出亲属关系复杂，既互相扶持，又互相竞争，在土壤和气候良好的地方，一棵榕树可以发展成一片树林，所以中国家族企业在不断扩张与多元化过程中，呈现出"榕树式家族企业"（郑宏泰、黄绍伦，2004）。

香港罗鹰石家族的发展特质和扩散模式，可视作"榕树式家族企业"最具代表性的案例。在本章中，我们将深入探讨其发展历程和形态，从而说明纵使中、日两国的家族企业在称谓上并无不同，但性质和发展轨迹则因地理环境、文化内涵和历史背景的不同而呈现出诸多差异。严格来说，两者有着本质的不同，不应混为一谈。更形象地说，日本家族是竹子，中国家族是榕树。

一、罗鹰石家族的传奇：一代白手创业

在香港，祖籍潮州普宁的罗鹰石家族，是一个枝繁叶茂的大家族，不但人丁众多、富甲一方，同时也常因纠纷不绝、争执频传而招来公众关注。罗鹰石家族直接掌控了10家香港上市公司（鹰君地产、冠君产业信托、朗廷酒店投资、世纪城市、富豪酒店、百利保控股、富豪产业信托、瑞安建业和瑞安地产等）更成为一时佳话，创下香港家族掌控上市企业最多的纪录，至今甚少有其他家族能望其项背。那么，罗氏家族的发展历程有什么独特之处？又反映了哪种中国独特文化呢？

在掀开罗氏家族扑朔迷离的传奇篇章之前，我们先来看看家族企业奠基

第九章
榕树式家族企业：掌控 10 家上市公司的罗鹰石家族

人——罗鹰石的成长历程和家族背景，了解这些因素如何影响他打拼事业的雄心壮志。天生聪敏、记忆力强、精明能干、节俭勤劳的罗鹰石，① 1913 年出生于潮州普宁的一个农民家庭，据说其曾祖父因为负债累累，迫使其祖父、父亲与叔伯等日夜不断地工作，最后才能还清债务。② 罗鹰石出生一段时间后，曾祖父遗留下来的沉重债务终于得以还清。③

罗鹰石的父亲罗功贤有鉴于家乡生存条件恶劣，带着当时只有 7 岁的罗鹰石远赴泰国谋生，从此踏上异国营商、赚钱糊口。初期没有资本的罗氏父子只能贩卖土产与华洋百货，出卖劳力，后来才逐渐积累了经验和资本，慢慢有了较为可观的利润。

家族生意终于有了起色，生活才得到了保障。1926 年，年约 13 岁的罗鹰石被父亲安排返回潮州，进入汕头礐光中学接受正规教育，此举显然是寄望罗鹰石学到书本知识，以便充分发挥本身能力，为家族带来更好的发展。在这段求学岁月中，罗鹰石得以系统地吸收知识，对世界乃至社会有了进一步了解，这对他日后重投商界，无疑极为重要。

可惜罗鹰石未能完成中学课程，便于 1929 年左右被迫返回泰国，跟随父亲、兄弟继续营商。1936 年前后（即罗鹰石二十出头之时）与杜莉君在泰国结婚。罗鹰石带着 1 万元资本与新婚妻子由泰国转到中国香港，闯荡天下，与兄弟在文咸东街 132 号开设"罗瑞兴"经营布匹、染料生意，专门在天津、上海、汕头和广州等地，采购布匹和染料等物，然后运往泰国出售。期间，长女罗慧端约于

---

① 关于罗鹰石的惊人记忆力，有人说他有过目不忘的能力，别人的电话号码只要告诉他一遍便能记住，数百个亲友的电话，他记得清清楚楚。事实上，罗鹰石虽然读书不多，但能在经营中找到规律，与泰国的生意伙伴互打通行情，此点可从他所著的《贸易电约特辑》（1950 年出版）一书中看出。他又能诗能文，写得一手好字。他常会吟诗作对，既为自娱，亦会赠送亲属朋友。就算是年纪大了，因业务需要而学习英文，据家人的回忆，也能很快上手。如此种种，均反映出他天资极高、头脑敏捷。

② 虽然罗鹰石本人出身于农民家庭，但其曾祖父负债沉重，祖父一代和父亲一代须不断工作才能清还债务，所以我们判断罗氏家族属于商人多于农民。

③ 曾祖父欠下的巨额债务需要两三代人才能还清，所以罗鹰石曾谑称自己是"含着账单出世"的。（文希，1994：51）

1938 年出生。由于善于经营，懂得灵活变通，罗瑞兴的生意发展得颇为理想。

杜莉君先后为罗鹰石诞下罗孔瑞、罗旭瑞、罗嘉瑞、罗康瑞和罗鸿旋等子女。罗鹰石本身一房人丁渐多的同时，家族生意亦日见壮大，由于人多口杂，家族内部的矛盾亦日多，并促使其走上了分家之路。1951 年，家族成员达成了分家协议，罗鹰石获得 10 万元家产，而他在分家后的决定，则是继续罗瑞兴的生意路线，在内地搜购布匹、染料，然后利用香港转口到泰国销售，日后走上了地产发展之路。另一房开始时从事布匹生意，但后来则发展为罗氏美光纺织公司，延续了原来的布匹、染料生意，而这家公司日后也在香港闯出了名堂。

罗鹰石分家后的积极性更强，生意锐意发展，不出数年的 1955 年，已赚到了人生中第一个 100 万，这在当时来说是一笔巨款。与此同时，杜莉君又为罗鹰石诞下 3 个儿女，依次为罗鹰瑞、罗慧琦和罗启瑞。即罗鹰石、杜莉君夫妇共育有六子三女，全家共有 11 个成员，单是罗鹰石、杜莉君夫妇一脉，便已是人丁众多，自成大家族了（见表 9-1）。

表 9-1 罗鹰石家族成员的教育和社会公职等资料

姓　　名	教　　育	家庭、事业与社会服务
第一代		
罗鹰石	汕头礐光中学（未毕业）	鹰君创办人兼主席，2006 年 9 月 1 日去世
杜莉君	不详	1963 年出任鹰君董事至今
第二代		
罗孔瑞	澳洲新南威尔士大学商业经济系	曾创立恒盛建筑工程公司，1967 年起为鹰君董事，娶妻王淑爱
罗旭瑞	香港大学建筑学院	娶妻李洁提，创立世纪系企业
罗嘉瑞	美国康乃尔大学医学院 美国密芝根大学心脏科博士	娶妻徐斐俐，1980 年起担任鹰君集团董事，2006 年改任集团主席。曾任医管局主席和创业板主席
罗康瑞	澳洲新南威尔士大学经济学院	前妻何晶洁，后娶朱玲玲，创立"瑞安系"企业
罗鹰瑞	美国芝加哥大学医学院	娶妻林文端，执业西医
罗启瑞	美国哥伦比亚大学工程学院	娶妻谭美云，1984 年加入鹰君集团

第九章
榕树式家族企业：掌控 10 家上市公司的罗鹰石家族

续表

姓　名	教　育	家庭、事业与社会服务
罗慧端	香港大学文学院	1963 年起担任鹰君董事，创立宝盈建筑公司和宝丰建筑公司，嫁夫陈绍绩，2002 年离异
罗鸿镟	大学毕业	嫁夫陈维廉（米商巨擘陈汉华家族）
罗慧琦	大学毕业，执业事务律师	嫁夫吕元瑞（吕兴合记钱庄吕明财家族）
第三代		
罗俊昶	美国大学毕业	鹰君集团物业管理部副总经理
罗俊图	美国大学建筑系毕业	1999 年加入世纪城市，现为世纪城市和百利保副主席
罗俊谦	美国圣路易斯华盛顿大学心理学系	2000 年加入鹰君集团，现为集团执行董事
罗俊毅	不详	不详
罗俊诚	美国大学国际关系	创立港式餐厅"家香"
罗俊礼	美国哥伦比亚大学建筑系	朗豪酒店业务拓展总监
罗俊义	不详	不详
罗俊哲	不详	不详
罗俊稀	不详	不详
罗宝琳	不详	嫁夫朱惠德（泰丰地产投资主席）
罗宝盈	加拿大多伦多大学经济系	2001 年嫁李国宝儿子李民桥，后离异，并于 2007 年再婚，嫁美心集团伍卫国
罗心妤	不详	嫁夫姜礼恺
罗宝文	美国杜克大学心理学系	2000 年加入世纪系，世纪城市、富豪酒店和富豪产业副主席
罗宝璘	耶鲁大学人类学学士、南加州大学艺术硕士	逸东酒店总裁，朗廷酒店非执行董事
罗宝琼	仍在美国求学	—
罗宝瑜	美国麻省韦斯利学院建筑学系学士	2012 年加入瑞安集团，负责新天地发展项目
罗宝恩	仍在美国求学	—
罗宝玮	仍在求学	—
罗宝瑶	仍在求学	—

资料来源：《罗鹰石讣闻》，《香港经济日报》，2006 年 9 月 11 日；"鹰君系""世纪系"和"瑞安系"公司官方网页。

进入20世纪60年代,在布匹、染料生意中赚取巨大利润的罗鹰石,不认为贸易生意具有长远发展的空间,当时方兴未艾的房地产生意吸引了他的高度关注。经过一番深入思考与研究后,尤其是参与楼宇买卖迅速获利之后,罗鹰石决定放弃贸易,全心全意转投地产业,于1963年创办了鹰君公司。

尤其难得的是,"鹰君"的名字是罗鹰石的"鹰"字与杜莉君的"君"字组合而成,这在重男轻女观念极重的潮州家族中十分罕见;即使对于当时香港社会而言也不多见,极少有企业家愿意将太太的名字嵌入企业名字之中。更加值得注意的是,杜莉君也是鹰君公司创立时的董事,而她出任这一职位的日子比丈夫要长——因为罗鹰石去世后,她仍一直担任公司董事之职。从这里我们可以看出罗鹰石重视太太、注重男女平等的开明一面。

进军地产业后的鹰君公司先后在青山道、油塘、荃湾等在当时属于"城市边缘"的地带兴建了多幢中小型工厦,诸如金盟大厦、金龙大厦和金玉大厦等,出售给当时急需厂房的制造商,取得了突出成绩,赚得极为可观的利润。初试啼声即能取得佳绩的罗鹰石不但进一步肯定了个人的生意触角,更于1970年扩大地产投资,除了将经营利润再次投入到地产生意外,还大胆地向银行借贷,因为他看到了问题的关键——必须将投资目标转向高级住宅,才能带来更多利润。于是,自70年代起,鹰君先后在西贡兴建满湖花园、金湖别墅,甚至在港岛干德道兴建鹰君花园等。

罗鹰石一战成名的事件,则是他年近六十之时的1972年,趁香港股票市场突然向华资企业开放之时,将鹰君公司的地产业务上市。地产开发需要以雄厚的资金作为后盾,仅靠个人、家族或银行贷款,则明显不足。有鉴于此,目光敏锐的罗鹰石毅然将鹰君公司名下的地产项目包装后上市,并易名为"鹰君地产",利用股票市场融资,开拓更大规模的房地产项目。此举不但令鹰君地产成为当时令人瞩目的房地产企业,同时也让家族财富水涨船高,奠定了家族在香港社会的重要地位。

第九章
榕树式家族企业：掌控 10 家上市公司的罗鹰石家族

二、罗鹰石家族的传奇：二代各展所长

鹰君地产上市后进入新的发展里程碑，家族结构也发生了重大变化：20 世纪三四十年代出生的子女已经长大成人、学有所长，先后投身于社会。有些子女成为罗鹰石的左右手；有些则自立门户、另辟蹊径；还有些坚持走专业之路，与家族企业保持距离。总之，罗家二代各有抱负、各展所长。

罗鹰石思想开明，对子女一视同仁，严格要求，强调自立自强，不像其他潮州人那样重男轻女。六子三女均获得了良好教育，性格独立。长女罗慧端1955年入读香港大学文学院（同班同学有日后出任政务司司长的陈方安生），期间结识了港大医学院学生陈绍绩。大学毕业后，罗慧端曾在新法书院教书，然后在1963年鹰君公司创立时加入董事局，成为父亲的得力助手。1964年，罗慧端与陈绍绩结婚，并育有陈博彦、陈雅薇和陈雅蕙3个子女。

鹰君地产自上市后发展迅速，一直在父亲身边协助打理业务的罗慧端自然近水楼台，洞悉行业发展。70年代，罗慧端游说身为执业医生、高薪厚职的丈夫放弃专业，1976年共同创办宝盈建筑公司，日后再创立宝丰建筑公司，投身建筑行业。宝盈建筑公司承接了鹰君地产的建筑工程，更因父亲与李嘉诚的关系，承接了大量长江实业的建筑工程，生意不断做大，财富与日俱增。

罗慧端身为女性，在协助父亲打理鹰君地产之余，又能与丈夫经营自己的生意，实有其过人之处，而罗鹰石长子罗孔瑞，大学毕业后一度踏上自行创业的路途，开始时取得不错成绩，后来却碰到巨大波折。

罗孔瑞60年代中期在澳洲新南威尔士大学毕业后回港，1967年加入鹰君公司成为董事，协助进行房地产开发。与胞姐一样，由于注意到地产行业的巨大潜力，罗孔瑞在协助父亲打理鹰君地产的同时，于1975年与堂兄罗文彬（当时担任罗氏美光制衣公司总经理）合伙创立恒盛建筑工程公司，初期同样承接鹰君地产的建筑工程，后来因实力日增而开发自己的地产项目，最受瞩目的则是购入葵涌货柜码头工业大厦的举动。"1982年，合资以1.5亿港元，向恒隆购入葵涌货

柜码头工业大厦,并改名为'钟意恒盛中心'",为企业带来丰厚利润,而罗孔瑞的事业和前途也显得一片光明,可惜风光时日没维持多久便因故离世了。

让罗鹰石酸甜苦辣百般滋味在心头的,则是次子罗旭瑞。罗旭瑞1968年以优异成绩毕业于香港大学建筑系,随即加入家族企业,成为鹰君公司董事,为父亲的地产建筑出谋献策。但是,罗旭瑞最让父亲乃至市场侧目的,并非建筑方面的学识,而是在股票市场上四处征战、兼并收购的金融财技。

鹰君地产上市翌年,香港股市泡沫爆破,70年代石油危机的冲击随之而来,香港经济连年衰退。到了70年代中期,股票市场开始出现兼并潮,精通金融财技的罗旭瑞大展身手,表现突出,备受父亲看重。1977年,鹰君地产购入尖沙咀么地道地皮,兴建第一家富豪酒店,作为企业的长远投资。翌年,罗鹰石又趁地价低迷购入湾仔鹰君中心的地皮,然后着手筹划建筑工程,计划用作集团总部。

1980年5月,富豪酒店落成,罗旭瑞协助父亲将集团名下的酒店业务组成富豪酒店,然后分拆上市。随后又通过富豪酒店以发行新股的方式收购了小型地产上市公司——永昌盛公司,将之易名为"百利保投资"。短短的两三年里,罗氏家族控股的上市公司由1家增至3家,并以鹰君集团为旗舰,而家族财富则在这个过程中大幅飙升。罗旭瑞的连番财技让父亲叹为观止、欣赏不已。但是,连番急速的扩张又埋下了巨大危机,因为一旦市场逆转、资产大幅贬值,债务便会急速上升——这个问题不久便浮现出来。

事实上,罗旭瑞不但协助父亲在股市上东征西讨,同时也在为自己的事业积累能量。他趁着香港政治前景阴晴不定、股票市场风浪四起之时,于1981年联合"股坛刀斧手"、亚洲证券主席韦理(Billy Willie)收购当时如日中天的中华巴士公司(俗称"中巴"),意欲争夺由颜成坤家族控制的老牌企业,震惊市场,促使颜氏家族高价回购股份。虽然罗旭瑞最终没能达到目的,但并购战已经让他大赚一笔,名下财富激增,"股坛狙击手"的称号声名鹊起。

罗家第二代中最吸引大众视线的,则是人称"上海姑爷"的罗康瑞。青年时的罗康瑞在香港完成初中课程后,与长兄罗孔瑞一样负笈澳洲,高中毕业后进入

第九章

榕树式家族企业：掌控 10 家上市公司的罗鹰石家族

新南威尔士大学经济系。1969 年，罗康瑞毕业后返港加入家族企业，但后来则决定另辟蹊径、自立门户，而他决定创立的瑞安建筑公司同样属于建筑行业。

根据罗康瑞回忆，1971 年，他决定创业的资金是由母亲向父亲担保借来的，必须计算利息。而瑞安建筑最初数年所承接的工程也来自鹰君地产。罗康瑞这样说："除了借钱给我之外，他（罗鹰石）还给了我第一单生意，那是在春坎角建一幢豪宅，100 多万元的工程。他帮我在做银行透支时签担保。"[①]（《明报》，2009 年 9 月 7 日）

鹰君地产给予瑞安建筑的支持，据说足足维持了 3 年。到了 1974 年，瑞安建筑才"接到了第一个家族以外的工程"，有了突破性发展，之后工程越接越多，发展步伐加快，港岛、九龙等多处建筑楼盘都有瑞安建筑的身影。1984 年，罗康瑞决定将瑞安建筑上市，他的事业从此走上了康庄大路，日后开辟了另一片新的天地。

罗鹰石的其他子女——罗嘉瑞、罗鹰瑞、罗启瑞、罗鸿镟和罗慧琦也是别具才华、各有表现。举例来说，罗嘉瑞和罗鹰瑞都是心脏科医生，前者毕业于美国康乃尔大学医学院，后者毕业于美国芝加哥大学医学院，均是天之骄子，两人最终走上悬壶济世之路，而非投身商场。罗启瑞则就读于美国哥伦比亚大学工程学院，成绩优异，毕业后在父亲要求下于 80 年代中期返回鹰君地产。

另一方面，罗家的女儿也不亚于儿子。举例来说，罗家两位年幼的姐妹——罗鸿镟和罗慧琦，由于得到父母的平等对待，所以均大学毕业，罗鸿镟在毕业后不久即嫁入潮州米业巨擘陈克华家族（丈夫陈维廉乃陈维信之弟），选择做家庭主妇，为人十分低调。罗慧琦大学毕业后虽然考获执业律师资格，并与友人合伙创立律师事务所，但自与吕元瑞（潮州籍的吕明财家族成员）结婚后，则基本上将精力放于家庭，所以也较少受到社会的关注。

我们不难看到，罗鹰石与杜莉君的六子三女都是出类拔萃，天生聪敏，自小

[①] 由于华人社会强调"诸子均分"，对子女讲求平等对待，罗康瑞得到父亲借贷 10 万元创立建筑工程公司，并在向银行借贷时得到父亲担保等"待遇"，相信也适用于其他子女，只是他们没有向外界透露这些细节而已。

在父母的严格要求下培养出自立自主的性格，得到了良好教育。他们投身社会后，又得到父母的扶持与助力，日后均能独当一面，使得本来只有罗鹰石和杜莉君两夫妻的企业，"开枝散叶"，壮大了家族力量，家族上下备受香港社会关注，成为一时美谈（见表9-1）。

三、罗鹰石家族的传奇：竞争与分裂

进入20世纪80年代，随着各子女羽翼渐丰、实力渐大，彼此间除了相互合作扶持的一面，开始出现矛盾竞争的另一面。罗鹰石与次子罗旭瑞的矛盾升温，甚至出现直接对抗的局面，在香港社会中引人纷纷议论，甚至传出父子反目的负面报道。

香港经济和股市自70年代后期开始渐渐复苏，1978年年底，中国内地走出"文化大革命"的劫难，宣布推行改革开放，给香港经济注入了实质动力。进入80年代，香港制造业一浪接一浪北移，新界的新市镇相继落成，社会与经济出现重大转变。在这个急速蜕变的过程中，中英两国就香港前途问题进行了谈判，当时社会出现了所谓"信心危机"问题。

那时的罗鹰石家族掌控了鹰君地产、富豪酒店和百利保投资3家上市企业，股市低迷难免会影响企业财务，致命打击则是80年代初地产急跌、物业滞销，鹰君系的3家上市公司出现财务危机，"鹰君地产股价一度急跌超过九成，濒于崩溃边缘"。（文希，1994：54）

鹰君集团旗下上市公司的股价江河日下，而债务日重。长子罗孔瑞突然遭廉政公署起诉，罪名是"涉嫌行贿莱斯银行职员，讹骗254万元贷款"（《壹周刊》，2006年9月7日），① 这让罗鹰石和家人十分困扰。初审时，罗孔瑞被判罪成，入狱3年。幸好，后来上诉免受牢狱之灾，但事件的攘攘扰扰让家族颇为烦扰。

---

① 对于《壹周刊》于2006年9月7日的专题报道，罗孔瑞曾于同年9月入禀法庭，控告其"报道带诽谤，评指他贪污行贿致家族蒙羞，影响他的形象"，但该事件后来不了了之，似乎达成庭外和解。2011年2月6日，《汤财文库》又有相关描述，而此文则再没收到控告。

第九章
榕树式家族企业：掌控 10 家上市公司的罗鹰石家族

罗孔瑞虽然最终脱罪，但他和罗文彬的恒盛建筑则于 1984 年遭债权人申请清盘，罗孔瑞据说"从此绝迹商场"。法庭文件显示，罗孔瑞和罗文彬曾被法庭宣判破产。更为严重的是，罗孔瑞从此被父亲列入"永不录用黑名单"（《汤财文库》，2011 年 2 月 6 日），从此失去了接掌家族企业的机会①，这对罗孔瑞的人生与事业产生巨大打击。

罗孔瑞深受官司影响之时，鹰君集团旗下 3 家公司的债台越筑越高。据估计，1983 年，3 家上市公司需要撇账的金额高达 24 亿港元，这在当时而言实属天文数字，可见集团负债已经到了无以复加的地步。为了减债，集团只有出售资产一条出路。这种"卖子救母"的举动无法获得罗旭瑞的认同，父子之间出现了严重的分歧。

在那个风雨飘摇的时刻，作为大家长的罗鹰石既说服不了二子接纳自己的意见，长子罗孔瑞又因官司而"不能用"，所以只好急召 1980 年加入鹰君集团董事局但人却在美国行医的三子罗嘉瑞回港，应对家族的巨大危机。虽然罗嘉瑞的本行是医生，但临危受命处理集团财务危机时却展现出过人才华——他为集团把脉后采取的拯救方法是进行"移心换肝"的大型手术。

简单来说，罗嘉瑞首先向富豪酒店开刀，将负债沉重、业务萎缩的部分拆分出来，转售给罗氏家族的私人公司，从而减轻债务。其次是重组百利保的债务，手法同样是将负债较重者拆分出来，转售给私人公司或附属公司，然后利用富豪酒店与百利保之间的投资组合和股权互换，变更了资产与债务的计算方式。经过连番资产重组，富豪酒店和百利保的账目尽管显示出负债急降的表面改善，但实质上没有效益。某些核心资产在转移中由上市企业转到私人企业手中，出现了所有权转移的问题。

对于当年那个被社会称为"夺门之争"（文希，1994：64）的举动，身为事件主角的罗旭瑞，在父亲去世之后接受记者访问。他对当年的那场家族危机作出

---

① 对于罗孔瑞的人生和事业，有资料指他"很早就接掌了家族的私营生意，但集中在家族发源地泰国及海外发展，为人低调，鲜为人知"。

如下的回应：

> 一开始，父亲很相信我的能力，我做事不会令他头痛。我很多兄弟都是强者，他们后来回来帮助父亲，我要给他们机会。家族的人多了，意见也多了，有些说要弃车保帅卖富豪，可是富豪是我一手创立的心血啊。

（《香港经济日报》，2012年1月16日）

由此可见，罗旭瑞对罗嘉瑞在当时推行的债务重组计划并不认同。不但父子间有分歧，兄弟间也有不少冲突，尤其让罗旭瑞觉得他本人的心血和利益在重组计划中受到重大影响，所以作出反击，维护自己的利益。其中最重要的举动就是1984年私下联同被视为"股坛刀斧手"的亚洲证券公司主席韦理，向富豪及百利保发动敌意收购①，促使韦理"以9 041万港元向鹰君购入所持富豪酒店33.4%股权。由于富豪酒店持有百利保投资，鹰君实际上间接将百利保出售"，韦理名下的亚洲证券公司取代了鹰君地产，成为富豪酒店的最大单一股东，既掌控了该酒店，也掌控了百利保。这个石破天惊的突然举动让父亲罗鹰石措手不及，尽管他曾表示反对，但已无力回天。

对于儿子突然掉转枪头，联合外人争夺家族控股的两家上市公司，身为父亲的罗鹰石十分愤怒，觉得是一种"吃里扒外"（《香港经济日报》，2012年1月16日）的背叛行为，但是木已成舟，只能接受现实。三子罗嘉瑞在失去富豪酒店和百利保后，集中火力应对鹰君地产的业务，而罗旭瑞在支持韦理取得富豪酒店和百利保的控股权后，则离开鹰君集团，自立门户，之后再以过人财技，利用连串业务和债务重组的方法拯救富豪酒店。

成大事者，必有天时、地利、人和。罗旭瑞取得富豪酒店和百利保控股权的1984年下旬，经过多轮谈判后的中英两国终于就香港前途问题达成协议，英国同意在1997年6月30日结束殖民统治，并签署了《联合声明》。此举令社会日

---

① 从罗旭瑞本人持有不少富豪酒店普通股和认股权证的情况来看，家族那时或已分家，所以各个子女各有一份。当然，也有可能是罗旭瑞在那个时候要求分家，罗鹰石则如其所愿，将应属于他的一份分给他。无论如何，罗旭瑞那时名下持有一定股份，所以可按自己的意愿采取最能维护其自身利益的行动。

第九章
榕树式家族企业：掌控 10 家上市公司的罗鹰石家族

趋稳定，投资信心逐渐恢复，上市公司股价回升。这使得罗旭瑞当年孤注一掷的举动有了显著回报。

与此同时，鹰君地产的股价有了明显的反弹。尽管如此，"一朝被蛇咬"的罗鹰石仍然心有余悸，将安全系数定得很高，将刚在美国哥伦比亚大学工程学院毕业的幼子罗启瑞召回香港，要求他加入鹰君集团董事局，为父兄分担工作，协助鹰君地产渡过难关。

毫无疑问，罗旭瑞在那个危难关头联同外人夺取家族企业，让很多人难以接受。在强调孝道与家族本位的华人社会更是让人难以承受，受到各方批评。家族内部关系因此变得水火不容，造成巨大伤痛。当然，事过境迁后，从实际发展结果来看，罗旭瑞如下的一番话，却又有一定道理——起码从他本人的角度来看是站得住的。他说："我没有败掉父亲的家当，家族要卖百利保及富豪，我连同朋友一起出价高三成，其实是帮了家族。我买贵了呢。"（《香港经济日报》，2012年1月16日）

撇开"公说公有理、婆说婆有理"的争论不谈，1984年罗氏家族发生了另一个重大转变。早前自立门户的四子罗康瑞，在经过一番积极打拼之后，瑞安建筑的实力不断壮大，他在深入思考后决定将业务重组，以瑞安集团名义上市（下文将罗康瑞所掌控的上市企业统称为"瑞安系"），希望如父亲般借助资本市场进一步壮大企业的发展空间，书写自己在香港商界的传奇，为罗氏家族添加浓墨重彩的一笔。

无论是个人、家族还是企业，只能循着社会发展大势前进，鲜能逆流而上者。20世纪80年代初期，香港社会与股市波谲云诡、风高浪急，无数个人、家族和企业受到冲击，而结果却截然不同——有些不幸遭巨浪吞噬，有些在巨浪前仍屹立不倒，还有些虽然曾被击倒，但随后仍能站起来，克服困难后变得更为强壮。对于罗氏家族而言，80年代初的那场巨大风浪虽然令不少家族成员受到伤害，出现分裂，但在狂风暴雨之后，仍能积极打拼，迎来了骤雨过后的骄阳。这样历经劫难，仍能笑傲江湖，充满传奇色彩，尤其令人艳羡。

四、罗鹰石家族的传奇：传承第一波

1983 年，鹰君集团出现巨大财务危机时，罗鹰石已年届七十古稀之年，按理说应该完成分家，安排下一代接班，可以安享晚年了。从当时的情况来看，罗旭瑞显然属于毋庸置疑的接班人。但是，危机突然涌现，父子间出现巨大分歧，不但导致了父子反目，更促使罗旭瑞走上了另起炉灶之路，同时也打乱了罗鹰石的接班计划。

本来计划从政的三子罗嘉瑞临危受命，在因缘际会间成为新的接班人，这使得罗鹰石本人的退休计划作出调整，推迟了退休年龄。因此，家族传承的过程往往并非风平浪静，而是充满变数，常有预料之外的事情发生，家族上下应当步步为营、认真应对，不可掉以轻心。

具体地说，自富豪酒店和百利保落入次子之手，罗鹰石将挽救鹰君地产的任务和希望寄托在三子罗嘉瑞和幼子罗启瑞的身上。那时的他虽然仍高度关注企业发展，尤其在重大决策面前亲力亲为，但对于日常事务的管理，则基本上放手交由子女负责了。罗嘉瑞和罗启瑞接手后，并没有受到家族内部分裂事件的影响，停止扩张和发展的脚步。相反，在确定鹰君地产的债务回落至健康水平后，新领导团队又因应当时的地产行情渐渐复苏而再次大举出击。趁着地产价格低廉之时，购入半山地利根德阁物业，以及伦敦戏院与普庆戏院旧址地皮，受到市场瞩目。

20 世纪八九十年代，鹰君集团的另一项突出投资，就是收购香港建筑业巨擘——孙福记建筑工程公司。前文提及，香港房地产业十分活跃，建筑业也随之欣欣向荣。建筑工程往往牵涉面广，颇为复杂，能否有效控制成本极为关键，加上很受天时影响，并非很多建筑工程公司能够长期赚大钱。创立于 60 年代，在行业内颇有名气且具有相当规模的孙福记，一度因经营欠佳而出现亏损，处于结业倒闭的边缘。

鹰君集团那时已有多个地产开发项目，趁着孙福记建筑工程公司身陷困局

第九章
榕树式家族企业：掌控 10 家上市公司的罗鹰石家族

时，以低廉价格将其收购，然后注入资金，大刀阔斧地推行变革——更重要的是由其承担鹰君地产的众多建筑工程，实行垂直整合。1989 年，集团将孙福记重新包装后上市，从此鹰君集团旗下控股的上市公司，由 1 家增至 2 家，扭转了 1984 年由原来 3 家减少至只有 1 家的局面（下文将罗鹰石主干家族掌控下的上市企业称为"鹰君系"）。管理大权交到罗鹰石幼子罗启瑞的手上。

集团推动孙福记上市之时，又趁香港人心惶惶之际，于 1989 年 8 月从政府土地拍卖中以 27 亿港元，成功夺得中环花园道毗邻中银大厦的黄金地段地皮。众所周知，中环核心地区寸土寸金，可供开发的大面积地皮绝无仅有。如果不是那时的投资环境欠佳，不但价格必然被大幅抬高，即使出高价竞投，鹰君集团也未必能顺利取得。取得这一黄金地皮后，鹰君集团立即投入建设，主要工程由孙福记承包，两年多即完成主体建筑，命名为"万国宝通银行大厦"（日后易名为"花旗银行大厦"，2016 最新更名为"冠君大厦"），为鹰君集团带来巨额利润，成为旗舰式物业。

花旗银行大厦这项重大投资，不但为鹰君集团带来庞大而长远的收益，也使罗启瑞领导的孙福记声名鹊起，因为该公司在整个建筑工程中效率超群，两年内即完工，让不少行内人士大感意外。在这次工程中声名鹊起的孙福记，于 1994 年更名为"新福港"，给市场带来全新的企业形象。同年，三子罗嘉瑞正式出任鹰君集团副主席兼董事总经理，罗鹰石虽然仍留任主席一职，却为接班安排踏上了另一个台阶。

在争夺富豪酒店控股权一役后另起炉灶的罗旭瑞，运用其过人财技，使得富豪酒店和百利保逐渐恢复元气，同时继续在股坛上南征北战。1985 年，他趁另一家上市公司——世纪城市处于财务困境之时将其收购，再以相似的债务重组财技，为世纪城市削骨疗伤、起死回生。

罗旭瑞巧妙地利用早年与韦理私下达成的优先认股权证协议，从韦理手中顺利购入富豪酒店和百利保的股份，再通过股权重组，成为这两家公司的最大单一股东，从而紧紧地掌控了这两家公司。1987 年，罗旭瑞通过百利保成功收购邓炳辉家族控制的国泰置业，①令个人掌控下的上市企业增加至 4 家（下文将罗旭瑞掌控下的上市企业称为"世纪系"）。同年，罗旭瑞还发起"蛇吞象"的狙击并购行动，以旗下市值只有 2 亿港元左右的百利保，收购老牌洋商嘉道理家族控股而市值达 60 亿元的香港大酒店集团，虽然行动未能成功，但他"股坛狙击手"的形象已经深入民心，在敌意并购中获利良多。除此之外，罗旭瑞还在 1988 年收购加拿大星座酒店集团控股权，进军海外酒店市场。

通过连串收购合并与业务重组，罗旭瑞名气日升，掌控企业日多，身家财富也迅速水涨船高。据估计，1996 年年底，"世纪系"总市值已经高达 277.34 亿港元，罗旭瑞一度跃居香港富豪榜第 15 位。这正是罗旭瑞日后满怀自信地表示，他"没有败掉父亲家当"的最有力说明。

正当罗旭瑞在香港商界尽领风骚、业务不断开拓之时，1984 年将瑞安集团上市的罗康瑞，在这段时间的业务发展并非如想象般一帆风顺。从资料上看，上市后的瑞安集团业务扩张明显过急，除了工程建筑本业外，还涉足建筑材料、贸易、计算机、酒店、餐饮、旅游等多个行业。过于混杂的多元化业务没能产生太多投资效益，反而令罗康瑞疲于奔命、分身不暇，造成严重亏损。回首公司上市初期的投资举动，罗康瑞日后回忆时这样说道："投资了那么多行业，开董事会时，5 分钟就得讨论一个行业，简直是疯掉了。"（王友和，2013）

正因业务太多、太杂，自己未能——应对，导致巨大亏损，罗康瑞最终于 1989 年作出重大决策——将瑞安集团私有化。同时，他决定将投资焦点放在中国内地，尤其是作为中国经济龙头的上海。他在经过一轮深入研究与考察后，于 20 世纪 90 年代初期展开多个地产项目，先后完成了瑞安广场、瑞虹新城和城市公寓等项目。

中国内地的业务发展非常顺利，罗康瑞考虑将企业重新上市。1997 年 2 月在重组业务完成后成功上市，而新公司命名为"瑞安建业"。最终让罗康瑞名扬

---

① 此公司日后业务重组，并易名为"国泰城市"。只是这家公司因发展空间有限，最后被罗旭瑞以"卖壳"的形式出售给北方矿业股份有限公司。

第九章
榕树式家族企业：掌控 10 家上市公司的罗鹰石家族

全国的，则是在上海卢湾区进行旧区重建的重大项目——上海新天地，集生活、休闲、娱乐、消费与商业于一身，自 2001 年落成后即成为上海的新地标。

当罗家数子在香港商界各有精彩之时，罗鹰石第五子——身为心脏科医生的罗鹰瑞，则明显较少人提及，难怪记者在介绍罗鹰石的一众儿子时，亦只以"罗鹰石五子"作介绍，他们似乎并不知道罗鹰瑞的存在。

从零散的数据来看，由于作风低调，加上对家族生意缺乏兴趣，罗鹰瑞一直到 1993 年才加入鹰君集团，成为非执行董事，较少参与企业管理，而是将精力放在执业行医上。对此，父亲罗鹰石没有勉强他，而是尊重儿子的选择和决定。当然，这可能是罗鹰石刻意不让这个儿子加入鹰君集团，以免太多子女聚集其中，产生人多口杂、易生矛盾的问题。但从日后的发展路途来看，罗鹰瑞却又非完全安于行医执业，而是"医而优则商"，最后还是染指商业。

经过一番行医努力而建立一定知名度之后，罗鹰瑞趁 IT 炽热的 2000 年，与同属专科医生的友人合组"21 世纪医疗网"（www.imed21.com），利用其时方兴未艾的互联网提供医疗和健康信息。这对于当时社会而言，可谓一开风气之先，引领潮流。

由于子女众多，华人传承上的一大特色便是希望各子女学有所专，日后走上不同的事业之路，发展不同生意，分散风险，减少内部冲突，而不是"将所有鸡蛋都放到同一个篮子里"，硬是向家族企业中挤。从罗鹰石一众子女的不同事业轨迹来看，尽管不少子女早年都曾在鹰君集团内工作，但最终还是各有自己的生意，发展不同事业，只有部分成员留在家族企业中。因此，就算自己或子女们的生意出现问题、遇上风浪，也不至于全军覆没，甚至可以在不同位置上守望相助、彼此扶持。

五、罗鹰石家族的传奇：传承第二波

1997 年 7 月 1 日香港主权回归，罗氏家族的传承进入第二波——第三代开始粉墨登场，从第二代手中接过企业领导的大权。这段传承期间，家族同样面对着内、外环境转变所带来的各种挑战。与第二代接班的情况和背景不同,第三代的兄弟姐妹数目明显较少,各房只有两三名子女而已,因此,在安排接班时,自然不像上一代般复杂,内部矛盾与竞争也没那么激烈。另一个特点则是女儿成为接班的重要一环。

香港回归后,亚洲金融危机爆发,作为国际金融中心的香港遭到巨大冲击,股市大跌,而房地产在利息大幅拉高、资金外流和政府推出"八万五"政策等多重因素打击下急速滑落。受股市和楼市双重打击,香港经济陷入寒冬,企业倒闭数和失业率双双攀升。在这样的社会环境下,罗氏家族的"鹰君系"和"世纪系"企业也无法置身事外,备受冲击。

亚洲金融危机之前,罗旭瑞眼中的香港投资环境可谓一片秀丽,所以特别积极进取。举例来说,他曾在1997年以55亿港元天价投得赤柱优质地皮,计划兴建豪宅;接着又斥资20亿港元兴建富豪机场酒店,同时动用8亿港元收购纽约一间酒店——他认定旅游业会保持兴旺。仅是这3项已公开的投资,便已高达83亿港元。结果,金融风暴迅速而至的1998年,"系内公司财年亏损约100亿港元"(《东周刊》,2005年6月15日),企业再度因为债台高筑而陷入财团追贷等问题。

久经沙场的罗旭瑞,又开始为应对债务危机而绞尽脑汁,但由于这次的危机更大,他备受困扰,日渐消瘦。就在这个困难时期,他的一对子女——罗俊图和罗宝文于1999年及2000年相继加入"世纪系",为父分担工作,为应对危机出谋献策,同时展开了接班安排。据罗宝文的回忆,到了2004年,当罗旭瑞提出"以股代债的债务重组计划"遇挫时,"他躲在家中不愿见人,把电视机声音扭大,避免交谈。外传他把铜锣湾富豪酒店放盘,全家担心被逼迁"(《壹周刊》,2005年12月29日)。由此可见,债务危机深重时,罗旭瑞压力巨大。

坊间的一种说法是,早年虽因敌意收购富豪酒店和百利保而导致"父子反目",但父亲罗鹰石曾欲担任"白武士",给儿子施以援手。可见"父子没有隔夜仇",他们的关系并非坊间想象的那般差。香港的经济与商业在2003年SARS消退后也逐渐复苏,旅游业与房地产大幅反弹,"世纪系"大幅改善,股价同步飙

第九章
榕树式家族企业：掌控 10 家上市公司的罗鹰石家族

升，逐步走出困局。

罗俊图与罗宝文在"世纪系"危机深重时加入集团，在这个过程中贡献一己所长，经历了逆境的考验。尤其是罗宝文，她天资聪敏，15 岁即获奖学金进入美国名牌大学攻读心理学，19 岁时以一级荣誉学位毕业。加入"世纪系"工作后，工作表现突出，在推广富豪酒店的业务时更能推陈出新，27 岁时获选为"香港十大杰出青年"，备受称誉。

自 2005 年起，香港股市与楼市持续攀升，罗旭瑞将旗下多家酒店分拆出来，组成房地产基金信托"富豪产业信托"，2007 年 3 月 30 日在香港交易所上市，"世纪系"旗下上市企业增加至 4 家。

"世纪系"不断发展的同时，罗旭瑞子女接班在 2013 年也迈出了一大步。为了安排子女接班，罗旭瑞除了委任罗俊图和罗宝文为世纪城市的副主席外，还先后安排他们担任百利保、富豪酒店和"富豪产业信托"的副主席之职，主席一职仍由他本人担任。这种安排和 90 年代中期罗鹰石提升罗嘉瑞及罗启瑞分别为集团副主席、新福港副主席之职，而本人仍担任主席之职，为接班踏上另一台阶的做法，可谓如出一辙。

受到亚洲金融风暴冲击，香港整体经济陷入长期衰退。罗旭瑞掌控的"世纪系"陷于财务危机之时，"鹰君系"也好不到哪里去，主要原因是房地产价格大降、利息高企、经济萧条等众多因素的交互打击。即使如此，由于"鹰君系"没有像罗旭瑞那样在风暴前大举投资，负债率不高，所以没有出现债台高筑的问题。

受到地产大幅滑落的影响，建筑业首当其冲，行业近乎休止，这使得新福港业务大受打击。1999 年，集团决定将新福港转售给周年茂与中旅集团联合组成的财团——兴港集团有限公司，而原来的建筑工程业务，则根据协议留给罗氏家族，并可保留"新福港"的名称，而罗启瑞则继续掌管该业务。

20 世纪末，罗氏家族第三代（罗俊昶、罗俊谦、罗俊礼和罗宝璘等）已长大成人、学有所成，先后被安排加入集团的不同部门工作，为第二波传承接班迈出重要步伐。这些第三代开始时多在"鹰君系"不同部门工作，从较低职级做起，吸取经验，了解公司运作，同时又安排他们参与不少社团及政府公职，建立社会网络和声誉。经过一段时间的磨炼，进入21世纪的第二个10年，这些第三代中的部分成员，已可独当一面，被调派到更重要的岗位上。例如，罗俊谦被擢升为集团执行董事，其他家族成员在通过考验之后，也获提升至更为吃重的位置上。

2000年，鹰君集团联合开发的旺角朗豪坊物业终于完成了各项手续，开始动工兴建。当时房地产市场低迷，但罗嘉瑞从长远出发，坚持启动工程。期间，香港经济一直疲不能兴，2003年更碰上SARS，社会人心惶惶，房地产市场进一步下滑。幸好SARS很快消退，而后中央政府推出自由行，大量旅客涌港消费，香港经济迅速复苏。朗豪坊作为集团另一旗舰物业在这时落成启用，使得鹰君集团的生意急速回升。

集团2006年5月决定分拆房地产业务（主要是中环花旗银行广场和旺角朗豪坊商场与写字楼物业），成立信托基金"冠君产业信托"，在香港交易所上市，令"鹰君系"旗下上市公司再添1家。可惜，同年9月1日，罗鹰石去世，享年93岁，家人及集团上下十分悲伤。在罗鹰石去世的半年前，他才辞去集团及旗下多家公司的主席之职，分别交由罗嘉瑞和罗启瑞接任，显示出家族的第一波接班到那时才算最终完成。

2007年，原本计划将早年留下的新福港重新包装后上市，但当时香港股市受全球金融海啸冲击严重，最终只能放弃。鹰君集团的整体业务一度回落，但随后即辗转向上。为此，"鹰君系"再次采取拓展策略。一方面，集团逐步加大在内地及海外的业务发展，深化多元化策略。另一方面，则分拆部分成熟业务，以达到更好的投资效益。集团先后在深圳、广州、上海、北京、伦敦、悉尼、波士顿等地投资酒店及地产项目。集团于2013年5月分拆旗下酒店业务（主要是朗廷酒店、康德思酒店、逸东酒店），成立信托基金"朗廷酒店投资"后上市。

2015年，集团重启7年前的新福港上市计划，主要业务是承接香港、澳门和内地的建筑与保养工程，同时提供商业楼宇的清洁与保安服务。这次最终成功上市，集团旗下总共控制了4家上市公司。可惜，新福港上市后的股价表现未尽

第九章

榕树式家族企业：掌控 10 家上市公司的罗鹰石家族

人意，有些人觉得是因为罗氏家族没有直接统领企业，才令业务表现逊色。

罗康瑞在亚洲金融风暴爆发前已将核心业务转到上海，而瑞安建业则在 1997 年 2 月上市，在亚洲金融风暴中所受的冲击明显较少。备受关注的上海新天地 2001 年落成，切中市场需求，深受欢迎。2001 年，亚太经合组织在上海召开会议期间，俄罗斯总统普京和新加坡总理吴作栋等参观后赞不绝口，新天地自此声名大噪，而瑞安集团和罗康瑞本人从此声名鹊起。

罗康瑞 2006 年决定将主要物业资产分拆，组成瑞安地产上市，加速集团发展，而此举尤其令"瑞安系"旗下的上市企业由一家增至两家，名声更响的同时，身家财富亦大幅增加，令人艳羡。

值得指出的是，罗康瑞自 20 世纪 80 年代末起即一直大力投资上海，更赢来了"上海姑爷"的雅号。让人津津乐道的是，他早年与妻子何晶洁离婚，在 2008 年正值六十之时，迎娶早年已与霍震霆离婚的"最美丽香港小姐"朱玲玲为妻。两人童话般的结合颇为轰动。

罗康瑞在上海打造了"新天地"后，成为不少地方政府急欲招揽的对象，炙手可热，希望利用其点石成金的能力，将破旧的房屋变成极具现代都市气息的建筑群，武汉、重庆、佛山等都是其中的例子。罗康瑞亦在深入评估后，挑选较具潜力的项目进行投资。2002 年展开，预计于 2017 年落成的武汉新天地项目，相信会令瑞安地产开辟另一番天地。

必须承认的是，并非所有大型投资项目均由瑞安集团独力承担。罗康瑞吸纳实力雄厚、值得信赖的战略合作伙伴，取长补短，分担风险。在中国新天地（即上海新天地、新天地时尚、企业天地和瑞安广场等物业）的投资项目中，有 Brookfield Property Partners 的合作伙伴，在 SoTan 私募基金的投资中，有中东机构投资者的加盟。2010 年开业的上海新天地朗廷酒店，则是新天地与朗廷酒店投资的合作，而朗廷酒店投资也是鹰君集团旗下企业，此项目更被称作罗嘉瑞与罗康瑞的"兄弟合作结晶"（高天佑，2014）。

"瑞安系"不断发展的同时，如何安排第三代接班，已成为罗康瑞必须认真思考的问题，已经成年且已大学毕业的子女罗宝瑜和罗俊诚，已先后投身社会。

2011年，年届63岁的罗康瑞宣布退任瑞安集团行政总裁，交由执行董事李进港，自己则续任集团主席之职。2012年，年满三十的长女罗宝瑜加入集团，成为新天地执行董事。

与此同时，罗康瑞的独子罗俊诚则自行创业，在湾仔瑞安中心开设了港式餐厅"家香"，而创业之前其曾在餐饮巨擘——美心集团工作①。当然，在不少人的眼中，身为罗康瑞独子的罗俊诚开设餐厅，应是"大鸡不吃细米"，可能只属玩票性质，因为其父亲打下的庞大企业，最后很可能需要他接班。正如罗宝瑜等人早年曾在其他公司工作，后来才加入家族企业一样，罗俊诚无论是在美心集团工作，还是自行开办餐厅，也可能是家族传承接班计划的一部分。目的是要让下一代的接班人经历多种历练，这样在正式接班后才能减少犯错，全方位思考。

同样让人觉得只属玩票的，还有罗鹰石五子罗鹰瑞。他在2000年创立"21世纪医疗网"（《星岛日报》，2002年1月10日），按罗鹰瑞的说法是："生活中九成时间用来看病，剩下的时间都用来搞互联网业务，几位股东，先后投资了500多万港元。"因此，"21世纪医疗网"并没能维持很长的时间，2007年即宣布停业。

当第二代正在计划让第三代接班之际，20世纪60年代与丈夫陈绍绩合创宝盈建筑与宝丰建筑公司的罗鹰石长女罗慧端，却在20世纪末夫妻反目。罗慧端指斥陈绍绩不忠，与女下属发展婚外情，1999年两人分居，2002年正式离婚。婚姻触礁的罗慧端向法庭申请将宝盈建筑和宝丰建筑等相关公司清盘，同时向陈氏追讨2.74亿港元赔偿。公司最终遭到清盘，但有关赔偿则败诉。这些纠缠不清的矛盾和纷争，说明家族内部挥之不去的两股力量，离心力与向心力，难以避免地产生了强烈的竞争与矛盾，就如硬币上的两面，互相转化而且同时并存。

---

① 罗俊诚堂姐罗宝盈的丈夫为美心集团主席伍卫国。

六、家族掌控的 10 家上市公司

为了进一步深入理解这个根深叶茂的家族,我们将扼要介绍罗氏家族掌控的 10 家上市公司的基本状况和总体表现,分别是"鹰君系"的鹰君集团、冠君产业信托、朗廷酒店投资和新福港建设;"世纪系"的世纪城市、富豪酒店、富豪产业信托和百利保控股;以及"瑞安系"的瑞安建业和瑞安地产。

(1) 家族掌控。在这 10 家上市公司中,家族均为最大单一股东,拥有绝对掌控权。这些公司的董事局主席之职(不少包括副主席)除了市值只有 4 亿港元左右的新福港外,其他均由家族成员出任。新福港由非家族成员出任,很可能与市值不大,属于临时性质有关,而当这家公司"养大"了,资产丰厚后,仍可能由家族成员掌控。

(2) 公司治理。家族成员在公司治理中居于主导地位,所以除了担任主席之职外,还有执行董事或总经理等,非家族职业经理人以及一些战略投资者也在企业中发挥重要作用,例如,富豪酒店的蔡志明。非家族的董事,例如,李澄明、吴季楷和林万镰等,不但在董事局内占了不少比例,影响力也不小。可见虽然公司基本上由家族掌控,但非家族的管理层也能够获得重用。

(3) 接班传承。家族企业的传承接班过程经历了很长时间。以"鹰君系"从第一代向第二代传承为例,早在 20 世纪 70 年代就已开始安排接班,即使是从 80 年代中期开始计算,到 2006 年真正完成,也经历了约 1/4 世纪的时间。"鹰君系""世纪系"和"瑞安系"第二代到第三代的接班安排,大约始于 21 世纪初,显示出家族对接班安排十分重视。必须指出的是,现在有些第三代年纪尚轻,尚处于事业摸索与接班实习阶段,有些则年纪较长,在经过考验后,已担任了副主席或 CEO,逐步向权力核心迈进。罗氏家族传承中最突出的现象就是接班过程十分漫长,非常稳健。

(4) 业务范围。罗氏家族早年在泰国营商,到港后主要从事布匹、染料贸易生意,罗鹰石创立鹰君公司后以经营地产为主,带动一众子女创立围绕这一核心业务的多个公司（如建筑或建材等），然后又垂直整合，或扩展到地产周边的生意（如酒店及物业管理等）。进入21世纪之后，由于以房地产信托基金方式上市集资成为潮浪，无论"鹰君系"或是"世纪系"，均向这个方向发展。整个家族的业务确实有不少重叠，也存在潜在的竞争。当然，如果家族成员能够彼此合作，将部分业务重组合并，则可以释放出更多效益。

（5）企业发展。对于家族掌控的上市公司，坊间的一般看法是表现欠佳。事实上，公司的主要财务指标，如市盈率、股息或收益率，以及每股盈利等表现并不差。例如，2016年2月18日，香港股票市场十分低迷，恒生指数处于19 000点低位时，"鹰君系"旗舰鹰君集团的市盈率为4.47倍，"世纪系"的世纪城市为6.15倍，而"瑞安系"的瑞安地产为6.71倍，处于整体市场的中等水平，并不算差。

为了便于分析，我们集中看三系的代表企业——鹰君集团、世纪城市和瑞安建业，在净资产、税前盈利和营业收入三方面的表现。在净资产方面，鹰君集团作为家族主干企业，净资产最大；世纪城市的净资产一度与鹰君集团不分上下，后来则大幅滑落；进入21世纪后，世纪城市的净资产与瑞安建业相仿，最近数年才拉大与瑞安建业的距离。从鹰君集团与世纪城市净资产的起落变化中，可粗略看到房地产市场在香港主权回归时的风高浪急，2004年起持续大幅飙升，2008年虽略有回落，但之后还是重新攀升（见图9-1）。

在税前盈利方面，3家公司的表现各有千秋，鹰君集团最为突出，世纪城市曾出现多年巨大亏损。同样地，3家企业的盈利表现，反映出香港地产市场曾经出现的风高浪急与盛衰循环（见图9-2）。

在营业收入方面，正因房地产在香港回归前后曾经出现了骤升急跌，3家企业的收入起落波动巨大。世纪城市升跌幅度尤其惊人，例如，在1997年财务年度时，营业收入高达75.8亿港元，但到2005财年时，跌至只有1.1亿港元，跌幅近99%。瑞安建业在回归以后房地产业严重衰退期间，一落千丈、差强人意，营业收入由1998财年的59.9亿港元，大跌至2005财年的14亿港元，跌幅达到77%。相对而言，鹰君集团的营业表现则较为稳定，2003年后更是持续稳定上

第九章
榕树式家族企业：掌控10家上市公司的罗鹰石家族

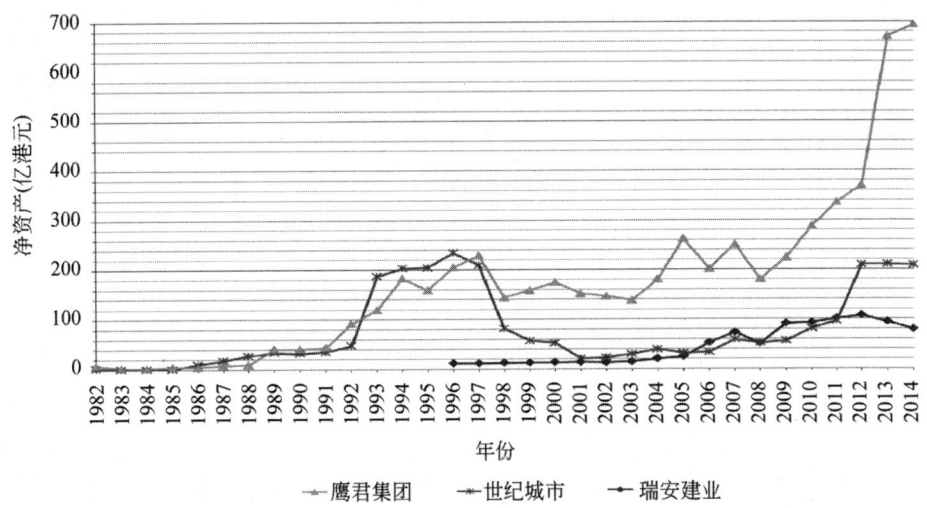

图9-1 鹰君集团、世纪城市和瑞安建业历年净资产的比较

数据来源：《鹰君集团年报》《世纪城市年报》《瑞安建业年报》，各年。

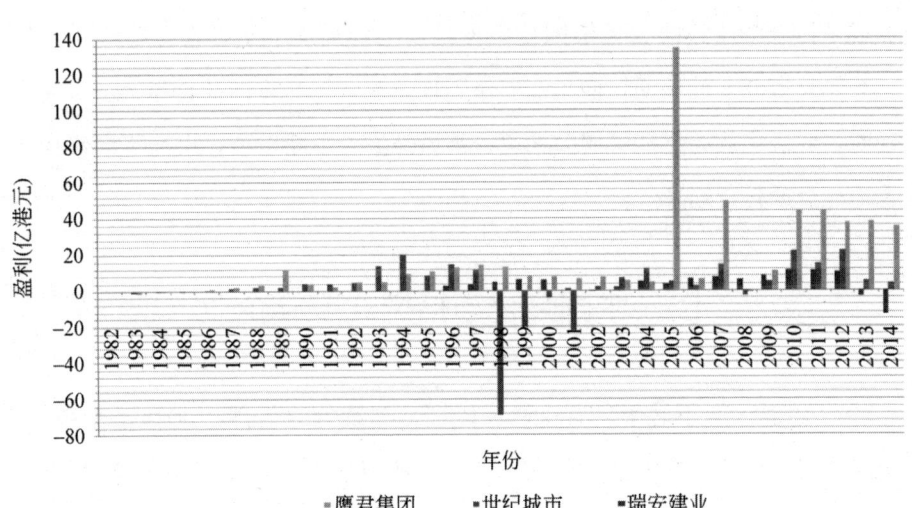

图9-2 鹰君集团、世纪城市和瑞安建业历年税前盈利的比较

数据来源：《鹰君集团年报》《世纪城市年报》《瑞安建业年报》，各年。

扬（见图9-3）。

如果说罗氏家族的发展有如一棵树，那么当这棵树不断壮大时，不但主干壮大了，分枝也壮大了，分枝在获得充分条件时，便会选择自立门户，呈现出主干

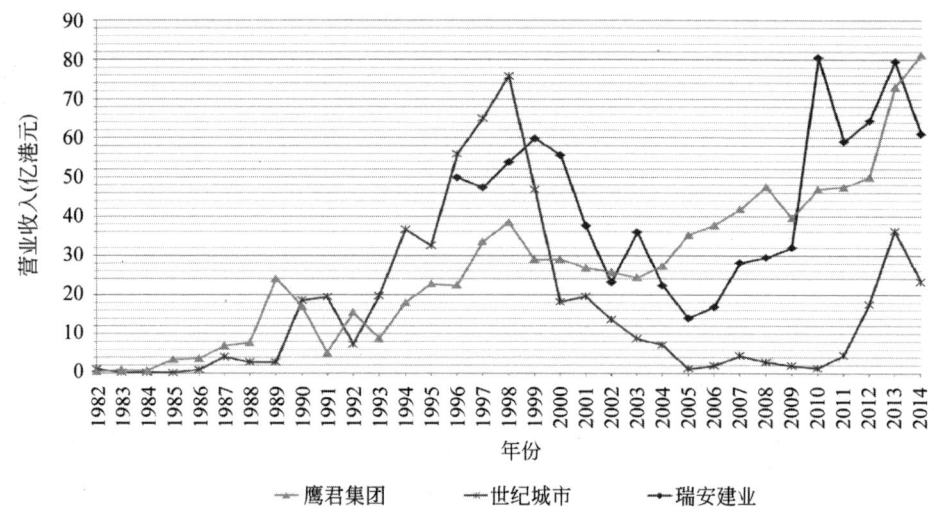

图 9-3 鹰君集团、世纪城市和瑞安建业历年营业收入的比较

数据来源:《鹰君集团年报》《世纪城市年报》《瑞安建业年报》,各年。

企业或是枝干企业均能在风浪困境中辗转向上的局面。子孙在接班或自行创业后,并非只有守业的一面,而是能够做到攻守兼备。当香港社会与经济出现巨大变迁时,罗氏家族始终能够履险如夷、乘风破浪、不断发展,书写不同家族成员在香港社会的传奇篇章。

七、中国文化与榕树式家族企业

《晏子春秋·杂下之十》有这样一段别具洞悉力的名言:"橘生淮南则为橘,生于淮北则为枳。叶徒相似,其实味不同。所以然者何?水土异也。"其重点在于说明,地理环境对物种的生长有重大影响力,使得同一物种产生出不同味道。一方水土养一方人,属于社会组织的家族和企业,受地理环境影响之余,更会受社会、历史、文化和传统等多重因素的牵引,发展出不同的特质与模式。

正如前文提及,日本的社会、历史和文化有其独特之处,重视家名或家业延续,对理想子女数目的看法是"贵精不贵多",家人关系强调报恩而非孝道,加上采取单子继承制,择优而传,其他儿子没法继承遗产等。这明显与中国文化中

第九章

榕树式家族企业：掌控 10 家上市公司的罗鹰石家族

重视血脉，提倡多子多福，重视孝道，采取"诸子均分"继承制度的择血脉而传等有着重大不同。

因此，日本家族企业的发展如竹子般一节一节地纵向往上成长，高度集中，没有分枝，专注于一事一业，就像外表坚硬，但内里空空的竹子，没有血脉内涵——原因是日本文化和社会重视家业延续，反而不把血脉延续放在至高无上的位置。这样的家族企业，加上万世一系的政治环境，自然能一直传承下去，经历数百年，甚至过千年而不断。

但是，日本文化里只有家业、家名的延续，没有血脉传承，这种传承模式在中国文化观念里会被认为是没有意义的，尤其是不重视血脉延续这一点，更是打断了家族的延续链条，难以接受。换言之，如果企业不是由家族掌控的，那么不管企业有多大、传承多长久，在传统中国人看来，不但觉得没有意义，反而认为是有悖常理的。相反，如果企业是由家族掌控的，尽管在努力打拼下只是中小规模，传承不久，也觉得心甘情愿，理所当然。

由于重视血脉，提倡多子多福，强调"诸子均分"，加上高举子孙必须力争上游等价值观，中国家族企业自然发展出本身的特质，在子孙众多的情况下难免强弱不一，自然会出现良莠不齐的问题。从社会与文化基因影响物种成长的角度来看，如果说日本历史、社会和文化土壤中所成长出来的家族企业有如竹子一样，那么，我们认为，中国历史、社会和文化土壤中所成长出来的家族企业，便有如榕树一样。

榕树的生命力强、枝叶繁茂，恰似中国文化强调的多子多孙；大小树枝上生满气根，似是采用"诸子均分"制度下各房寻求自立门户的精神；气根一旦接触地面土壤即能发展成树干，称为支柱干，就如子女已长大成人，条件许可时自立门户、另起炉灶；新生出来的支柱干，既会与主树干在某些层面上竞争，亦会互相配合，就如家族企业各房之间的明争暗斗或互相扶持；而无论是主干还是支干，生长时较为随意，所以会让人觉得纠缠复杂，就如家族企业的业务往往是十分多元化的，甚至出现业务重合的现象。

尤其值得注意的是，榕树的生长不只是纵向的一面，同时也有横向成长的一面，在气候、土壤等条件许可下，一棵榕树可成长为一片树林。正因如此，在历史、社会、政治和经济等条件许可下，中国的家族企业完全可以发展成规模宏大、业务多元的商业巨头。

罗鹰石家族的发迹始于20世纪50年代，那时的罗鹰石在分家后凭借有限的资本，开创了属于自己的事业。随后虽然出现家族矛盾和分裂，例如，罗旭瑞当年联合外人与父亲争夺富豪酒店和百利保，让人觉得家族力量被削弱，甚至存在内部争夺和内耗；但家族成员之间也存在彼此扶持合作的一面，例如，早年罗鹰石扶助各子女创立建筑公司，再如，"鹰君系"与"瑞安系"在上海合作投资等。因此，罗氏家族发展出多元业务，实力不断壮大，富甲一方，掌控了10家上市公司，人脉及社会影响力一时风头无限（见表9-2）。

表9-2 罗氏家族掌控的10家上市公司的基本资料（2016年2月）

	"鹰君系"				"世纪系"				"瑞安系"	
	鹰君集团	冠君产业	朗廷酒店	新福港	世纪城市	富豪酒店	富豪产业	百利保	瑞安建业	瑞安房产
领导										
主席	罗嘉瑞	罗嘉瑞	罗嘉瑞	陈麒淳	罗旭瑞	罗旭瑞	罗旭瑞	罗旭瑞	罗康瑞	罗康瑞
副主席	—	—	—	—	罗宝文 罗俊图	蔡志明 罗宝文	罗宝文	罗俊图	—	—
董事局执行长/总经理	罗启瑞	李澄明	叶毓强	—	吴季楷	罗宝文	林万镰 陈升鸿	罗俊图	黄福霖	尹焰强 黄勤道
执行董事	5/7	0/1	0/1	0/4	3/6	2/7	0/2	3/6	1/2	1/3
非执行董事	3/7	2/7	3/6	0/3	0/3	0/3	2/9	0/4	0/4	0/6
2016年2月18日企业状况										
市值	141亿元	194.51亿元	50.26亿元	4.04亿元	14.58亿元	35.85亿元	59.94亿元	25.86亿元	20.2亿元	151.7亿元

第九章
榕树式家族企业：掌控 10 家上市公司的罗鹰石家族

续表

	"鹰君系"				"世纪系"				"瑞安系"	
	鹰君集团	冠君产业	朗廷酒店	新福港	世纪城市	富豪酒店	富豪产业	百利保	瑞安建业	瑞安房产
市盈率	4.47	5.79	11.17	4.62	6.15	9.77	—	8.02	—	6.71
股息/收益	0.27/3.52	0.10/5.79	0.12/10.93	—	0.01/5.78	0.04/4.12	0.07/8.80	0.02/5.00	—	0.02/3.28
每股盈利	4.71	0.58	0.22	0.22	0.07	0.4	−0.45	0.29	−2.95	0.28
历史与业务范围										
上市年份	1972	2006	2013	2015	1981	1980	2007	1993	1997	2006
业务范围	地产、物业管理、酒店	房地产信托基金	酒店服务	建筑及物业管理	物业发展及投资、建筑	酒店服务	地产、物业管理、酒店	物业发展、管理及投资、建筑	物业发展、管理及投资、建筑及承建	中国内地房地产发展及投资

资料来源：google finance https://www.google.com.hk/finance、香港交易所网页 http://www.hkex.com.hk/."鹰君系""世纪系"和"瑞安系"公司官方网页。

总而言之，我们可以说罗鹰石凭个人的勤劳拼搏、头脑灵活，促使事业节节上扬，但我们同时又必须注意到，最终令家族扬名立万、不断壮大、多元发展的有生力量，其实是他的一众子孙。这充分表明人力资本对于家族传承的重要性——太太杜莉君为他诞下六子三女，家族的人力资本奠定了数量的基础。促使夫妇俩决定生育那么多子女的决定性因素，显然又与中国文化所强调的多子多福观念有关。

因此，在思考有如榕树般发展的中国家族企业时，我们不得不回到中国地理环境、历史社会和文化传统等因素上。我们知道，驱使罗鹰石及其子女积极打拼、独当一面的，除了天生过人的才智等因素外，中国文化所强调的重视血脉、兄弟平等，以及子孙间力争上游的观念，加上"诸子均分"的继承制度等极为关键。这些因素在不同层面上刺激他们"不认命、不认输"的斗志，在不同领域尽展所长。

八、结　语

　　企业在经营上须按经济与商业逻辑运行，管理上虽然要兼顾文化和社会等因素，但主要由经济和商业所主导。但是，家族则明显不同，因为家族是社会与文化的产物，其运作和关系等必须服膺于社会和文化，而社会和文化则是一处乡村一处例，各有不同。如果将企业和家族结合，尤其当家族掌控企业时，我们必须考虑社会和文化因素对企业的影响——尽管企业运作仍可按经济商业原则进行，但重要关头必然会受到社会、文化因素的左右与制约。因此，不同社会、文化和地理环境下所孕育的家族企业，其组织结构、外观形态和发展模式等都各不相同。

　　毫无疑问，中国家族企业在经营和发展中存在不少问题，但我们同时又不能否定其活力、优势与特长。正因如此，在民族复兴的重要历史时刻，我们思考中国家族企业的发展前路与传承问题时，既要查找本身的不足，反躬自问，了解自身缺点并作出改善，又要对本身的优势和强项加以肯定，怀有自信，不应妄自菲薄。

　　正如辜鸿铭所说："洋人绝不会因为我们割去发辫，穿上西服，就对我们稍加尊敬的。我完全可以肯定，当我们都由中国人变成欧式假洋人时，欧美人只能对我们更加蔑视。"（辜鸿铭，1996：237）罗鹰石家族旗下企业的发展让我们十分清楚地看到，中国家族企业既有与其他文化所孕育出的家族企业的差别之处，也有充满活力的特质，所以必须全面理解，不可断章取义。

　　纵观人类社会的发展史，地理环境是决定历史发展的重要条件，此外，还受到适应自身地理条件的社会组织、管治模式和文化内涵等影响。例如，古希腊因为多山、多岛屿，且海岸线又长，所以发展出以海上贸易为主的许多城邦，而各城邦之间又各自为政，强调自治。同理，在岛国日本与中国大陆的不同地理、历史和文化环境下，所孕育出来的家族企业，其性质与形态必然各有不同。

第九章
榕树式家族企业：掌控 10 家上市公司的罗鹰石家族

参考文献

Goto, Toshio. 2013. "Secret of family business longevity in Japan from the social capital perspective", in K. X. Smyrnois, P. Z. Poutziouris, and S. Goel (eds.), *Handbook of Research on Family Business*, 2nd edition, pp. 554~587. Cheltenham: Edward Elgar.

《明报》，各年。

《星岛日报》，各年。

《香港经济日报》，各年。

《壹周刊》，各年。

《东周刊》，各年。

《鹰君集团年报》，各年。

《世纪城市年报》，各年。

《瑞安建业年报》，各年。

《中企网》，《企业长寿的秘诀：怎样存活1 300年》，2013年10月19日，http://www.iceo.com.cn/guanli2013/150/2013/1009/271507.shtml。

《瑞安房地产有限公司年报：2013年》，香港，瑞安房地产有限公司，2013。

《汤财文库》，《鹰君太子女家变》，2011年2月6日，http://realblog.zkiz.com/greatsoup38/22165。

王友和：《罗康瑞：出走豪门开辟"新天地"》，载《楚天金报》，2013年12月19日，A32页。

文希：《香港巨富风云录》。香港，明报出版社，1994。

舩桥晴雄：《日本：长寿企业世界之最——从老字号看企业永续》，载《日本网》，http://www.nippon.com/hk/features/c00615/，2013年9月26日。

高天佑：《一幢酒店的故事》，载《信报》，2014年9月1日，A16页。

陈其南、邱淑如：《传统家族制度与企业组织中国日本和西方社会的比较》，载《工商时报》编：《中国式管理研究会实录》，台北，工商时报，1984。

富豪酒店集团：《投资者关系》，https://www.regalhotel.com/regal-hotelsinternational/tc/investor/investor. html。

冯邦彦:《香港商战经典:企业收购合并个案实录》,香港,明报出版社,1999。

瑞安集团:《公司简介》,http://www.shuion.com/cht/socam/background/background.asp。

郑宏泰、黄绍伦:《香港华人家族企业个案研究》,香港,明报出版社,2004。

辜鸿铭:《中国人的精神》,黄兴涛、宋小庆译,海口:海南出版社,1996。

第十章

榕树式家族企业：香港餐饮大王罗进兴家族

很少有人知道，香港最著名的两家快餐集团——大家乐和大快活，以及驰名中外的维他奶，其实都衍生于同一个家族。这3家公司的创业、经营和发展，既有效仿学习、互相合作和利益纠缠的一面，也有明争暗斗、各显神通的另一面，是"榕树式家族企业"的典型案例。

我们将在本章详细剖析掌控了3家香港上市公司的罗进兴家族，聚焦创业阶段家人如何胼手胝足、同心协力；企业壮大后又为何激发出分裂力量，产生矛盾，促使各人各寻发展路径；最后选择分家，另起炉灶，促进"榕树式家族企业"的茁壮成长。

在香港，关系到市民每日三餐的连锁快餐业，最著名的就是美心集团、大家乐和大快活。这几家集团的名声最响、三分天下，主导了整个快餐市场。大家乐和大快活尤其引人瞩目，因为它们都是上市公司，而且在名称上极为相似，两者似乎有着某种关联。事实上，大家乐与大快活本是"同根生"，来自血脉相连的同一家族。但与此同时，两者又常打擂台，互不相让。这两家公司创办的时期十分相近，就连市场定位和经营模式也是大同小异。

让不少人更意想不到的是，这两家快餐集团其实衍生于同一家企业——香港豆品有限公司（即现时的维他奶国际集团）。这3家公司的创业、经营和发展，让人看到在兄弟众多的家族中，家族成员之间的互相合作与彼此竞争。同一家族各房创立企业时既有效仿学习、互相合作和利益纠缠的一面，也有明争暗斗、各显神通的另一面，由此我们提出"榕树式家族企业"的概念。

对于很多人而言，"榕树式家族企业"的概念是新颖的，甚至是陌生的。为此，除了前一章中介绍的掌控10家香港上市公司的罗鹰石家族外，我们不妨列举另一个子孙众多的罗进兴家族，从其发迹到不断分裂、各起炉灶，从而发展成"榕树式家族企业"，掌控了3家香港上市公司（大家乐、大快活和维他奶国际），来具体说明"榕树式家族企业"的发展特质，聚焦于创业阶段家人如何胼手胝足、同心协力；而企业壮大后又为何激发出分裂力量，产生矛盾，促使各人各寻发展路径；最后选择分家，另起炉灶。我们将进一步说明社会、历史及文化基因

第十章
榕树式家族企业：香港餐饮大王罗进兴家族

等因素，如何决定家族和企业的发展特质与轨迹，促进"榕树式家族企业"的茁壮成长。

一、文化基因与社会发展轨迹

在谈论世界文明、文化特质与社会发展等问题时，我们往往会忽略一个显而易见的简单问题：为什么中国会成为全世界人口最多的国家？幅员辽阔、资源富饶、历史悠久等看似是合理的解释。但是，拥有同样条件的国家不是只有中国一个，那么为何中国人口最多？事实上，中国的政经环境和社会发展的道路并不平坦，以清朝中叶以来为例，中国曾遭遇了列强瓜分、改朝易代、日军侵略、内部战争、天灾频仍，等等。我们的国家虽然多灾多难，但人口总量却一直高踞世界首位，其中的核心原因无疑值得深思。

对于中国人口总量长期稳居世界第一的事实，最有力的解释当然是中国人讲求多子多孙，将子孙看成一种福气，所以有"多子多福"的说法。世界上其他文化和社会也提倡多生子女、重视后代繁衍，但似乎只有中国文化才将生儿育女提升至家族永续发展、追求永生不朽的高度上。我们将没有子女的"绝后"视为天崩地裂的大事，其核心原因是中国文化将血脉延续等同于不朽或永生——中国文化被视为一种"血脉至上"的文化。

中国人或许未必察觉到自身文化的特殊性，但如果我们和与中国一海相隔的日本文化以及主导世界秩序的基督教文化作比较，就能看到其中的差异之处。简单地说，在基督教主导的文化中，个人对不朽或永生的追求，放在能否获得上帝救赎、进入天堂、与上帝同在、得享永生等关键点上，不能获得救赎才被认为是天塌下来的事情，所以这种文化可视作"救赎至上"的文化。是否有子孙或者子孙多少，则被认为是次要问题，可见基督教文化并不像中国文化，把多子多孙看作一种福气。

在日本文化中，追求永生与不朽的方式又与众不同，其特点是高度重视家名或家业，将个体融入家名、家业之中。正因如此，日本文化可视作"家业至上"的文化，血脉与救赎次之，所以日本出现了世界最多的长寿企业，以养子或女婿传承家业、择优而用，广泛地受到社会的接纳和肯定。

从文化比较的角度我们可以清晰地看到，由于中国文化偏执于血脉，家业往往只被视作延续血脉、支持子孙生活的工具而已，所以不会不惜代价地维护家业的发展。更重要的则是在血脉中融入了类似于基督教文化的那种对救赎或不朽的追求，即视一己的血脉承袭自祖宗、父母，必须确保世代相传。血脉不能断，因为血脉一断即"绝后"，便没法长存不朽了。最能确保血脉不断，同时又可防止战乱、饥荒等不确定因素的，自然是多多生育，强调百子千孙。这种文化力量成为促使中国人高度重视生育的文化基因，使得中国长期成为世界人口最多的国家。

重视血脉、强调多子多福的中国文化，虽然有其人多力量大的正面作用，但同时也无可避免地产生人多口杂、矛盾丛生、常有冲突等负面问题，难免给家族带来伤害，窒碍家族前进的步伐，而这正是家族企业常遭人诟病的地方。

但是，我们又不得不接受在这种文化基因的主导下成长起来的家族企业，自然有其特殊的形态，就像榕树般既有传承祖宗的根深蒂固、子孙众多的枝繁叶茂，也有气根如须、接触泥土便能长成支干，而支干与支干之间、支干与主干之间又在相互依存间出现激烈竞争等情况。这些特点极为鲜明地凸显了家族企业多层次的利害纠缠和关系重叠。榕树的生长可以说是其最为形象化的比喻。

当然，如果我们要寻找促使其开枝散叶、支干和主干之间相互竞争与依存的内在原因，又不得不回到中国文化所重视的血脉至上、光宗耀祖，以及提倡多子多孙与"诸子均分"的社会环境上，如太极阴阳一样，互相牵引，彼此依存，相生相克。

一方面，血脉至上和光宗耀祖的核心价值观会产生一种向心力，促使家族成员为了维护自己血脉、积极打拼，面对困难时百折不挠、全力以赴，不怕吃苦受难，不愿被人看扁。另一方面，多子多孙与"诸子均分"，则无可避免地衍生了离心力，因为子孙多了，自然人多口杂，而诸子又有同等权利可以获取家产，同时又有同样的义务来维护家族名声和利益，所以便会衍生一种离心力量。

受中国文化影响的家族，无可避免地同时受到向心力与离心力这两股力量的牵引。当向心力大于离心力时，所有家族成员就能团结在大家长周围，全力打拼、建功立业，家族企业能够克服各种困难，取得突出成绩。这种情况一般出现

第十章
榕树式家族企业：香港餐饮大王罗进兴家族

在第一代向第二代交班，但创业一代仍然在世之时。当离心力大于向心力时，不同家族成员为了各自的发展各有盘算，为争夺家产或权力明争暗斗，家族出现内耗，窒碍家族企业的发展。这种情况一般出现在家族失去了可以团结各方的大家长之时。进一步说，家族或个人的生命周期会影响向心力与离心力这两股力量的强弱，所以家族企业的分合与家族和个人的生命周期总是紧紧地联结在一起。

文化基因和社会环境不但决定了家族和企业的结构与模式，也会影响其生长与发展的轨迹。向心力和离心力两股力量同时并存、互相牵引，让家族和企业呈现表里不一、相互依存、各有竞争的微妙关系。榕树的生长形态可以形象地描绘这种家族企业的独特之处，也让我们对中国家族企业有更为深刻的理解。

二、从平凡走向传奇的关键

无论在中国港澳台、中国内地，还是东南亚，不少人对大家乐、大快活或是维他奶的名字并不陌生，但对"罗进兴"这个名字，则十有八九非常陌生。与无数平民百姓一样，罗进兴是一个非常平凡的人，而他最终能够打破平凡宿命，走上传奇道路的关键，不在于他自己，而在于他人多势众的子孙们，可见"人多力量大"的传统智慧所言非虚。

罗进兴生平没有做出什么惊天动地的大事，有关他的资料我们所知不多，只能凭借仅有的间接记载推断他为晚清时期广东梅县上寨村客家人。由于乡间生活条件不好，罗进兴可能在青年之时与不少漂洋海外的"苦力"一样，只身前赴南洋谋生，而他人生的重大突破，则是在当时名扬南洋的中药店"余仁生"工作。因为工作表现好，罗进兴得到老板余东旋[①]的信任，不但工资日涨、职位提升，

[①] 余东旋（1877—1941）是南洋传奇家族——余仁生家族的第二代，其父余广（又名余广培，1822—1886）早年在马来西亚创业，传到余东旋一代发扬光大、富甲一方，不但把业务扩大，遍及南洋，还将集团总部迁至香港。余东旋一生共育有13名儿子和11名女儿，多子多孙。诸子（余经铸、余经铠、余经伟和余经文等）在接管家族企业后闹分裂，不但促使各房各有发展，也出现了余仁生控股权一度落入外人之手的局面。到了余义明、余义生、余义方和余义藻的第四代，才在各人努力下，将余仁生的控股权收回，并对整个业务进行投资后，出现另一阶段的重大发展。据说，第四代堂兄弟姐妹多达70多人，可见家族枝繁叶茂。目前余仁生的管理权正由第四代逐步交到第五代手中。

日后更获得老板出资，支持他的第七个儿子到香港大学读书，从而使家族发生巨大转变。

罗进兴虽然只是一个打工仔，但他却育有至少 9 名子女，部分子女更因日后获得良好教育，视野开阔，能够抓住机会，光宗耀祖。罗进兴为家族崛起作出的最大贡献，在于生育了多名子女，走出农村，进入城市，给予子女良好的教育，打造了家族实现突破的基本条件。家族日后出现重大转变的关键，则是他的第 7 个儿子。

罗进兴七子罗桂祥生于 1910 年，天生聪敏而深得父亲欢心，小时候便被罗进兴由家乡带到马来西亚，与父亲一起生活①。罗进兴安排年幼的罗桂祥在当地一家中英文教会学校就读，希望他日后能够掌握中英双语，奔走于华洋之间。1929 年罗桂祥中学毕业后，罗进兴又获得老板余东旋的经济支持，将罗桂祥送到香港大学②攻读商科，成为家族中第一位大学生，从而成为日后书写家族传奇的领军人。

罗桂祥在香港大学求学时，不只学到了书本知识，更开阔了视野，启蒙了心智，同时又与不少社会精英成为同窗，如关炎初和简悦强等人，大大提升了社会资本，为日后事业的发展奠定了坚实的基础。

1934 年，罗桂祥从香港大学毕业后返回马来西亚，与父亲团聚，获余东旋聘为私人秘书。由于工作表现十分突出、处事精明，两年后又擢升为经理，这在当时的环境下是非常罕见的。不但如此，余东旋还同时委以重任，请罗桂祥兼任他的私人法律代理，可见余氏对他的赏识和器重。

---

① 从 1982 年罗桂祥获得香港大学名誉博士学位时的赞词中看，他年幼时到马来西亚与父亲一起生活时，是与母亲在一起的。事实上，有关罗进兴的一众子女，社会上一直所知不多。从表面上看，他虽然育有至少 9 名子女，但到罗桂祥发迹后，曾经提及的，只有罗桂祥六兄罗阶祥、姐夫钟德善、八弟罗腾祥和九弟罗芳祥，后两者应是与罗桂祥一样在 20 世纪 20 年代由家乡转到马来西亚和父亲一起生活，在当地接受小学、中学教育。而罗桂祥和其他兄弟姐妹之间的关系，则似乎不深、感情不浓，这很可能与罗进兴不只娶有一妻有关。

② 当时的马来西亚和中国香港均属于英国殖民地，而大英帝国在殖民地的教育政策，除了一地只设一大学外，也允许学生能凭一地的成绩，报读各殖民地大学，所以当年不少在马来西亚完成中学教育的华人，会选择回到香港大学升读大学。

第十章
榕树式家族企业：香港餐饮大王罗进兴家族

正因担任经理职位的关系，罗桂祥于 1936 年被派往上海公干，碰巧听到美国驻华商务参赞雅诺士（Julian Arrows）的演讲。他指出大豆汁（中国古已有之的豆浆）的蛋白质与牛奶一样高，可看作是"中国之牛"，能给营养不足、身体孱弱的中国人带来强身健体的"廉价营养饮品"（香港豆品有限公司，1990：13）。雅诺士有关大豆功效的言论，尽管在中国民间社会并不新鲜，但在那时却给罗桂祥很大启发，让他豁然开朗——将大豆变成牛奶般的饮料，成为他日后创业的重要方向。

虽然自小在马来西亚和香港这两个英国殖民地生活，但罗桂祥对当时中华民族屡遭外侮的情况总是感到屈辱，所以常思考如何报效国家。当时国人营养不良、体格羸弱，这促使他想利用大豆这种平凡之物变成"穷人牛奶"，为普罗大众提供廉价营养饮料。

1937 年 7 月 7 日日本侵华，中国惨遭战火蹂躏，国民不但生命朝不保夕，每日三餐也难以为继，营养不足、体格孱弱的问题更加严重。看到这种情况，经常在马来西亚、中国香港和内地之间奔走的罗桂祥十分不忍。当他在香港看到那些逃难民众皮黄骨瘦时，更加速了他对如何将大豆生产成"穷人牛奶"的思考。

另外，罗桂祥在念大学时已经成家立室、育有子女，并于 20 世纪 30 年代中期选择落户香港，他也在思考自己事业的发展。殖民统治之下，身为二等公民的华人，从政当官的路途不通，而中国传统社会所说的"工字不出头"观念又长期萦绕在他的内心，加上家族人丁众多，各人须寻求工作，不能全部在余仁生药业这一家公司中求取，因而他慎重思考自立门户。罗桂祥与生俱来的敢冒险、具创意和渴望建功立业的企业家精神，促使他最终做出了创业决定。不但改写了自身的命运，扭转了整个家族以及家乡的前进轨迹，同时也在香港商业史上写下了浓墨重彩的一笔。

三、一粒大豆的创业之路

20 世纪 30 年代中期已在香港站稳脚跟的罗桂祥，清楚地知道自己的事业方向，在于将豆浆转为可以如牛奶般在市场上大量供应的日常饮品，而他受到人力、财力乃至技术等限制，必须寻求志同道合的生意伙伴。邵蔚明来自商人家族（因经营古玩店"洛兴行"而闻名），愿意出资，又认同他的创业设想，于是成为罗桂祥的主要合伙人。

罗桂祥后又招揽了多位股东，包括：①香港大学同窗、同在余仁生任职的关炎初担任公司的义务秘书；②陈南昌为建筑专业毕业，负责厂房设计；③陈春霖拥有机械设备知识，专门负责生产设备。1939年9月23日，罗桂祥以牵头人和大股东的身份，与一众股东召开了第一次正式筹备会议，正式踏上创业之路，制定发展目标，确立前进方向，租借厂房，订购生产设备，招聘工人生产豆品。

1940年3月6日，已届而立之年的罗桂祥正式宣布创立香港豆品有限公司（Hong Kong Soya Bean Products Co. Ltd.），踏上了创业征途，将厂址设于铜锣湾记利佐治街231号地段，将产品取名"维他奶"，英文名则为"Vita Milk"①，一个独具创新意味的名字。首日发售量只有9瓶，售价为每瓶6分。1940年10月及1941年6月，公司分别在九龙弥敦道和港岛砵甸乍街设立分销站，增加销售点。

据说，公司创立初期，由于经营条件欠佳，罗桂祥采取灵活的营销手法，聘人骑着单车沿街叫卖，车尾则放着盛载豆奶的竹篮，希望产品能深入街头巷尾，令普罗市民随手可得，而这种"贴身"方式的推销，使产品的销量获得了不错的增长。

罗桂祥与不少创业者一样，由于受各种条件的制约，成立香港豆品公司初期仍在余仁生药业打工。这一方面是因余老板可以给他较高的工资；另一方面则由于业务发展基础薄弱，难以付得起工资。为了公司能在艰难条件下发展起来，罗桂祥白天仍要到余仁生药业上班②，下班后才回到自己的公司，处理重要事务。

---

① 将其生产的豆浆命名为"维他奶"3个月后，公司接到港英当局的反对，指英语中的"Milk"一词，泛指动物的奶汁，以大豆生产的豆浆不能称为"奶"。为此，公司于1940年6月11日将其名称易为"Sunspot"，但这样的名字实在太呆板了，了无生气，尤其没法让人望名知意，知悉产品为何物，所以难以令董事局满意，并在多年深思细虑之后，于1953年再将之易名为Vitasoy，并沿用至今。幸好，当时因为港英政府不承认中文的法律地位，所以"维他奶"的中文名称并不受影响。即英文名称虽曾数变，但中文名称则由始至终没有改变。

② 另一个原因可能是，早年罗桂祥受余东旋资助到香港升读大学，很可能须为余仁生药业服务一段不短的时间作为回报，不能立即离开。

第十章
榕树式家族企业：香港餐饮大王罗进兴家族

公司日常管理工作由其九弟罗芳祥负责——可见创业之初，罗桂祥已颇为依赖家人的支持了。

公司成立不久的 1941 年 12 月，日军侵港，香港沦陷，之后是 3 年 8 个月的黑暗岁月，罗桂祥一家被迫离港，返到大后方避难。1945 年 8 月 15 日，日军宣布投降，罗桂祥才带同妻儿等返回香港，他的首要工作自然是盘点厂房设备等损失，然后筹划复业。为此，他于同年 10 月 23 日召开香港重光后第一次股东会，一来确定复业；二来则重组业务。自此，罗桂祥全力投入公司，不再在余仁生药业工作①。他的六兄罗阶祥也在那时加入了香港豆品，主要负责会计和收账②。即罗桂祥担任董事局主席兼总经理，而六兄和九弟成为他的重要助手。

1945 年 11 月，罗桂祥决定变更推销方法，不再如战前般采取街头巷尾逐户派送近乎零售的销售方法，用今天的市场营销术语是"转零售为批发"，不再把自己放到一线推销的位置上，改为将销售工作交给各区零售点——如学校或杂货店等。虽然这样要给销售网点折扣，但整体盈利则会因为销售量的上升而大幅增加，为公司的发展带来重要突破。

> 战后豆品公司采取了截然不同的销售方法，只做门市，不设订户。推销员每天把维他奶用三轮车送到各区的街边或学校档口，而档主就把它当作汽水出售。换言之，维他奶的市场定位从此改变了，由纯粹营养饮品变成汽水，或者是解渴饮料。（香港豆品有限公司，1990：28）

销售方法上的重大转变，令市场对维他奶的接触面有了截然不同的发展。简

---

① 1941 年 5 月，余东旋在港去世，家族领导出现重大变化。接着香港沦陷，又令余仁生药业全面停顿，家族成员四散避难。经历重大变故后，也可能是必须服务于余仁生药业的时限已过，罗桂祥全身投入香港豆品公司，为自己的生意全心全力打拼。尽管战后罗桂祥不再在余仁生药业任职，但与余东旋家族的关系仍然紧密。例如，罗桂祥在战后的 1946 年 10 月与余东旋儿子余经铠（Edward Eu）共同创立了铠兴汽车有限公司（China International Motors Ltd.），代理美国和英国名牌汽车，而罗桂祥八弟罗腾祥（1941 年曾参加国民党的志愿军，被派往美国受训 1 年，回国后在汉口的空军服役，1948 年申请退役才返回香港，加入铠兴汽车有限公司）和姐夫钟德善等亲属，则在该公司任职。

② 罗阶祥在香港豆品有限公司工作的时间并不太长，40 年代末即离开自行创业。据罗桂祥的忆述，罗阶祥在铜锣湾开加油站，但罗桂祥的儿子罗开亲早年在香港豆品有限公司工作，后来才返回加油站协助父亲。

单而言，由只依靠一己之力的点对点推销，转化为联结全香港大小店铺的庞大销售网络。销售额直线上升，标志着公司已经进入一个极为重要的发展阶段。

四、战后复业的辗转发展

在当时的社会环境下，罗桂祥直接领导的香港豆品有限公司，之所以能够在调整销售策略后迅速取得令人瞩目的成绩，与香港战后重建人口大幅上升的大环境密切相关。抗日战争胜利后，香港人口由1945年8月的60万左右，迅速上升至1946年中旬的156万，1949年年底飙升至196万。人口倍增，各项生活必需品的需求自然大幅攀升，维他奶的销量节节上扬。

为了配合市场持续飙升的势头，公司自然想到长远发展的问题，1949年买入了香港岛黄竹坑地皮，筹划建厂。对公司发展至关重要的事件，则是击败诸多对手获得美国绿宝（Green Spot）汽水代理权。在那个年代，华人公司能够取得美国大公司的代理权，实属凤毛麟角。香港豆品那时能够取得突破，为公司注入强心针，不但提升了知名度，也加快了业务发展。

1950年，公司与绿宝汽水签订合约，正式取得其代理权的同时，黄竹坑的全新厂房宣告落成。初期新厂房只用于生产绿宝汽水，维他奶的生产线仍留在铜锣湾。罗桂祥在引入绿宝汽水的生产线中，掌握了西方现代化生产汽水的瓶装技术。1952年，铜锣湾厂房的租期届满后，维他奶生产线一并搬到黄竹坑工厂，既可提升生产效率，更可将瓶装技术运用到维他奶上。

罗桂祥管理事务日益繁杂，1953年招揽了八弟罗腾祥和姐夫钟德善加入，壮大了家族在公司中的力量。罗腾祥和钟德善早年从事汽车代理，对机械技术有所研究，所以加入后被安排到生产设备配置、维修和技术支持部门中，量才而用。两人为改良生产技术、提升生产效率作出了重大贡献。

除了吸纳家族成员进入公司外，罗桂祥还聘用了不少来自家乡上寨村的亲属乡民，可以凭一己之力赚钱糊口养家。这种重视家族利益、关顾亲属、泽被乡里的举动，在今天或许难以理解，会扣上"唯亲主义"（nepotism）或"裙带资本

第十章
榕树式家族企业：香港餐饮大王罗进兴家族

主义"（crony capitalism）的帽子，却反映出那个年代创业者的传统价值和道德情操。

自20世纪50年代起，在以美国为首的西方国家主导下，联合国对中国内地实施"贸易禁运"，香港过去赖以生存的转口贸易戛然而止。幸好，那时的香港聚集了大量资本、生产设备和廉价劳动力，西方世界在战后百废待兴，对各种工业品需求殷切，因而促使香港走上了工业化道路。

在人口与收入不断增加等有利因素的带动下，维他奶和绿宝汽水的销量直线上升。1956—1957年，公司出现了汽水代理公司"一进一退"的重大转变：罗桂祥一方面于1956年成功取得百事可乐的代理权；但另一方面却在翌年终止了绿宝汽水的代理权。前者显示了百事可乐对香港豆品的信心，后者则因大家意见不合，出现了重大矛盾，所以终止了合作。

由于所失的绿宝汽水在市场中的份额并不太大，而所得的百事可乐正在挑战饮料市场龙头——可口可乐，尤其引人憧憬。正因如此，在取得百事可乐的代理权后，香港豆品作出了抢占可口可乐市场主导者地位的奋斗目标，流露了罗桂祥一心想与可口可乐的代理公司——香港汽水厂有限公司（由利希慎家族掌握）一较长短的决心。那时公司上下弥漫着一股奋发向上的气氛，充满活力和动力。

为了推广百事可乐，公司投入大量人力、物力，无论在引入生产设备、强化分销网络，还是扩大宣传等多个层面，都是全力以赴。这虽然使得百事可乐在香港的销售量和知名度获得突破性进展，但香港豆品的账面利润却并不理想，甚至出现不能收回投资回报的情况——原因是大部分利润都归属于百事可乐。

即使如此，公司的知名度与市场占有率获得了重大提升。例如，1964年，尼克松卸任美国副总统，担任百事可乐的法律顾问，同年4月7日抵港访问时，罗桂祥以百事可乐香港代理人的身份接待他，引起社会高度关注。尼克松日后出任美国总统（1969—1974）后，香港豆品更以此广泛宣传，提升知名度。这些间接获益难以量化。公司在代理百事可乐的过程中，引进了更为现代化的生产技术，学习了物流管理和营销策略等知识经验，这对于公司管理的现代化功不可没。

五、在公司发展壮大中安排接班

进入 20 世纪 60 年代，对罗桂祥以及香港豆品而言，都开始走向了交接更替阶段。触发点是罗桂祥"商而优则仕"，获得港英当局垂青，先后进入市政局（即现时的区议会）和立法局（即现时的立法会）参与政治，所以不少企业管理须交由他人代劳。这又促使他开始安排从海外学成归来的儿子们接班，希望下一代带领公司走向新的台阶。

罗桂祥能够"由商而政"的贵人是他的大学同窗简悦强。1960 年，罗桂祥邀请简悦强加入香港豆奶董事局①，以提升公司的政治和社会资本。简悦强的父亲简东浦是东亚银行的创办人，在香港银行界名声显赫、地位极高。简氏家族与利希慎家族及李冠春家族更是关系密切，他们不但商业关系交叠，更通过联姻结成坚实网络。

利希慎儿子利铭泽以及简悦强当时都是立法局和行政局"两局议员"。李冠春家族多位成员（如李福树、李福述、李福和、李福善、李福兆等）先后担任政府高官，以及行政局、立法局议员，甚至是大法官和香港证券交易所创办人，可谓叱咤香港政商界。罗桂祥吸纳简悦强为香港豆品董事，明显有助于强化和拓展自身的社会资本。

与不少香港华人富商一样，罗桂祥除娶有正室钟芹英以外，还纳了二姨太朱淑萍、三姨太成小澄，并育有多名子女②。与正室所生的罗开敦和罗开睦等出生于 20 世纪 30 年代初，早在 50 年代就已进入香港豆品工作，而二太太所生的罗

---

① 简悦强不但与罗桂祥是香港大学的同窗，与罗桂祥的东家余东旋也颇有关系，因为余东旋的儿子余经纶娶了简悦强的妹妹。简悦强家族乃东亚银行的主要股东，而东亚银行则是香港豆品的主要贷款银行。

② 罗开睦接受《星岛日报》记者访问时曾提及："我母亲是童养媳，父亲年长后思想洋化，在港另娶一位太太。"（《星岛日报》，2005 年 4 月 19 日）这样来看，罗桂祥与元配钟芹英的感情应该不太好，所以和元配所生的两名儿子的感情也不太深厚。他和在港另娶的太太朱淑萍的感情应该较好，而与二太太所生的三子三女也更亲密一些。1986 年，罗桂祥再娶第三名太太成小澄。9 年后的 1995 年 5 月 5 日，罗桂祥去世，享年 88 岁。由于罗桂祥去世后，家族曾"出现两篇分别由第三任太太成小澄与子女媳婿名义所发的讣闻，惹来外界揣测家族内讧"（《苹果日报》，2008 年 7 月 12 日）。由此可见，罗氏家族内部矛盾暗伏，各房之间存在不少张力。钟芹英于 2003 年 5 月去世，享年 98 岁。

第十章
榕树式家族企业：香港餐饮大王罗进兴家族

友仁、罗友义和罗友礼等，则在60年代初相继在海外完成学业后陆续加入。到了60年代，家大业大、妻妾子女成群的罗桂祥，已经不能回避接班问题，必须作出周详计划，否则很可能激发家族的内部矛盾。

1968年5月，罗友仁获选加入董事局，为安排第二代接班作出了重大决定。此举激发了家族内部矛盾：翌年夏天，元配儿子罗开睦①联同八弟罗腾祥离开香港豆品，另起炉灶。或许因为罗开睦和罗腾祥的离去，抑或是确立二代接班计划的需要，罗桂祥于1970年决定重组公司，分设4个部门，即汽水部、袋装食品部、芝士部、压缩食品部，后三者分别由罗友仁、罗友义和罗友礼主理。

以上安排虽显示出罗桂祥希望接班诸子（罗友仁、罗友义和罗友礼）在工作上各有分工，以免集中于同一部门，激发冲突，但同时又揭示出他明显不想把元配所生的罗开敦放在接班的重要位置上，就连长期服务于公司的九弟罗芳祥也没有纳入管理核心之内。这一系列的举动让人看出他希望"修剪家族树"的意图——希望将管控大权高度集中于二房所生子女手中，以免分薄权力——但此举事实上却激化了家族内部矛盾。

为了配合接班安排，罗友礼于1972年进入董事局。1973年，九弟罗芳祥宣布退休，不久即如罗腾祥一样，踏上了另起炉灶之路。1974年，罗友礼升任为

---

① 罗桂祥不同妻室所生血脉——钟芹英所生的罗开睦一脉与朱淑萍所生罗友仁一脉明显待遇不同。例如，罗开睦生前曾回忆，他14岁时（1933年生）由乡下来港，本来想上大学，"不料，获美国大学录取时，因朝鲜战争爆发没有获发护照（因他在内地出生），于是改赴台湾，但当局要他先接受两年军训，为避免被派参与朝鲜战争变'炮灰'，他选择返港加入维他奶当杂工，晚间上夜校"。而有关他在香港豆品打工时的补充资料，则是："从杂工开始，升至组长、化验室助理、助理生产经理，最后是九龙区业务经理。初从大陆来港的罗开睦，跟其他工人一样，住在厂内，获分配40人大房内的其中一张'双层床'（折床），没私人空间（即没有和父母同住）。下班后，还得上夜校，断断续续在摩利臣山工业学院修读电机、机械、工业化学。"相对而言，1941年出生，并在1967年取得美国康奈尔大学食品科学硕士的罗友礼，自幼的生活明显较为优越，求学过程顺风顺水，他在回忆时这样说："求学时期，父亲安排我和哥哥到厂内当暑期工，通常他都会安排一些较有趣味性的工作给我们，例如维修部及营业部等，父亲的意思是让我们体会工作的辛劳。另外，我也做过一些很花时间的工作，例如在生产部帮手清理回樽（即收回的饮料瓶），抽走饮管以便洗樽。从暑期工到后来在多个部门工作，潜移默化中，培养了我对公司的深厚感情，也让我明白一分耕耘一分回报的道理。"以上的不同待遇，促使罗开睦1968年选择离开家族企业，另起炉灶。

董事副总经理,此点尤其值得注意,因为身为弟弟的罗友礼出任副总经理一职,而非两位兄长罗友仁或罗友义,很可能又触发了另一个矛盾。事实上,罗友仁自此离开了香港豆品,"自行创办快餐店及投资公司"(《苹果日报》,2009 年 5 月 7 日),之后再没有在香港豆品内任职。

第二代走上领导岗位之后,推出新品、扩大规模、提升技术、改善营销策略、开拓销售网络,使得公司业务(营业额、销售量、汽水车数目及员工人数等)均获得长足发展(见表 10-1)。

表 10-1 香港豆品有限公司前半个世纪的发展(1940—1990)

年份	总体营业额 (百万港元)	维他奶销量* (百万箱)	汽水车数** (辆)	公司员数 (人)
1941	0.09	0.01	0	约 10
1950	1.85	—	—	约 50
1955	3.23	0.50	12	—
1960	5.84	—	—	约 350
1965	12.51	0.90	20	—
1970	24.77	2.50	38	约 700
1975	40.22	3.20	45	—
1977	—	4.90	55	—
1980	179.73	—	—	—
1983	—	11.00	85	—
1985	339.91	—	—	—
1986	—	12.10	82	—
1989	约 600.00	—	—	—
1990	—	—	—	约 950

注:* 每箱有瓶装饮品 5.5 千克或纸包装饮品 4.05 千克(香港 1 斤=16 两,每两 37.8 克,因此,6.7 斤=4.05 千克)。

** 20 世纪五六十年代,汽水车是英国的(总载重量)3.5 吨 Bedford;70 年代开始购入日本的 7 吨货车。到了 90 年代,7 吨货车已逐渐被淘汰,改为 11 吨(运鲜奶)、14 吨(运瓶装汽水)和 15 吨(运纸包装汽水)货车。

数据来源:香港豆品有限公司,1990:100。

在推出新品方面,继 1961 年推出深受顾客欢迎的维他麦精外,又在 70 年代前后推出罗氏即食饭、维他芝士和婴儿食品等。

第十章
榕树式家族企业：香港餐饮大王罗进兴家族

在扩大规模方面，50年代末，在当时尚为城市边缘的官塘区觅地，兴建新厂房。60年代开工兴建，1962年落成，公司产能获得极大提升。

在提升技术方面，官塘区新厂房落成后，引入一条在当时十分先进的全自动汽水生产线，每分钟可生产400瓶汽水，这在当时属于重大技术突破。1974年，继续引进革命性"利乐包"（Tetra Pak），使得产品包装由玻璃瓶改为纸包，陆续推出维他豆奶、维他麦精等纸包产品，引领潮流。

在改善营销策略方面，公司专门成立了营销部，聘任相关专才，尤其在广告创意方面有所创新，有了日后多个脍炙人口的广告。例如，以"点只汽水咁简单"的口号宣传维他奶，深入民心（香港豆品有限公司，1990：78），成为当时社会的流行语。

在开拓销售网络方面，自50年代起向香港以外地区开拓，到了六七十年代，在曾经留学海外的第二代的领导下，逐渐拓展海外市场，尤其是美加、欧洲、中东、南美和澳洲等地的唐人街。"利乐包"的引入令开拓海外市场如虎添翼，维他奶逐步成为世界品牌。

1977年，老臣孙宽润退休，他的董事席位由罗友义接替。同年，公司停止代理百事可乐。翌年3月，罗桂祥宣布退休，但保留董事局主席一职，原来由他担任的总经理一职由罗友礼接替，罗友义升任副总经理，顶替罗友礼因擢升而留下的空缺。即1978年罗桂祥已全面交出日常管理大权，只在重大发展战略上作决定，为第二代接班进一步铺平了道路，以使自己逐步退下一线，第二代接班人逐步走上领导岗位。

六、开办连锁快餐店的另辟蹊径

对于罗进兴家族而言，1969年，年过半百的罗腾祥（时年54岁）和侄儿罗开睦离开香港豆品，在一段时间摸索后[①]共同以18万元资本[②]创立大家乐，成为

[①] 从罗腾祥和罗开睦的创业过程来看，当年二人选择离开应该并非自愿，可能是家族矛盾激化下仓促的选择。理由很简单，当年二人离开后，初期据说从事的是完全陌生的假发制造生意，很快便遭遇滑铁卢，无奈之下才想到进入之前从未接触过的快餐生意，从此打开了局面。

[②] 另一种说法是创办大家乐时，罗阶祥和罗芳祥也投入了一定资本，成为合伙人，而罗芳祥日后另起炉灶，创立了大快活。

家族企业发展史上的里程碑。创办大家乐的重大意义不仅在于新的创业为家族带来了新的巨大盈利和商业舞台，也揭示了家族内部存在的强大力量，自立门户、各展所长。这股力量在罗腾祥率先取得突破后，促使其他家族成员走出兄长的阴影，另寻梦想。

自立门户的罗腾祥和罗开睦成为家族新事业的领头羊，为其他家族成员树立了榜样——家族成员在面对家族矛盾时，可以选择离开家族企业，另起炉灶。在强调自由竞争的香港商场上驰骋，以实力和拼搏证明自己的能力，不用依靠家族荫护，也能闯出一片天地。

当年能够在没有任何经验的情况下，创办连锁快餐店并取得成功，罗腾祥日后这样回忆：

> 香港早年无论茶楼、冰室、凉茶铺，甚至大排档，入去坐低就有伙计招呼。"大家乐"则要客人先排队买飞（票），再自己拿个托盘盛食物，初期很多市民不接受，尤其年纪较大的，闹（骂）有无搞错，当我系乜（当我是什么）！不过，随着经济起飞，后生一辈白领打工仔大量增加，很快便受落这种自助式饮食文化，连本来跟我拍档的细佬（弟弟）也自立门户，走出去开了间大快活。（《头条财经报》，2012 年 8 月 7 日）

毫无疑问，罗腾祥和罗开睦创立的大家乐，在当时社会具有开创性，带有"熊彼特式企业家"（Schumpeterian entrepreneur）或"创新型企业家"（innovative entrepreneur）色彩。这个创新切合了当时社会的发展需要，很快取得成功，业绩引人艳羡，这给了已在香港豆品工作 33 年的罗芳祥很大启发，促使他于 1972 年"退休"①。罗芳祥决定效仿兄长及侄儿，与长子罗开弥和罗开福等开办快餐店，命名为"大快活"，与大家乐一较长短。由于罗芳祥的创业主要是学习别人的成功模式，学术界一般称之为"柯兹纳式企业家"（Kirznerian entrepreneur）。大快活与大家乐一样突出，不久即闯出名堂，在市场中占有重要席位。

---

① 当年并无法定退休年龄，私人公司更不会受此因素左右。事实上，"退休"后的罗芳祥并非回到家中安享晚年，而是投身于工作量更大的新事业之中，可见当年他离开香港豆品应只是借口而已。

第十章

榕树式家族企业：香港餐饮大王罗进兴家族

对于大家乐和大快活能够迅速取得成功，有以下多项因素值得我们注意：

（1）创业者经验丰富。无论是罗腾祥还是罗芳祥，他们创业时已是年过半百，即使是罗开睦，也已过了而立之年（36岁）。他们在社会中摸爬滚打，拥有实实在在的工作经验，人生阅历也十分丰富，对公司运作、业务管理、人事安排等均有深刻认识，所以创业时更能了解人情世故，更能把握时局，懂得进退攻守。

（2）拥有一定资本。无论是多年打工存下的积蓄或是来自分家的财产，还是拥有家族企业的股份，他们创业时都拥有资本，不需要向亲属朋友到处赊借，所以投资开业时不用担心左支右绌、将货就价，进而影响到创业的效果。

（3）商业形象正面。香港豆品是一家实业企业，发展稳步向前，罗腾祥、罗芳祥和罗开睦等在公司里亲力亲为，建立了踏实、敢拼的形象，这对他们自立门户后寻找供货商、租赁店铺、购买设备等均有帮助，减少了创业阶段的种种阻力。

（4）家族的人脉网络宽广。如前文提及，经过数十年的经营，到了20世纪70年代，罗氏家族的人脉及社会网络已非昔日吴下阿蒙，在政治及金融上都有了较强的力量，社会知名度也非一般家族可比。正因如此，大家乐及大快活无论是在申请银行贷款以开办新店时，还是在申请食店牌照时，都能成功地获得各个层面的助力。

对于两位胞弟和子侄们先后离开香港豆品、自立门户，罗桂祥的反馈既可作为促使他们走上创业之路的脚注，也扼要点出了他们取得成功的因素。他的言语间似乎承认了家族内部的矛盾：

> 我另外一个宗旨是，如果他们（家族成员，原注）有本事，能够在外面找到好工作，我会鼓励他们，不会强逼他们留下……至于八弟、九弟和儿子开睦，更把他们的快餐事业——大家乐、大快活——搞得有声有色，我很替他们高兴。他们在豆品公司学到有用的技巧，在外面能干一番事业，我觉得很满足……总之，在家族成员离开公司另谋发展时，我不会要求他们留下。我觉得没有任何人的辞职会对我构成威胁。（香港豆品有限公司，

1990:99)

无论是大家乐还是大快活,创业路上摸索出经营模式后,逐步增加分店。大家乐在 1976 年率先在电视上做广告(香港首家在电视上做广告的饮食公司),借助大众传媒的力量,强化公司与客户的交互。看到大家乐在推出电视广告后的门庭若市,大快活也如法炮制做电视广告,大做宣传。

电视广告效果惊人,大小门店客流如潮。大家乐和大快活大量增聘人手,加快食品烹饪速度,同时延长营运时间,应付络绎不绝的客人。公司还逐步在全港各区增设分店,扩大经营网络。

为了应对日趋庞大的食物生产和持续攀升的市场需求,1979 年,大家乐在油塘工业区兴建了首个中央厨房(大快活在 1981 年设立了相同的中央厨房),既实现了规模经济,又提升了营运效率。大家乐和大快活生意日旺的结果导致企业规模增加,管理工作日重。为此,到了 80 年代初,两家公司吸纳更多家人加入,例如,罗腾祥儿子罗开光和女婿陈裕光先后加入大家乐,而罗芳祥除了长子罗开弥和次子罗开福外,又吸纳了三子罗开扬等。

80 年代初,中、英两国就香港问题进行谈判,一度引来"信心危机",餐饮业备受打击,但对于走平民路线的大家乐和大快活,所受的冲击尚不算大。1984 年,中、英两国就香港主权回归达成协议,驱散了前景不明朗的阴霾,社会趋向稳定,经济迅速发展起来。

对于大家乐当年的迅速崛起,现任大家乐行政总裁的罗开光,有如下扼要解释:

> 七八十年代,香港工商业经济起飞,工厂放弃"包伙食",当时大家乐的饮食文化,只为满足香港人忙碌工作的需求……八十年代,大量妇女投入劳动市场,我们便开始提供铁板餐、晚间即炒小菜等,应付"无饭家庭"的晚餐需要。(《星岛日报》,2012 年 6 月 22 日)

大家乐那时生意高速增长,业务相当成熟,拥有近 30 家分店,每天接待 10 万名客户。经过约两年的筹备,大家乐于 1986 年 7 月在香港联合交易所挂牌上市,成为罗氏家族首家上市企业。这无疑使罗腾祥和罗开睦扬眉吐气,当年离开香港豆品的决定取得了成功，有一份光宗耀祖的喜悦。大家乐成为香港首家上市的餐饮企业，颇为轰动。有了强大的资本后盾，大家乐的拓展力度大幅提升。

大家乐和大快活不断取得突破之时，作为罗氏家族主干业务的香港豆品，在第二代逐步走向前台的领导下，发展同样虎虎生风。最突出的举动是率先投资内地，1979 年斥巨资在深圳兴办光明牛奶场，迈出了拓展中国庞大市场的雄图大计。

香港豆品与内地相关政府合作顺利，从内地原材料中尝到了降低成本的甜头，1983 年与东莞及深圳合资经营现代果菜发展公司，进军农业，但这些投资未如人意，合作项目在 90 年代被终止了。在饮品市场方面，1984 年推出 375 毫升大包装饮品，因看对了年轻人——尤其在夏天或运动的需求，销量节节上扬（见表 10-1）。

随着内地市场进一步向港澳开放，香港豆品于 1985 年决定开拓内地市场，开始筹划如何将公司产品销往内地。为了配合这一重要策略，公司在屯门兴建厂房，扩大生产规模。

从以上发展轨迹来看，兄弟姐妹众多的华人家族随着生命周期和社会环境的转变，无可避免地出现了不同意见和矛盾，产生冲突与分裂，促使不同家族成员各有盘算，另起炉灶。他们在创业过程中为了证明自己有本事，而非家族寄生虫，激起了拼搏奋斗的意志。这股力量推动了自己生意的发展，也为整体经济带来了动力。

七、上市后的爆炸性发展与不同波折

当年毅然决定离开香港豆品、自立门户的罗开睦，在谈及 80 年代推动大家乐上市的决定时，指出他的目的并不是"要让公司赚更多钱"，而"是对员工的责任"。他说，大家乐"要提供平台让员工去持续发展、创造事业"（蔡利民、江琼珠，2008：68）。

大家乐创业 18 年后即能上市，不但给其他家族成员带来了压力及刺激，也调动了员工的积极性和投入感，同时拥有了强大的资本实力。正因如此，大家乐上市翌年，分店已由原来的 30 家大幅增加到 40 家，1988 年更增加至 50 家，整体营业额持续攀升。上市后有了强劲资本助力的大家乐，迎来了爆炸性的发展局面。

90 年代，大家乐扩张分店与兼并收购并行。1990 年，公司收购了拥有一定知名度的中档食店阿二靓汤，翌年又收购了意粉屋及 Super Sandwiches 等。到了 1992 年，大家乐集团旗下已拥有店面多达 100 家——上市后 6 年间，分店数量增加了两倍多。

大家乐上市后的迅猛发展给大快活带来了压力，促使其如过去般的"有样学样"，不但加快分店的开拓，同时也筹划上市，最终在 1991 年 10 月正式在香港联交所挂牌上市。同样，有了强大资本后盾的大快活采取了更为进取的策略，1992 年开设"马里奥"意大利餐厅，同时扩张内地市场，高峰期新开 29 间分店。

然而，在后勤支持及食物质量未能配合的情况下，急速扩张埋下了危机深重的种子。90 年代中期，曾在内地急速扩张的大家乐碰到了同样的问题，并尝到了失利的滋味，只是对于大家乐而言，那时的投资比例没有大快活那么大而已。在回首那段困难时期，大家乐领导人罗开光这样说道，"你一成功，就会心雄，想搞其他"，结果招致惨痛教训。（《香港经济日报》，2013 年 2 月 18 日）

无论是打造"马里奥"品牌，还是进军内地大举投资，其中的致命伤除了经营效率欠佳，管理上的鞭长难及，还有顾客口味并不相同，加上食物质量出现偏差，这些原因都导致了 1995—1999 年长达 5 年的亏损，经营一蹶不振，5 年累计亏损据说高达 3.9 亿港元，使公司濒临倒闭边缘。

就在大快活陷入困境时，罗芳祥的 3 个儿子又发生了重大变化或"分裂"，因为长子罗开弥在 90 年代中期决定另起炉灶创立一家新的饮食集团——阳光一代，自 1996 年开始经营学校午餐，1998 年投资 6 000 万元在将军澳建设新厂房，生意越做越旺。2002 年，公司取得合约为全港 140 家学校提供午餐，被称为"饭盒大王"。

第十章
榕树式家族企业：香港餐饮大王罗进兴家族

另外，次子罗开福据说80年代患了狂躁症，1986年移民加拿大休养，1996年康复后回港。由于当时香港房地产炽热，大快活表现欠佳，他毅然将手上的股票悉数卖给弟弟罗开扬，使得三兄弟对大快活的控股权发生了重大转变，罗开福全力投入楼房炒卖的大潮中。

为便于炒卖楼房，罗开福成立了友福集团有限公司。据说，初期炒卖赚了大钱，身家暴涨。他一口气在海怡半岛买下10个单位，半年内卖出8个，赚了上千万港元，所以令他雄心万丈。那时，罗开福能够赚大钱的财技，叫作"摸货"[①]。所谓"输钱皆因赢钱起"，由于罗开福觉得这种财技很好用，于是加倍扫货，最后遭遇了灭顶之灾。有报纸这样写道："地产市道的高峰期，大手购入嘉湖山庄70个单位，令人侧目，估计当时坐拥物业市值超过2亿港元。"（《香港经济日报》，2000年6月23日）

然而，1997年亚洲金融风暴使股市和楼市迅速滑落，罗开福持有的物业价格急跌，沦为负资产，他因此陷入困境。为了休养生息，等待房地产复苏，罗开福在1998年创办了福多多饮食集团，专攻茶餐厅，开办了"冬冬云吞面"连锁店，走出一条与大家乐、大快活和阳光一代不同的饮食道路。虽然福多多集团的生意不错，但他在炒卖楼房时犯下的错误非常重大，2001年因债台高筑被告上法庭，最后走上了破产之路，福多多饮食集团也以倒闭告终。罗开福也被视为家族的污点。

我们再看大快活的发展轨迹，当集团在90年代中期陷入财务困境之时，兄弟之间很可能出现了矛盾与分歧，触动了内部分裂或分家，身为幺弟的罗开扬在转变过程中成为集团的新领导人，父亲罗芳祥给了最大的支持。他接手后的重要决定就是在深入检讨之后，决定大刀阔斧改革，委任跨部门小组专注整个变革工作，主要行动包括如下四个层面：

（1）由上而下的品牌改造。众所周知，如果没有破釜沉舟的意志，以及自上

[①] 所谓"摸货"，乃当时炒卖的一种方法，意即买家在付出小部分订金并签订临时契约后，成为了"确认人"（confirmor），在等待一段时间以完成正式交易，而如果他能利用这段短时间的楼价上扬，找到新买家转手，以较高的价格出售，就能获利。

而下的强力领导，任何改革都很难取得成功。大快活最重要的决定是定下了自上而下的品牌改造目标，要求公司上下奉行"以客为先、以人为本"的经营理念，同时强调要让客人"食得开心、活得精彩"。

（2）改善流程提升食物质量。对于餐厅而言，食物的质量无疑乃其生命。为了确保食品质量，公司斥巨资引入 IT 管理系统——德国 SAP 系统，将采购、制造、存储等流程系统化，强化中央厨房，确保食物新鲜，避免腐烂变质，同时统一了烹调方式，以保证食物品质。

（3）提振形象，实现年轻化。大快活创立时采用了小丑标志，装修及餐具等十年如一日，有品牌老化的感觉。为此，从 2003 年开始变更企业形象，将原来的标志改为人型标志，充满活力，同时重新装修，更换餐具，让人觉得整洁阳光、舒适可亲。

（4）重整投资与发展策略。公司陷入连年亏损的重大失误是过度扩张，尤其是在对内地市场和消费者口味未能完全掌握时操之过急。为此，管理层"毅然斩掉大部分内地分店"，将发展焦点集中于香港。香港业务也进行重整，避免区域布局重叠。

变革最终取得成功，大快活摆脱了颓势，扭亏为盈，在进入 21 世纪后不久，逐步恢复元气，迎来了辗转上扬、一浪接一浪的增长，重获投资者信任与顾客肯定。

大家乐与大快活先后上市，而作为罗氏家族主干企业的香港豆品，尽管发展势头相当不错，却因为不是上市公司，公众形象似乎让人觉得有所不及。这给罗友礼和罗友义等家族成员带来了压力，觉得作为家族主干企业，历史悠久、实力雄厚，且规模庞大，反而不如新兴企业。正因如此，进入 20 世纪 90 年代后，香港豆品启动了上市工作。

1990 年 9 月 21 日，香港豆品改名为"维他奶国际集团有限公司"，1994 年 3 月正式在香港联合交易所上市，标志着集团迈向一个新的里程碑。同年，集团在深圳投资建厂，产量大幅提升。

维他奶的成功上市，比大家乐晚了 8 年，比大快活晚了 3 年。家族各房之间明争暗斗的压力会激发好胜心，促使各房施展浑身解数，以免落后于人。维他奶上市翌年，罗桂祥去世。失去大家长后，各房之间的竞争更趋白热化，此时的罗开睦出现了健康问题，他于父亲去世两年后撒手尘寰。

对于华人家族企业而言，上市向来被赋予重要意义，不但被视为事业成功、光耀门楣的象征，也被认为是企业现代化、管理专业化与运作透明化的有力保证。更重要的是，因为有了公众资本的强大后盾，能布局投资高、规模大、回报长的发展方向，为家族带来更好回报。

八、21世纪各房并驾齐驱，各展所长

进入21世纪，子孙众多、组织庞大，家族进入领导层的另一轮替，企业又到了新的转型时期，机会与挑战相生，团结与分裂并存。家族企业的局面十分复杂，极难处理。唯一较为清晰的现象是各房之间的竞争仍然十分激烈，产生了足够的推动力，激发各企业不断发展。

先说大家乐，1997年亚洲金融风暴不期而至，利息大幅拉高，投资成本剧增，企业倒闭络绎不绝，失业率不断上升。同年11月，罗开睦去世（其子罗德承1996年加入大家乐），行政总裁一职由罗腾祥女婿陈裕光接任。面对这次经济衰退，陈裕光采取了薄利多销的策略，"以平（价廉）取胜"，既能留住原来客户，也吸引了不少白领，业绩表现一枝独秀，所以出现了"市愈淡愈赚钱"的现象，成为"淡市奇葩"。（《明报》，1999年2月1日）

经济低潮为业绩一枝独秀打下了坚实的基础，陈裕光决定趁机扩张，2000年首次进行海外收购，入股北美饮食连锁店"满州镬"（Manchu Wok），购下该集团47.8%的股权。可惜，尽管集团花费巨额投资，推行连串变革，但"满州镬"却未见转机。2005年收购"满州镬"余下股权，变成全资拥有。当时"满州镬"在北美拥有逾200家分店，大家乐本希望推行品牌重生，如关闭业绩表现差的分店，专注于重点分店，推出新菜式，降低价格，可惜变革遇上了美国经济恶化，所以还是无法扭转业绩，给集团添加了不少财政与经营压力。

虽然开拓北美市场遭到挫折,但大家乐在香港所向披靡,始终维持着本地快餐业龙头的地位。正如前述,受经济衰退的影响,2001—2003年,快餐业曾爆发自杀式的减价战,美心集团的攻势尤猛,但大家乐始终能轻松应对,不断推出新菜,经常改善服务,更新分店装潢,品味愈来愈高,成本得到控制。

再说大快活,进入21世纪之后,公司大刀阔斧的变革逐步取得成效,业绩缓慢上升,获得不错增长。然而,2003年爆发的SARS使得餐饮业备受冲击。幸好,这一低潮期只维持很短一段时间,之后国家推出内地居民港澳自由行,自2003年下旬起,内地旅客日多,大小快餐食店热闹非凡,大快活和大家乐同享其利。

内地旅客来港旅游日增,无论是大家乐还是大快活,时刻人流如鲫,生意畅旺。以大快活为例,截至2010年9月30日,该公司在香港开设了100间分店,内地有16家快餐厅。

罗开弥的阳光一代在这个时期的业绩表现也颇为亮眼。由于罗开弥专攻冷门的学生饭盒,而这个市场的竞争并不激烈,所以他能迅速抢占市场,赢得了"饭盒大王"的称号。另外,他针对白领一族每日三餐的排队问题,推出了简便的"波仔饭"(俗称"叮叮饭")新品牌,即俗称的"罐头饭盒",顾客能够如购买汽水般,在自动售卖机中购买饭盒,然后放在售卖机中附设的微波炉中加热,即能食用。这种食物切合贪图方便的上班一群,加上价廉物美,推出后颇受市场欢迎。罗开弥因而相继推出了"叮叮汤"和"叮叮菜"等食物品种,市场反应不俗。

罗氏家族"饮食王国"的主干业务——维他奶国际的"饮料王国",表现也很突出,销量持续增长,新产品陆续推出,市场占有率不断提升。2000年推出了小包装125毫升饮品,同时推出朱古力、麦精和茉香等不同口味,以及茶、果汁、蒸馏水、汽水和豆腐花等多种产品。

2007—2008年,内地爆发了"三聚氰胺事件"(俗称"毒奶粉事件"),牛奶业受重创。维他奶则因祸得福,因为质量有保证而成为牛奶的替代品,销量节节上扬,在中国内地豆奶市场中稳占第一位。2008—2009年财报显示,"中国区已

第十章
榕树式家族企业：香港餐饮大王罗进兴家族

成为整个集团增长的'火车头'，在过去四年……销售额约翻了两番，营业利润增长近20倍"。2010年，原味维他奶每年销量达到13亿瓶，产品畅销全球40个市场。

事实上，维他奶国际集团并非只有中国内地及香港市场，其销售网络覆盖全球大部分地区，并在美国、澳洲和新加坡等主要市场设立多条生产线。同时紧跟市场需求，推出了低糖、低脂等口味，甚至有健怡饮料，抢占不同层面的市场，在内外力量的挑战与鞭策下，不断向前。

经济发展总有兴衰跌宕、循环不止，"十年人事几番新"，似乎每十年总有大变。进入21世纪的第二个十年，罗氏家族的最重要挑战落到了接班问题上。截至2011年，大家乐和大快活在全球共有588间分店，旗下品牌有意粉屋、一粥面、阿二靓汤、Spaghetti 360等。如果再加上罗开弥的阳光一代，我们可以看到，罗氏家族已经建立了名副其实的"饮食王国"。

2011年，担任行政总裁近14年的陈裕光升任大家乐主席，行政总裁一职由罗腾祥幺子罗开光接任，完成了集团新一轮接班，其他家族成员（如罗碧灵、罗德承及罗名承等）担任执行董事。可以预见的是，在罗开光的领导下，大家乐集中精力发展香港与内地市场。集团在广州开发区和香港大埔工业村各兴建一座全新的中央厨房，提升自动化水平，减低成本。另外，"满州镬"在多番变革后仍无法起死回生，再加上美国经济长期疲不能兴，罗开光于2014年决定将其出售给加拿大快餐集团MTY Food Group，壮士断臂，止血离场。

由罗开扬领导的大快活，同样高度重视产品创新，并作出了多项长远投资，引入现代化设备、兴建新厂房，但在接班方面还没有开始明确部署。董事局中除了罗开扬本人外，尚无罗氏家族成员参与其中。

由罗开弥一手创立的阳光一代，在21世纪的第二个十年，也到了传承接班的重要时刻。由于其并非上市公司，有关接班问题并不引起投资者注意，坊间所能找到的资料极少，所以投资者及社会对之了解不多，我们目前很难作出评论。

进入21世纪的第二个十年，维他奶国际迈进第八个十年，尽管领军人物罗友礼已年近70岁，早已到了必须退下一线的年龄，但董事局中只有罗友礼和两位姐妹罗慕莲和罗慕贞,下一代还没有加入企业。这可能与家族内部尚未达成接班共识有关。虽然接班问题悬而未决,但发展战略则与大家乐和大快活基本上一致——深耕香港与内地市场。

自 2014 年起,维他奶国际集团在内地取得的盈利已超越了香港。针对内地巨大的市场空间,维他奶国际 2015 年斥资 5 亿元人民币在武汉建设第 4 家生产厂,预期 2016 年投产。

进入 21 世纪以来,无论是"饮食王国",还是"饮料王国",罗氏家族颇为一致的发展战略,就是逐步将重点集中于香港和内地。为了进一步说明各公司的发展历程,我们以其净资产、税前盈利和营业收入等数据的历年变化进行综合研究。

在净资产方面,3 家公司自上市以来一直上扬,大家乐走势最好,持续稳定攀升。第二是维他奶,上市后缓慢增长,但 2011 年曾出现急速下滑,之后大幅反弹。最差的是大快活,20 世纪 90 年代中期至进入 21 世纪初,一直低迷不振,2003 年才从低谷反弹(见图 10-1)。

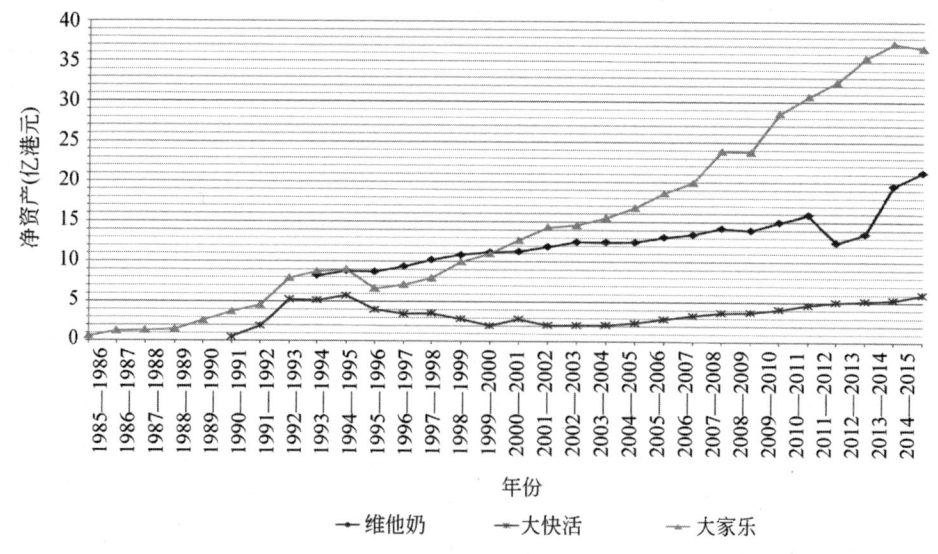

图 10-1 维他奶、大家乐和大快活净资产的比较

数据来源:《维他奶国际集团年报》《大家乐集团年报》《大快活集团年报》,各年。

在税前盈利方面，我们从图 10-2 中可以看到，大家乐的税前盈利表现较佳，节节上扬，维他奶则在上市之初出现税前盈利一度下滑的情况，但 20 世纪 90 年代中期之后持续上扬。表现较弱的是大快活，不但上市不久即亏损相当长时间，波动也很大，经营过程中出现的问题较多。

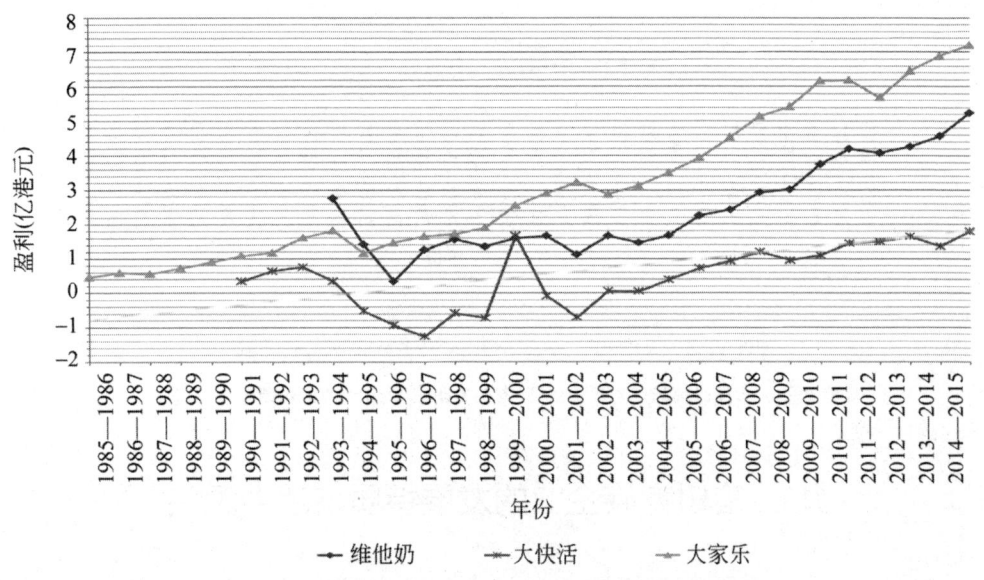

图 10-2　维他奶、大家乐和大快活税前盈利的比较

数据来源：《维他奶国际集团年报》《大家乐集团年报》《大快活集团年报》，各年。

在营业收入方面，3 家公司自上市后均有不错发展，大家乐最为突出，维他奶次之，最差的是大快活，尤其后者曾经出现一段时间的低迷不振。尽管如此，3 家企业自 2008 年以来的相对快速发展，没有受到国际经济形势低迷的影响（见图 10-3）。

总而言之，罗氏家族各个企业虽然有起有落，但经营状况辗转上扬，表现不俗。家族主干企业的接班问题悬而未决，则让人察觉到家族内部的分歧，可能会给企业发展带来潜在风险，其中的隐忧实在不容低估。

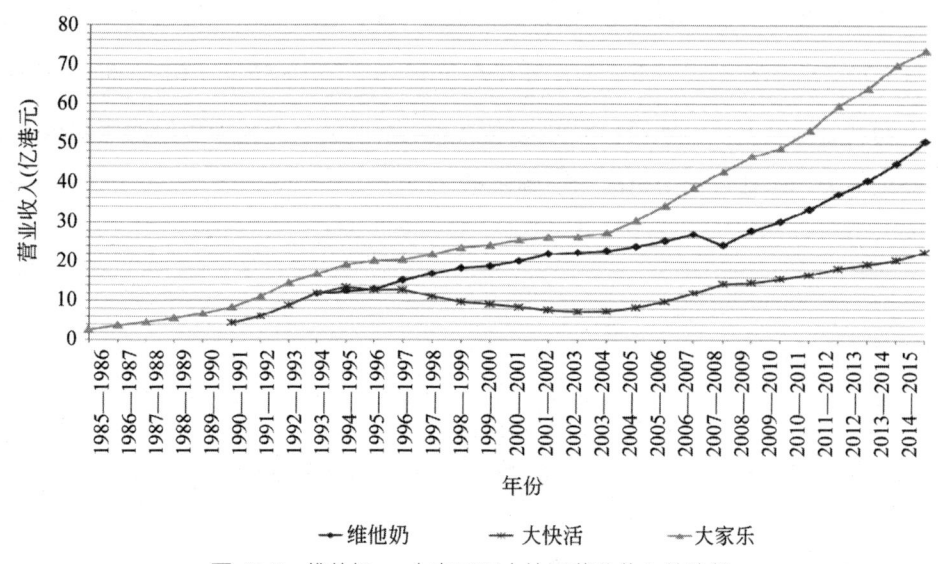

图 10-3　维他奶、大家乐和大快活营业收入的比较

数据来源：《维他奶国际集团年报》《大家乐集团年报》《大快活集团年报》，各年。

九、榕树家族企业的发展特质与活力源头

罗氏家族萌芽生长于罗进兴当年背井离乡远赴马来西亚，重大突破在罗桂祥大学毕业后凭着一粒大豆的设想创业，从此踏上一条摆脱平凡的发展之路。子女众多虽是贫穷人家的沉重负担，但日后会成为重要的人力资本。子女众多产生的相互竞争则会激发斗志，促使各人尽其所长，从而催生各为事业、各立门户的情况，最后产生一门数杰、各领风骚的特殊现象。

罗氏家族生意初期，社会和经济环境风雨飘摇，物质匮乏，人浮于事，谋生不易，所以无论是家族成员、亲戚还是乡亲、朋友等，自然向企业靠拢。企业创办初期骨骼未壮，底气不足，所以需要家人、亲戚和乡亲的协力支持。

榕树的第一大特点是气根繁多，而气根一旦接触地面泥土，条件许可时即长成支干。这恰如众多子女均具有强烈的自立门户感——罗氏家族的不少成员，在各个时期脱离家族的主干企业另起炉灶，就是最好印证。例如，罗阶祥在20世纪40年代末自行开办小百货店；罗腾祥和罗开睦在60年代末创立大家乐；罗芳

第十章
榕树式家族企业：香港餐饮大王罗进兴家族

祥和罗开弥等在70年代初开办大快活；罗友仁在70年代中期决定另有投资；罗开弥和罗开福在90年代中期创办更能自主的生意。

即使到了21世纪，罗腾祥的外孙陈浩泓和陈浩宁（即陈裕光的子女）也并没有加入家族企业，而是自立门户，前者于2013年在内地创办连锁面包店"烘焙达人180"，2015年已拥有约20间店铺；后者于2014年自行在港开设室内设计公司——宁设计事务所。两人均视创业为生命，悉力以赴。罗腾祥女儿罗宝灵（陈裕光太太）则"有自己股票行，同时经营会所生意"（《文汇报》，2009年7月22日）。家族内部创业动机之旺盛，可见一斑。

榕树的第二大特点是枝叶繁茂，枝叶与树干之间既有相互竞争，又能彼此配合。子孙们无论继承企业还是自行创业，既有合作又会彼此竞争。在罗氏家族案例中，家族企业在创业阶段得到了家人的多方支持——人力、资本及社会关系等；而主干企业不断壮大，又为家人提供了荫庇。各房另起炉灶、自立门户后，生意虽有相互竞争的一面，例如，大家乐和大快活之间，便在不同层面上斗个不亦乐乎；但亦有相互配合的一面，例如，大家乐、大快活和阳光一代的汽水饮料均由维他奶供应，各集团之间的物业房产互相转租，以分散风险，并持有彼此的股份。如此种种，说明各房之间的竞争与合作关系远比外人想象的要复杂。

榕树的第三大特点是只要环境和气候相宜，一棵榕树可以不断生长壮大，最后独木成林。罗氏家族在香港这个弹丸之地的扎根展示出这种发展特质——由一个小小豆浆厂，逐步打造出品牌，扩大市场，之后以家族强大的人力、经济和社会资本做后盾。支干企业甚至可以先行一步，较主干企业更早上市，并出现一个家族拥有3家上市企业，各领风骚，令人艳羡。这就是我们所说的"榕树式家族企业"，不但业务多元，寿命也得以绵延，与坊间所说的"富不过三代"大相径庭。

"榕树式家族企业"的动力源头到底来自何处呢？在回答这个重要问题前，让我们先引述一段罗开光与记者问答的文字。记者提问：为何罗开光年轻时并没接触家族生意，一直在外国留学，且属专业人士的他，最后会加入大家乐，并担任领导要职呢？他直截了当地指出，自己有做生意的基因，所以即使过去没直接参与家族生意，但到了某个时候，便会"像鸡蛋般时间到了便会破壳而出"（张丽珊、向美华，2012）。他说：

> 我相信我流着家族做生意的血液，有着解决顾客需要的urge（推动力）。如果我继续读博士，留在大学做研究，一定没有现在这么过瘾——我想我父亲刻意挫下我的锐气，令我知道"一样行，未必样样都行"的道理。他说你斯坦福大学毕业好似威风，整样嘢你叹吓（给你一个难题做考验，意即给他挑战，看他能否打理好家族企业）。（《香港经济日报》，2013年2月18日）

对于这个问题，他的父亲罗腾祥在另一场合响应记者提问，指当年他和胞弟子侄们脱离香港豆品自立门户，是因为家族出现了不和与内讧问题，他有如下真情告白："我反而感到十分骄傲，一个家庭有3家上市公司，好似一个球队，我带一个球队，尽量踢到最好，表演一场好戏。"（《蔡利民、江琼珠，2008：319》）

罗腾祥并没有否认家族内部存在着矛盾与分歧，因为这实在是平常之事，难以避免，反而因为家族拥有3家上市公司而感到骄傲——这正是"榕树式家族企业"的特质。更为重要的是，他所说的"我带一个球队，尽量踢到最好"背后所反映的巨大动力，因为这正是本章开头提及的——家族内部同时出现离心力与向心力的重要反映。

无论是继承家族企业，还是自行创业，为了达成"各带一个球队"的目标，自然必须付出不少努力。到能够"带一个球队"时，又无可避免地会为争取胜利而明争暗斗，看看谁的能力高、表现好。这样的竞争格局会产生不容低估的压力与动力，促使各家族成员尽展所长，"尽量踢到最好，表演一场好戏"，以证明自己有本事。

我们可以清楚地看到，促使家族企业不断发展的力量源头，是中国文化所推崇的血脉至上、光宗耀祖，同时又强调"诸子均分"与多子多孙的这两种截然不同的核心价值观。更准确地说，由于中国文化将对不朽的追求投放到血脉延续之上，多子多孙成为确保不朽、光宗耀祖的重要策略。"诸子均分"和多子多孙则进一步支持了这种追求，而两者又必然会产生分裂和竞争。所以中国家族企业便会出现有如榕树般的发展形状——枝繁叶茂，同时又纠缠杂乱、互相依存、相互竞争。在成长条件相宜的地方，一棵榕树能够独树成林。

十、结　　语

家族（家庭）是社会的最基本单位，家族的特质、模式及前进轨迹，必然会影响个人、企业及各种社会组织的行为、运作逻辑、发展形态与相互关系。受血脉至上文化的影响，中国的家族企业虽然有着积极打拼以光宗耀祖、造福子孙后代的动力，但是又很难摆脱家族掌控的窠臼，更无法挣脱内部分裂的问题。因此，中国家族企业既有充满活力的一面，也有充满矛盾的一面，难以一概而论。

维他奶、大家乐和大快活这3家企业无论是发展过程、业务往来，还是股权组合等，总有不同家族成员穿插于其中，某些时期更是刀光剑影、争权夺利、互相敌视，大家乐和大快活一度被传媒形容为"欢喜冤家""传至第二代，仍是斗个不停"（《东周刊》，2012年11月7日），可见"榕树式家族企业"很难摆脱相互竞争的问题。但是，如果我们仔细考察罗氏家族拥有的3家上市公司，又会惊觉家族企业并非在竞争过程中走向败亡，而是不断发展壮大，可见家族企业的斗而不破在成长环境相宜时，确实可如榕树般发荣滋长，独木成林。

参考文献

《文汇报》，各年。

《东周刊》，各年。

《明报》，各年。

《星岛日报》，各年。

《香港经济日报》，各年。

《苹果日报》，各年。

《维他奶国际集团年报》,各年。

《大家乐集团年报》,各年。

《大快活集团年报》,各年。

香港豆品有限公司:《厚生与创业:维他奶五十年》,香港,香港豆品有限公司,1990。

张丽珊、何美华:《专访大家乐新CEO罗开光》,载《iMoney》,B012—021页,2012年4月28日。

蔡利民、江琼珠:《为您做足100分:大家乐集团四十年的蜕变与发展》,香港,天地图书有限公司,2008。